U0933473

珍藏本
纪念版

汉译世界学术名著丛书

在通向语言的途中

〔德〕海德格尔 著

孙周兴 译

SINCE 1897 商務印書館 The Commercial Press

2017 年 · 北京

Martin Heidegger
UNTERWEGS ZUR SPRACHE

Achte Auflage 1986
Verlag Günther Neske Pfullingen 1959
der Gesamtausgabe:
Verlag Vittorio Klostermann GmbH, Frankfurt am Main 1985

本书根据德国纳斯克出版社 1986 年第 8 版译出，根据维多里奥·克
劳斯特曼出版社 1985 年全集版第 12 卷修订

汉译世界学术名著丛书
（120年纪念版·珍藏本）
出版说明

2017年2月11日，商务印书馆迎来120岁的生日。120年前，商务印书馆前贤怀揣文化救国的理想，抱持“昌明教育，开启民智”的使命，立足本土，放眼寰宇，以出版为津梁，沟通中西，为中国、为世界提供最富智慧的思想文化成果。无论世事白云苍狗，潮流左右激荡，甚至战火硝烟弥漫，始终践行学术报国之志，无改初心。

迻译世界各国学术名著，即其一端。早在20世纪初年便出版《原富》《天演论》等影响至今的代表性著作，1950年代后更致力于外国哲学和社会科学经典的译介，及至1980年代，辑为“汉译世界学术名著丛书”，汇涓为流，蔚为大观。丛书自1981年开始出版，历时三十余年，迄今已推出七百种，是我国现代出版史上规模最大、最为重要的学术翻译工程。

丛书所选之书，立场观点不囿于一派，学科领域不限于一门，皆为文明开启以来，各时代、各国家、各民族的思想与文化精粹，代表着人类已经到达过的精神境界。丛书系统译介世界学术经典，引领时代思想，为本土原创学术的发展提供丰富的文化滋养，为推动中国现代学术和现代化进程做出了突出的贡献。

为纪念商务印书馆成立120周年，我们整体推出“汉译世界学术名著丛书”120年纪念版的珍藏本，寄望既利于文化积累，又便于研读查考，同时向长期支持丛书出版的译者、编者和读者致以敬意。

两甲子后的今天，商务印书馆又站在了一个新的历史时间节点上。我们不仅要铭记先辈的身影和足迹，更须让我们的步伐充满新的时代精神。这是商务人代代相传的事业，更是与国家和民族的命运始终紧密相连的事业。我们责无旁贷，必须做好我们这代人的传承与创造，让我们的努力和成果不仅凝聚成民族文化的记忆，还能成为后来人可以接续的事业。唯此，才能不负前贤，无愧来者。

商务印书馆编辑部

2017年10月

中文版前言

德文版《海德格尔全集》于 1975 年启动，迄今已出版了 80 余卷（按计划将编成 102 卷）。已出版者包含了海德格尔著作（含讲座、手稿等）的基本部分（即全集第 1—3 部分），余下未出版者多为书信、札记等（全集第 4 部分，第 82 卷始）。随着德文版《海德格尔全集》出版工作的顺利推进，世界范围内的海德格尔翻译和研究已呈蓬勃之势，目前至少已有英、法、意、日四种文字的全集版翻译，据说西班牙文和阿拉伯文的全集版翻译也已经启动。相比之下，汉语的海德格尔翻译仍然处于起步阶段，甚至不能与亚洲邻居的日、韩两国比较，严肃的译著至今只有十几种而已。这种状况是令人羞愧的。

为让中文世界更完整、更深入地理解海德格尔思想，经反复酝酿，我们计划根据《海德格尔全集》版，编辑出版中文版《海德格尔文集》，收录海德格尔的代表著作 30 卷，其中前 16 卷为海德格尔生前出版的全部著作（我们依然认为这一部分是《海德格尔全集》中最值得关注的，包含了作者已经稳定下来的思想），而其余 14 卷为海德格尔的重要讲座稿和手稿。我们假定，这 30 卷属于海德格尔的“基本著作”，基本上已经呈现海德格尔思想的总体面貌。当然，我们也并不因此否认其他卷本（讲座稿和手稿）的意义，而且我们也愿意认为，中文世界对海德格尔思想的深入研究和完整理解，仍然要基于对《海德格尔全集》的系统译介。但我们选译的30卷至少已经走出了第一步，也或可为将来可能的中文版《海德格尔全集》的工作奠定一个基础。

所选30种著作中，约半数已有成熟的或比较成熟的中文译本，少数几种已经译出了初稿，其余约十余种则有待新译。已出版的译著在编入《海德格尔文集》时，将根据德文全集版重新校订，因为其中有几种原先只是根据单行本译出的，也有几种在译文品质上是稍有欠缺的。

由于是多人参与的多卷本（30卷）译事，又由于众所周知的海德格尔语文表达方面的奇异性，中文版《海德格尔文集》在译文风格上是难求统一的，甚至在基本词语的译名方面也不可能强行规范划一。这是令人遗憾的，不过也可能为进一步的义理辨析和讨论留下空间。我们唯希望能够尽量做到体例方面的统一，以便至少让人有一套书的整体感。

按照我们的计划，中文版《海德格尔文集》每年出版5种左右，约五六年内完成全部30卷的翻译和出版工作。我们希望藉此为中国的海德格尔研究事业提供一个基础性的讨论平台，也愿学术界有识之士为我们的工作提供批评、建议，帮助我们做好这项大型的学术翻译事业。

孙周兴　王庆节

2011年12月8日

目　录

语言 …… 1

诗歌中的语言

——对特拉克尔诗歌的一个探讨 …… 29

从一次关于语言的对话而来

——在一位日本人与一位探问者之间 …… 86

语言的本质 …… 146

词语 …… 214

走向语言之途 …… 237

说明 …… 272

编者后记 …… 275

人名对照表 …… 278

译后记 …… 279

修订译本后记 …… 283

语　　言 9

人说话。我们在清醒时说话，在睡梦中说话。我们总是在说话。哪怕我们根本不吐一字，而只是倾听或者阅读，这时候，我们也总是在说话。甚至，我们既没有专心倾听也没有阅读，而只是做着某项活计，或者只是悠然闲息，这当儿，我们也总是在说话。我们总是不断地以某种方式说话。我们说话，因为说话是我们的天性。说话首先并非源出于某种特殊的欲望。人们认为，人天生就有语言。人们坚信，与植物和动物相区别，人乃是会说话的生命体。这话不光是指，人在具有其他能力的同时也还有说话的能力。这话的意思是说，唯语言才使人能够成为那样一个作为人而存在的生命体。作为说话者，人才是人。这是威廉姆·冯·洪堡的一个讲法。然而，有待思索的事情还是：何谓人？

无论如何，语言是最切近于人之本质的。触处可见语言。所以用不着奇怪，一旦人有所运思地寻视于存在之物，他便立即遇到语言，从而着眼于由语言所显示出来的东西的决定性方面来规定语言。人们深思熟虑，力图获得一种观念，来说明语言普遍地是什么。适合于每个事物的普遍性的东西，人们称之为本质。按流行之见，一般地把普遍有效的东西表象出来，乃是思想的基本特征。据此，对语言的思考和论述就意味着：给出一个关于语言之本质的观念，并且恰如其分地把这一观念与其他观念区别开来。[①] 我这个演讲仿佛也要做同样的事情。但本演讲的标题并不叫“论语言的本质”，而只是叫“语言”。我们说“只是”，同时又显然立下了一个十分狂妄的超出我们的意图的标题，尽管我们在此满足于对语言作一些探讨。然而，关于语言的谈论或许比关于沉默的写作还要糟糕。我们并不想对语言施以强暴，并不想把语言逼入既定观念的掌握之中。我们并不想把语言之本质归结为某个概念，以便从这个概念中获得一个普遍有用的、满足一切表象活动的语言观点。

探讨语言意味着：恰恰不是把语言，而是把我们，带到语言之本质的位置那里，也即：聚集入大道之中。[②]

我们要沉思的是语言本身，而且只是语言本身。语言本身就是语言，而不是任何其他东西。语言本身就是语言。受过逻辑训练的心智能够计算一切，因而最为盛气凌人；它称前面这种话是毫无内容的同义反复。仅仅把同一回事情说上两遍——语言是语言，这如何让我们深入呢？但我们并不想深入更远的地方。我们唯求仅此一次便达于我们已经居留的所在。

因此我们就要思量：语言本身的情形如何？因此我们就要问：语言之为语言如何成其本质？我们答曰：**语言说话**（*Die Sprache*

① 此句中的“观念”（Vorstellung，或译“表象”）的动词形式就是前句中的“表象”（vorstellen）。——译注

② 海德格尔强调“探讨”（erörtern）与“位置”（Ort）之间的字面和意义联系，可参看本书第二篇文章开头的讨论。这里译为“大道”的 Ereignis（或译“本有”）是后期海德格尔思想的基本词语，也是本书所讨论的一个主题。有关该词的译解，参看本书“译后记”。——译注

spricht）。这当真是一个答案吗？也许就是吧；也就是说，在我们弄清楚了什么叫说话之时。

于是，对语言的深思便要求我们深入到语言之说话中去，以便在语言那里，也即在**语言**之说话而不是在我们人之说话中，取得居留之所。只有这样，我们才能通达某个领域，在此领域范围内，下面这样一回事情或成功或失败，即：语言从这个领域而来向我们道出其本质。我们把说话委诸语言。我们既不想根据非语言本身所是的其他东西来论证语言，也不想用语言来说明其他事物。

1784 年 8 月 10 日，哈曼致信赫尔德尔，信中写道（见《哈曼文集》，罗特编辑，第七卷，第 151—152 页）：

> “倘若我像德莫斯提尼斯[①]那样口若悬河，那么，我顶多也只能把一个唯一的词语重复三遍：理性就是语言，就是 11
> *λόγος*［逻各斯］。我啃着这块硬骨头，并将终身啃咬下去。对我来说，在这一深渊之上始终还是幽暗莫测的。我却总是翘首期待着一位天使，为我捎来一把开启此深渊之门的钥匙”。

对哈曼来说，此种深渊在于：理性就是语言。哈曼试图去道说何谓理性；做这种努力时，他回到语言那里。对理性的考察落入某个深渊深处。但此种深渊仅仅由于理性是以语言为依据的吗？甚或，语言本身就是这个深渊吗？我们所说的深渊是基础之消失和基础之缺乏，我们因此要寻求基础并企图达到某个基础。[②] 然而

---

① 德莫斯提尼斯（Demosthenes）：古希腊最著名的演说家。——译注

② 德文中“深渊”（Abgrund）一词由否定性前缀 Ab-加“基础”（Grund）构成。——译注

我们现在并不是追问什么是理性，而是要径直沉思语言，并且把“语言是语言”这样一个异乎寻常的命题当作我们的指导线索。这个命题并没有把我们带向语言所赖以建基的其他事物那里。它也不是要说明语言本身是不是其他事物的基础。“语言是语言”，只消我们坚持在这个命题所道说的东西那里，它就让我们盘桓于某个深渊之上。

语言是：语言。[①] 语言说话。如若我们一任自己沉入这个命题所指示的深渊中，那我们就没有沦于空洞。我们落到一个高度，其威严开启一种深度。这两者测度出某个处所，在其中，我们就会变得游刃有余，去为人之本质寻觅居留之所。

对语言的沉思意味着：以某种方式通达语言之说话，从而使得这种说话作为那种允诺终有一死者的本质以居留之所的东西而发生出来。

那么，何谓说话呢？流俗之见认为，说话是发声器官和听觉器官的活动。说话是有声的表达和人类心灵运动的传达。而人类心灵运动是以思想为指导的。根据这种语言规定，有三点是确定无疑的：

12 首先并且最主要的一点：说话是一种表达。认为语言是一种表达，这是最为流行的观念了。这种观念以这样一种想法为前提：一个内在的东西表达自己。如果把语言看做表达，那就是从外部来表象语言，而这恰恰是由于人们通过回溯到某个内在之物来说明表达。

① 德语原文为：Die Sprache ist：Sprache。——译注

其次，说话是人的一种活动。据此我们必得认为：人说话，并且人向来说一种语言。我们因此不能认为：语言说话；因为后者乃意味着：语言才产生人，才给出(er-gibt)人。倘若这样来看，则人就是语言的一个保证了。

最后，人的表达始终都是一种对现实和非现实的东西的表象和再现。

人们早已知道，上述对语言特性的标画是不足以界定语言之本质的。而当人们把语言之本质确定为表达时，人们便给它以一个更为广大的规定，即：人们把表达看作人类各种活动中的一种，并把它建构到人借以造就自身的那些功能的整个经济结构中去。

与这种把语言标画为纯粹人类功能之一的做法相对，另外有人强调，语言之词语有其神性的本源。《约翰福音》序言开篇就说，词语最初与上帝同在。[①] 但人们不光是要把本源问题从理性逻辑的说明的桎梏中解放出来，而且也想消除对语言的纯粹逻辑描述的界限。与那种把概念当作词语意义的唯一特性的观点相反，人们把语言的形象特征和符号特征推到突出的地位上。于是乎，人们致力于生物学和哲学人类学，社会学和精神病理学，神学和诗 13
学，以期更为广泛地描述和说明语言现象。

可是，人们在那里首先把一切陈述与自古以来起决定作用的语言显现方式联系起来。人们因此强化了语言之本质整体已经凝固的方面。所以，两千五百年以来，逻辑语法的、语言哲学的和语

① 通行中译文作："太初有道，道与神同在，道就是神。"参看《新约·旧约全书》，中译本，南京 1994 年。——译注

言科学的语言观念才始终如一，尽管关于语言的知识已经不断地增长和变化了。人们甚至可以把这一事实引为一个证据，来说明关于语言的主导观念无可动摇的正确性。没有人胆敢宣称上述语言观——即认为语言是对内在心灵运动的有声表达，是人的活动，是一种形象的和概念性的再现——是不正确的，甚或认为它是无用的而加以摈弃。上述语言观是正确的，因为它符合于某种对语言现象的研究，而这种研究在任何时候都能在语言现象中进行。所有与语言现象之描述和说明结伴而来的问题，也都是在这一正确性的范围内活动的。

然而，关于这些正确的语言观念的异乎寻常的作用，我们还少有思量。这些观念仿佛是不可动摇的。它们在对语言所作的不同科学考察方式的领域中大获全胜。它们植根于古代传统之中。不过，它们全然忽视了语言最古老的本质特性。因此，尽管这些观念是古老的和明确的，但它们从未把我们带到作为语言的语言那里。

语言说话。语言之说的情形如何？我们在何处找到这样一种说话？当然，最有可能是在所说之话中。[①] 因为在所说之话中，说话已经达乎完成了。在所说之话中，说话并没有终止。在所说之
14 话中，说话总是蔽而不显。在所说之话中，说话聚集着它的持存方式和由之而持存的东西，即它的持存，它的本质。但我们所发现的往往只是作为某种说话之消失的所说。

因此，如若我们一定要在所说之话中寻求语言之说，我最好是

① 此处“所说之话”(das Gesprochene)也可译作“所说”、“被说者”或“被说出的东西”等。——译注

去寻找一种纯粹所说，而不是无所选择地去摄取那种随意地被说出的东西。在纯粹所说中，所说之话独有的说话之完成是一种开端性的完成。纯粹所说乃是诗歌。眼下我们还不得不听任这个句子为一个赤裸裸的断言。如若我们能成功地从一首诗那里听到纯粹所说，我们就不妨这样做。但该是哪一首诗对我们说话呢？这里我们只还有一个选择，而又没有完全专断的危险。何故？因为如果我们深思的是**语言**之说，则语言的本质现身就已经趋迫我们思想了。依照这一联系，我们要选择一首诗作为纯粹所说，它比其他诗歌更能帮助我们，让我们初步去经验这一联系的确凿性。我们且来倾听这种所说之话。这首诗的标题是《冬夜》。全诗如下：

7

冬　夜

雪花在窗外轻轻拂扬，
晚祷的钟声悠悠鸣响，
屋子已准备完好
餐桌上为众人摆下了盛筵。

只有少量漫游者，
从幽暗路径走向大门。
金光闪烁的恩惠之树
吮吸着大地中的寒露。

漫游者静静地跨进；

痛苦已把门槛化成石头。
在清澄光华的照映中
是桌上的面包和美酒。

在初稿中，第二节的后面两行和第三节如下（致卡尔·克劳斯的信，1913年12月13日）：

爱的柔力充满恩惠
愈合了他的创伤。

啊！人赤裸裸的痛苦。
默默地与天使相搏，
为神圣的痛苦所驱迫，
人默然乞求上帝的面包和美酒。

（参看G.特拉克尔诗歌的瑞士新版本，库特·奥维兹编，苏黎世1946年）。

这首诗是格奥尔格·特拉克尔写的。但在这里，谁是作者并不重要，其他任何一首伟大的诗篇都是这样。甚至可以说，一首诗的伟大正在于：它能够掩盖诗人这个人和诗人的名字。

这首诗由三节构成。其格律和韵式可以根据诗韵学和诗学的规矩准确地加以规定。诗的内容亦明白可解。所用的词没有一个是冷僻模糊的。当然，有几行诗读来有些怪异，譬如第二节的第

三、四行：

> 金光闪烁的恩惠之树
> 吮吸着大地中的寒露。

第三节第二行读来也令人吃惊：

> 痛苦已把门槛化成石头。

但这几行诗也表明这首诗所用形象的一种特别的美。这种美 16
增添了诗的魅力，强化了艺术形象的美感上的完满。

诗描写一个冬夜。第一节写户外的情形：落雪和晚祷钟声的鸣响。由户外而及室内。雪花飘落在窗上。钟声的鸣响传入各家各户。在家里一切都已备好，餐桌已经摆布好。

第二节道出相反的情况。当许多人在家里正适意地坐在餐桌旁时，几个无家可归的人却漫游在黑暗的路上。而这种或许十分艰难的道路有时也通向庇护性的家的大门。这一点却没有专门表现出来。诗中倒是指出了恩惠之树。

第三节把漫游者从黑暗的户外请进光华照映的室内。许多人的家及其日常餐桌成了教堂和圣餐桌。

我们还可以更清楚地分析诗的内容，更准确地勾勒诗的形式。但当我们这样做时，我们仍然处处为千百年来流行的语言观念束缚着。根据这种观念，语言就是人对内在心灵运动和指导这种心灵运动的世界观的表达。我们能打破这种语言观念的禁锢吗？何以我们要打破它呢？就其本质而言，语言既不是表达，也不是人的一种活动。语言说话。我们现在是在诗歌中寻找语言之说话。可见，我们所寻找的东西就在所说之话的诗意因素（das Dichterische）之中。

这首诗的标题是《冬夜》。由这个标题，我们期望这首诗对某
17 个真实的冬夜作一番描写。但这首诗却没有表现出某时某地的某个真实冬夜。它既没有单纯描绘某个已经在场的冬夜，也不想为某个不在场的冬夜创造一个在场的假象和印象。当然不是喽！人们会回答说。众所周知，一首诗歌就是创造。[①] 甚至看起来是在描述的地方，诗歌也在创造。诗人在创造之际构想某个可能的在场着的在场者。通过创造，诗歌便为我们的表象活动想象出如此这般被构想出来的东西。在诗歌之说话中，诗意想象力道出自身。诗歌之所说是诗人从自身那里表说出来的东西。这一被表说者通过表说其内容而说话。诗歌的语言是一种多样的表说（Aussprechen）。语言无可争辩地表明自己是表达。然而，这个结论与“语言说话”这一命题相悖，后者假定，说话本质上并不是一种表达。

即使我们从诗意创造（Dichten）方面来理解诗歌之所说，所说之话也总是一再地，而且总是仅仅向我们显现为一种被表说出来的表说，宛如受某种强制。语言就是表达。为什么我们不与这一事实妥协呢？这是因为，这种语言观念的正确性和广泛流传，并不足以充当关于语言之本质的探讨工作的基础。我们如何来测度这

① 这里的“创造”原文为 Dichtung（其动词形式为 dichten），它在海德格尔著作中区别于诗歌（Gedicht，Poesie）。我们根据不同语境也译之为“作诗”、“诗”、“诗意创造”等。——译注

种不足？为了能做这种测度，我们岂不要找到另一个标准吗？当然喽！这一标准就表现在“语言说话”这个命题中了。直到现在，这个指导命题才避开了那根根深蒂固的习惯：即不是从说话本身来思考说话，而是即刻把它抛掷到表达现象之中。我们之所以引上面这首诗，因为它以一种不能进一步解释的方式宣示了一种适切性，表明它特别适合于为我们探讨语言的尝试提供某些卓有成效的暗示。

语言**说话**。这同时并且首先意味着：**语言**说话。[①] 是语言而
不是人说话吗？这个指导命题所要求我们的，难道不是益发糟糕 18
吗？莫非我们还想否认人是说话的生灵吗？绝不。我们并没有否认人是说话的生灵，一如我们没有否认那种以“表达”为名对语言现象作分类整理的可能性。不过我们要问：人何以说话？我们要问：什么是说话？

雪花在窗外轻轻拂扬，
晚祷的钟声悠悠鸣响。

这一说话命名了雪花，在白日渐渐消失之际，雪花无声地落到窗上，而晚祷的钟声悠悠鸣响。在这场落雪中，一切持存者更长久地持存。因此，那每天在严格限定的时间里敲响的晚祷钟声才显得在悠悠长鸣。这种说话命名了冬夜时分。此种命名是什么呢？它只是把某种语言的词语挂在那些可想象的、熟悉的对象和事件

① 此句原文为：Die *Sprache* spricht，与前句只有重点号位置的不同。——译注

（诸如雪花、钟声、窗户、降落、鸣响等）上吗？不是的。这种命名并不是分贴标签，运用词语，而是召唤入词语之中。命名在召唤。这种召唤把它所召唤的东西带到近旁。但这种带到近旁并非带来被召唤者，从而把它置于最切近的在场者领域中，并且把安安置于其中。召唤当然有所唤来。它于是把先前未被召唤者的在场带入某个切近处。但由于召唤有所唤来，它就已经向被召唤者召唤了。唤向何方呢？向远处，在那里被召唤者作为尚不在场者而逗留。

这种唤来（Herrufen）召唤入某个切近处。但召唤依然不是从远处夺取被召唤者，后者通过唤往（Hinrufen）保持在远处。召唤唤入自身，而且因此总是往返不息——这边入于在场，那边入于不在场。落雪和晚钟的鸣响此时此际在诗歌中向我们说话了。它们在召唤中现身在场。然而，它们绝不是沦为此时此际演讲大厅内的在场者。何种在场状态是更高的呢？是摆在眼前事物的在场状态呢，还是被召唤者的在场状态？

19 屋子已准备完好
餐桌上为众人摆下了盛筵。

这两行诗宛若陈述句，仿佛是强调说明现成事物的。诗句中确定的“是”听起来就是这样。[①] 但它有所召唤地说话。诗句把备

① 上面两行诗的德文原文为：Vielen ist der Tisch bereitet/ und das Haus ist wohlbestellt。中译文没有显出其中的系动词“是”（ist）。——译注

好的餐桌和收拾停当的屋子带入那种趋向不在场的在场之中。

诗的第一节召唤什么？它召唤物，令物到来。令物到何方？并非令物作为在场者置身于在场者中，并非令诗中所说的桌子到诸位眼下的座位之间。在召唤中被召唤的到达之位置是一种隐蔽入不在场中的在场。命名着的召唤令物进入这种到达。这种令乃是邀请。[①] 它邀请物，使物之为物与人相关涉。落雪把人带入暮色苍茫的天空之下。晚祷钟声的鸣响把终有一死的人带到神面前。屋子和桌子把人与大地结合起来。这些被命名的物，也即被召唤的物，把天、地、人、神四方聚集于自身。这四方是一种原始统一的并存。物让四方之四重整体(das Geviert der Vier)栖留于自身。这种聚集着的让栖留(Verweilenlassen)就是物之物化(das Dingen der Dinge)。我们把在物之物化中栖留的天、地、人、神的统一的四重整体称为世界。[②] 在命名中，获得命名的物被召唤入它们的物化之中了。物化之际，物展开着世界；物在世界中逗留，因而向来就是逗留之物。物由于物化而分解世界。[③] 我们的古语言把这种分解或解决(Austragen)称作 bern，bären，从而就有了

---

① 在此语境中，“命名”(Nennen)、“召唤”(Rufen)、“令”(Heißen)和“邀请”(Einladen)等词语具有相同或相近的意思，海德格尔意在挑明“作诗”是一种开端性的“揭示”活动，是一种不带暴力的创造性活动。——译注

② 这是后期海德格尔对“世界”(Welt)的规定：所谓“天、地、人、神”“四方”(die Vier)的“四重整体”(Geviert)。“天、地、人、神”乃是“天空”(Himmel)、“大地”(Erde)、“终有一死者”(die Sterblichen)和“诸神”(die Göttlichen)的简写。——译注

③ 此句中的动词“分解”原文为 austragen，在日常德语中有“解决、澄清、使有结果、分送”等义；其名词形式为 Austrag，有“解决、裁决、调解”等义。海德格尔以 Austrag 以及相应的动词 austragen 来思存在与存在者之“差异”的区分化运作。我们勉强译之为“分解”，取“区分”和“解决”(“实现”)之义。——译注

gebären 和 Gebärde 两词。[①] 物化之际，物才是物。物化之际，物才实现世界。

第一节诗召唤物进入其物化之中，令物到来。这一令召唤物，唤来物，邀请物，同时向着物唤去，把物托付给它们由之而得以显
20 现的世界。因此，第一节诗不光命名物，它同时也命名世界。它召唤“许多人”，他们作为终有一死者归属于世界之四重整体。物制约终有一死的人。[②] 这话在此意谓：物总是专门与世界一道来造访终有一死的人。这第一节诗通过令物到来而说话。

第二节诗的说法与第一节不同。虽然它也令物到来。但它的召唤是从召唤和命名终有一死的人开始的：

只有少量漫游者……

被召唤的既不是所有的人，也不是许多人，而只是“少量几个”——少数在黑暗道路上漫游的人们。这些终有一死的人能够赴死，即能够向着死亡漫游。在死亡中，聚集着存在的最高遮蔽状态。死亡超过了任何一种垂死。那些“漫游者”必须穿越他们的黑暗旅程才漫游到屋子和桌子近旁。他们这样做，不光是而且首先不是为他们自己，而是为众人。因为众人满以为，只要他们自己安

① 古高地德语中的 bern 和 bären 意谓“承受”。与之相联系，现代德语的 gebären 意谓“实现”、“酝酿”和“诞生”；名词 Gebärde 意谓“承受”、“表情”、“手势”等。显然，海德格尔是要强调他所思的“分解”(Austrag)的“承受、实现”之义。——译注

② 此处“制约”原文为 be-dingen，意指物之物化(dingen)对人的决定作用。——译注

顿在家，坐在餐桌旁，他们就已经为物所制约，就已经达到栖居了。

第二节从召唤少数终有一死的人开始。尽管终有一死的人与诸神、天空、大地一道归属于世界之四重整体，但第二节的前两行诗并没有专门召唤世界，倒是几乎与第一节一样，只是以不同的顺序，同时命名物——门、黑暗的道路。第二节的后两行诗才专门召唤世界。这两行诗突兀而起，命名全然不同的物：

金光闪烁的恩惠之树
吮吸着大地中的寒露。

树深深地扎根于大地。树因此茁壮而茂盛，向着天空之祝祷 21
开启自身。树之耸立得到了召唤。它同时测度着茁壮成长的狂热和滋养活力的冷静。大地的滞缓生长和天空的慷慨恩赐共属一体。诗命名了恩惠之树。树深深的茂盛庇护着累累欲垂的果实——那具有救渡之力的神圣者（das Heilige），它对终有一死的人是慈爱的。在闪着金色光芒的树中凝集着天、地、神、人四方的支配作用。这四方的统一的四重整体就是世界。这时，“世界”一词再也不是在形而上学意义上被使用了。它既不是指世俗所见的包括自然和历史的宇宙，也不是指神学上所设想的上帝的造物（mundus[世界、人世]），也并不单单指在场者整体（κόσμος[世界、宇宙]）。

第二节的第三、四行召唤恩惠之树。它们专门令世界到来。它们唤来世界四重整体（Welt-Geviert），并因此把世界唤向物。

这两行诗以“金光”一词开始。为了更清晰地倾听这个词以及它所召唤的东西，让我们回忆一下品达的一首诗（《峡谷第五》）。在这首颂歌开头，诗人把金子命名为 περιώσιον，πάντων，即首先照亮一切，照亮 πάντα，即周围每个在场者。金子的光芒庇护一切在场者入于其显现之无蔽中。

一如那命名着物的召唤唤来唤去，命名着世界的道说也在自身中唤来唤去。它把世界委诸物，同时把物庇护于世界之光辉中。世界赐予物以物之本质。物实现（gebären）世界。世界赐予（gönnen）物。

前面两节诗的言说是通过令物走向世界和令世界走向物来说话的。这两种令的方式各异，却又不可分离。但两者也不只是相

22 互耦合的。因为世界与物并非相互并存。世界与物相互贯通。于是两者横贯一个"中间"（Mitte）。在这个"中间"中两者才是一体的。因为一体，两者才是亲密的。两者之"中间"就是亲密性（Innigkeit）。我们的语言把两者之"中间"称为"之间"（Zwischen）。拉丁语则称之为 inter，相当于德语的"在……之间"（unter）。世界与物的亲密性绝不是融合。唯当亲密的东西，即世界与物，完全分离并且保持分离之际，才有亲密性起支配作用。在两者之"中间"，在世界与物之间，在两者的 inter 中，在这个"之间"中，有分离起作用。①

世界与物的亲密性在"之间"的分离中成其本质，在区-分中成其本质。在这里，"区-分"（Unter-Schied）一词远离了一般的

① 这里的"之间"（Unter-）与"分离"（Schied）合成下文的"区-分"（Unter-Schied），它是后期海德格尔思想的一个关键词，与下文第三篇中的"二重性"（Zwiefalt）一道，体现着后期海德格尔对其前期的"存在学差异"思想的深化。——译注

习惯用法。[①]“区-分”一词现在所命名的，并不是一个表示形形色色的不同事物的种类概念。这里所谓的“区-分”仅仅是作为这个一（dieser Eine）。它是唯一的。区-分从自身而来分开“中间”，而世界与物向着这个“中间”并且通过这个“中间”才相互贯通一体。区-分之亲密性乃是 Διαφορά 的统一者，即贯彻着的分解（das durchtragende Austrag）的统一者。区-分分解世界入于其世界化（Welten），分解物入于其物化（Dingen）。所以，在分解世界和物之际，区-分使世界与物相互传送。[②] 区-分并不是通过用某个附带的“中间”来联结世界和物而随后起中介作用。作为“中间”，区-分才首先决定世界和物进入它们的本质之中，也即进入它们的并存中——这种并存的统一性是由区-分来实现的。

因此，“区-分”一词不再意味着一种区别（Distinktion），一种 23

只是由我们的观念在对象之间建立起来的区别。区-分也不只是世界与物之间的一种关系，这种关系摆在那儿，以至于能够由某种与之相关的观念来加以确定。区-分不是事后从世界与物那里抽取出来的联系。世界与物的区-分**居有**物进入世界之实现，**居有**世界进入物之赐予。[③]

区-分既不是区别也不是关系。区-分至多是世界与物之维

---

① 海德格尔用连字符把德语的 Unterschied（区分）分写为 Unter-Schied，我们也相应地译作“区-分”。——译注

② 此处“传送”（zutragen）也与“分解”（austragen）相关。——译注

③ 这里译为“居有”的 ereignen 一词在海德格尔那里有两个基本含义，即“照亮”（“揭示”）和“成其本身”（“居有”），所以有英译者译之为 disclosingly appropriate（揭示性地居有）。Ereignen 是 Ereignis（“大道”）的运作，我们一般根据具体语境译之为“成道”或“居有”。——译注

度。但在此情形中,“维度”也不再指某个各种事物居于其中的独自现存的领域。区-分是**这种**维度,它在世界和物本身的范围内衡量世界和物。区-分之衡量才开启出世界与物相互的分与合。这种开启乃是区-分在此横贯世界和物的方式。作为世界和物的“中间”,区-分测出两者之本质的尺度。在召唤物和世界的令中,根本的被令者乃是区-分。[①]

诗的第一节令物到来,物物化着实现世界。诗的第二节令世界到来,世界世界化而赐予物。诗的第三节令世界和物的中间到来,即令亲密性之分解(der Austrag der Innigkeit)到来。因此,第三节以一种强调的召唤开始:

漫游者静静地跨进;

去何方?诗句没有明说。相反,这个诗句召唤跨进的漫游者入于寂静之中。这种寂静笼罩大门。诗句来得突兀,令人诧异地召唤:

痛苦已把门槛化成石头。

就全诗所说的内容来看,上面这个诗句说得怪僻。这句诗命名了痛苦。何种痛苦呢?诗句只是说:“痛苦……”。痛苦从何而

---

① 在这段话中,海德格尔做了有趣的“词语游戏”,而我们的中译无论如何也难以传达清楚“维度”(Dimension)、“衡量”(Er-messen)、“横贯”(durchmessen)、“测量”(vermessen)和“尺度”(Maß)等词语之间的字面的和意义的联系。——译注

来又如何得到了召唤？

痛苦已把门槛化成石头。

“……已把……化成石头”，这是诗中唯一一个用过去时态表达的词语。[1] 但它命名的并不是某种过去的东西，不再在场的东西。它命名已然现身成其本质的东西。在石化之已然现身中，门 24
槛才首先成其本质。[2]

门槛是承荷大门整体的底梁。它守在“中间”，内外两者经它相互贯通。门槛担当这个“之间”。在“之间”进出的东西适应于门槛的可靠性。这个“中间”的可靠性不可偏向。“之间”的分解需要坚韧不拔和此种意义上的强硬。作为“之间”的完成，门槛是强硬的，因为痛苦已把它石化了。但使门槛化为石头的痛苦却没有僵化为门槛而在其中凝固。在门槛中，痛苦坚韧不拔地现身而成其为痛苦。

然而什么是痛苦呢？痛苦撕裂着。痛苦乃是裂隙。不过，痛苦并不是撕破成分崩离析的碎片。痛苦虽则撕开、分离，但它同时又把一切引向自身，聚集入自身之中。作为聚集着的分离，痛苦的撕裂同时又是那种吸引，这种吸引犹如设计图和剖面图，标绘和嵌合那在分离(Schied)中分开的东西。痛苦是在分离着和聚集着的撕裂中的嵌合者。痛苦乃裂隙之嵌合(die Fuge des Risses)。此种嵌合

① 原诗用了过去时的“石化”(versteinerte)，我们译为“已把……化为石头”。——译注

② 此句中的“已然现身”原文为 das Gewese，“成其本质”原文为 wesen，后者或可译为“本质现身”。——译注

就是门槛。它分解那个“之间”，即两个进入门槛而分离开来的东西的“中间”。痛苦嵌合区-分之裂隙。痛苦就是区-分本身。[①]

> 痛苦已把门槛化成石头。

这个诗句召唤区-分。但它既不是专门思区-分，也不是以这个名称来命名区-分的本质。这个诗句召唤“之间”的分离，即在进行聚集的“中间”；在这个“中间”的亲密性中，物之实现和世界之赐予相互贯通。

那么，世界与物的区-分之亲密性竟会是痛苦吗？当然啰！只不过，我们不能以人类学的方式把痛苦设想为一种令人苦恼的感
25 受。我们也不可在心理学上把亲密性设想为那种感受情绪筑巢于其中的东西。

> 痛苦已把门槛化成石头。

痛苦已使门槛承担其负荷。区-分已经作为已然现身者而成其本质，由此而来才发生世界与物之分解。何以如此？

> 在清澄光华的照映中

---

① 在这段话中，我们需注意海德格尔的“词语游戏”，注意“撕裂”(reißen)、“裂隙”(Riß)与“设计图”(Vorriß)、“剖面图”(Aufriß)等词语之间的字面联系。痛苦是“裂隙”，但痛苦这种“裂隙”又是“嵌合”(die Fuge)。特拉克尔诗中的“痛苦”被海德格尔解释为他所思的“亲密的区分”了。——译注

是桌上的面包和美酒。

清澄光华在何处照映？在门槛上，在痛苦之分解中。是区-分之裂隙让清澄光华照映。它有所澄明的嵌合决定[①]世界之明亮入于其本己。区-分之裂隙使世界归隐于其世界化，而世界化乃赐予物的世界化。由于世界之明亮入于其金色光芒之中，面包和美酒也同时达乎光芒照映。这两样著名的物在其物化之纯一性中闪烁。面包和美酒乃天地之果实，是神对人的馈赠。面包和美酒从四化(Vierung)的单朴性中把四方聚集于自身。被令之物，即面包和美酒，乃是单朴之物，因为它们之实现世界是由于世界之恩赐而直接完成的。这种物喜欢让世界之四重整体逗留在其身旁。世界之清澄光华和物之单朴照映贯通两者的之间，亦即区-分。

第三节诗召唤世界和物入于它们的亲密性的“中间”。世界与物之互相(Zu-einander)的嵌合就是痛苦。

第三节诗才聚集了对物的令和对世界的令。因为第三节诗的召唤原始地从亲密的令的纯一性而来；而这种亲密的令乃通过听任区-分之未被道出而召唤区-分。原始的召唤令世界与物 26
的亲密性到来，因而是本真的令。这一本真的令乃说话的本质。说话在诗歌之所说中成其本质。它是语言之说。语言说话。语言说话，因为语言令被令者，即物-世界(Ding-Welt)和世界-物(Welt-Ding)，进入区-区的“之间”中。如此这般被令者，受令从

① 海德格尔在这里用动词 ent-scheiden(我们姑以其日常含义“决定”译之)，突出了它与“区-分”(Unter-Schied)的字面联系。——译注

区-分而来入于区-分而到达。这里我们采用命令(Befehlen)一词的古老意义。我们从“让你的道路听命于上帝吧”[①]这句话中还看到这种古老意义。语言之令(Heißen)以这样的方式命令着它所令的东西归于区-分之指令(Geheiß)。区-分让物之物化居于世界之世界化中。区-分使物归隐于四重整体之宁静中。[②] 这种归隐没有从物那里剥夺什么。归隐才提升物入于其本己,物才栖留于世界。庇护入宁静之中就是静默(das Stillen)。区-分使物之为物静默而入于世界。

然而,这样一种静默只是这样来发生的,即:世界之四重整体同时完成物之实现,因为静默赐予物而使物满足于在世界中栖留。区-分以双重方式静默。它通过让物居于世界之恩赐中而得以静默。它通过让世界在物中得到自足而静默。在区-分之双重静默中才发生:寂静(die Stille)。

什么是寂静呢?寂静绝非只是无声。在无声中保持的不过是声响的不动。而不动既不是作为对发声的消除而仅仅限于发声,不动本身也并不就是真正的宁静。不动始终仿佛只是宁静的背面而已。不动本身还是以宁静为基础的。但宁静之本质乃在于它静默。严格看来,作为寂静之静默,宁静(die Ruhe)总是比一切运动更动荡,比任何活动更活跃。

区-分同时以双重方式静默:使物入于物化而静默和使世界

① 原文为:Befiehl dem Herrn deine Wege。——译注

② 此处“归隐”(Enteignen)与“居有”(Ereignen)相对,前者的字面意思是“失其本己”,后者则为“成(得)其本己”。“失”与“得”是一体的两面,此谓“亲密的区-分”,是“大道”(Ereignis)之“二重性”的运作。——译注

入于世界化而静默。由这一番静默，物和世界绝不从区-分那里逃之夭夭了。毋宁说，物和世界拯救区-分入于静默之中；而作为这 27
种静默，区-分本身就是寂静。

在使物和世界入于其本己而静默之际，区-分召唤世界和物入于它们的亲密性之“中间”中。区-分是令者(das Heißende)。区-分召唤两者入于区-分本身所是的那个裂隙之中，从而从自身而来聚集两者。有所聚集的召唤乃是发音(das Läuten)。个中事情全然不同于单纯地造成和传播某种声音。

当区-分把世界和物聚集入亲密性之痛苦的纯一性之际，区-分便令两者入于它们的本质之中。区-分乃是指令，由之而来任何一种令本身才被召唤，于是任何一种令才归于指令。区-分之指令总是已经把一切令聚集在自身那里了。这种在自身那里被聚集起来的召唤在召唤之际向自身聚集。这种召唤乃是作为音响的发音(das Läuten als das Geläut)。

区-分之召唤是双重的静默。这种被聚集起来的令，即区-分本身这种召唤世界与物的指令，乃是寂静之音。语言说话，因为区-分之指令召唤世界与物入于其亲密性之纯一性中。

语言作为寂静之音说话。[①] 寂静静默，因为寂静分解世界与物入于其本质。以静默方式的世界与物之分解，乃是区-分之大道。[②]

---

① 这是海德格尔对他所思的语言的基本界说之一。语言是“寂静之音”(das Geläut der Stille)，是无声的“大音”，这种语言乃是“大道”(Ereignis)的运行和展开，其实不可叫“语言”(Sprache)了，后来海德格尔用“道说”(Sage)一词命名之。——译注

② 原文为：das Ereignis des Unter-Schiedes。其中“大道”(Ereignis)也被译为“本有”、“居有事件”等。——译注

语言，即寂静之音，乃由于区-分之自行居有而存在。语言乃作为世界与物的自行居有着的区-分而成其本质。[①]

寂静之音并非什么人的要素。倒是相反，人的要素在其本质上乃是语言性的。这里所谓“语言性的”（sprachlich）意思是：从语言之说而来居有。这样被居有的东西，即人之本质，通过语言而被带入其本己，从而它始终被转让给语言之本质，被转让给寂静之音了。[②] 这种居有之发生，乃由于语言之**本质**即寂静之音**需要**
28 （*braucht*）人之说话，才得以作为寂静之音为人的倾听而发声。只是因为人归属于寂静之音，终有一死的人才能够以**自己**的方式作发声之说。

人之说话是命名着的召唤，亦即那种从区-分之纯一性而来令物和世界到来。人之说话的纯粹被令者乃是诗歌之所说。本真的诗从来不只是日常语言的一个高级样式，即旋律（Melos）。[③] 而毋宁说，日常言谈倒是一种被遗忘了的、因而被用滥了的诗歌，从那里几乎不再发出某种召唤了。

与纯粹之所说即诗歌相对立的，并不是散文。纯粹的散文绝不是“平淡乏味的”。纯粹的散文与诗歌一样地富有诗意，因而也一样地稀罕。

如果我们一味地把注意力集中在人之说话上面，如果我们仅

---

① 此处的“自行居有”（sich ereignen）或也可译为“自行发生”。——译注

② 注意此处“转让”（übereignen）与“居有”（ereignen）、“大道/本有”（Ereignis）的联系。人是由于被“转让”给语言而成其本质的。人为语言所“用”，归属于语言。这也是海德格尔的一项基本主张。——译注

③ 德语中“样式”（Weise）也有“曲调、旋律”（Melos）之义。——译注

仅把人之说话当作人类内心的表达，如果我们把如此这般被表象的说话视为语言本身，那么，语言之本质就始终只能显现为人的表达（Ausdruck）[①]和活动。但是，人之说话作为终有一死者的说话并不是以自身为本根的。终有一死者的说话植根于它与语言之说的关系。

到时候我们不可避免地要深思，在作为区-分之寂静之音的语言之说话中，人之说话及其表达是如何发生的。任何表达（Verlauten）[②]，无论是言谈还是文字，都已经打破了寂静。寂静之音何以被打破呢？打破了的寂静如何达乎词语的发声？打破了的静默如何形成言谈，那种以诗行和句子出声的人的言谈？

假定思想有朝一日能成功地回答上述问题，那么，思想就依然 29
必须提防，不要以为表达就是人之说话的决定性因素。

人之说话的结构只可能是那样一种样式（Melos），语言之说，亦即区-分的寂静之音，通过区-分之指令而使终有一死者归本于这种样式。[③]

终有一死的人从区-分而来被召唤入区-分之中。他们的说话方式乃是应合。人之说话必须首先听到了指令；作为指令，区-分之寂静召唤世界与物入于其纯一性之裂隙中。人之说话的任何

① expression（马拉美）。——作者边注

② 参看洪堡：《论人类语言结构的差异及其对人类精神发展的影响》，关于语音和发音——一切都在主体-客体关系区域内。——作者边注

③ 此处“归本”原文为 vereignen，也联系于前文的“转让”（übereignen）、“居有”（ereignen）等，均表示“大道/本有”的运作方式。——译注

词语都从这种听(Gehör)而来并且作为这种听而说话。

终有一死的人说话,因为他们倾听。他们关注那区-分之寂静的有所令的召唤,即便他们并不认识这种召唤。倾听从区-分之指令那里获取它带入发声的词语之中的东西。这种既倾听又获取的说话就是应合(Ent-sprechen)。[①]

但由于人之说话是从区-分之指令那里获取其所说的,人之说话便已经以其方式跟随召唤了。作为有所倾听的获取,应合同时也是有所承认的应答(Entgegnen)。终有一死的人说话,因为他们以一种双重的方式,即以既获取又应答的方式,应合于语言。人之词语说话,因为它在多样意义上应合。

任何真正的倾听都以本己的道说而抑制着自身。因为倾听克制自身于归属中;通过这种归属,听始终归本于寂静之音了。[②] 一切应合都与自行抑制着的克制相协调。因此,这种克制必定在于,期备着去倾听区-分之指令。但这种克制必须留心,不光要跟着听寂静之音,而且甚至要先行听寂静之音,[③]并且从中仿佛是抢先于它的指令。

30 这种在克制(Zurückhaltung)[④]中的抢先决定了终有一死的人对于区-分的应合方式。终有一死的人以这种方式栖居于语言之说中。

---

① 应言(Ent-sagen)。——作者边注

② 德文的"归属"(Gehören)与"倾听"(Hören)有着词根联系,由此可引出:"倾听"是一种"归属"(Gehören),一种"应合"(Entsprechen),标明人之说话是从属于语言之说话的。——译注

③ 此处"跟着听"原文为 nach-hören,"先行听"原文为 vor-hören。——译注

④ 返回步伐(Schritt zurück)。——作者边注

语言说话。语言之说令区-分到来。区-分使世界与物归隐于它们的亲密性之纯一性中。

语言说话。

人说话，是因为人应合于语言。这种应合乃是倾听。人倾听，因为人归属于寂静之指令。

问题根本不在于提出一新的语言观。关键在于学会在语言之说中栖居。为此就需要一种持久的考验，看看我们是否以及在何种程度上能够作本真的应合——那就是在克制中抢先。因为：

人说话，只是由于他应合于语言。

语言说话。

语言之说在所说之话中为我们而说：

冬　夜

雪花在窗外轻轻拂扬，
晚祷的钟声悠悠鸣响，
屋子已准备完好
餐桌上为众人摆下了盛筵。

只有少量漫游者，
从幽暗路径走向大门。
金光闪烁的恩惠之树
吮吸着大地中的寒露。

漫游者静静地跨进；
痛苦已把门槛化成石头。
在清澄光华的照映中
是桌上的面包和美酒。

诗歌中的语言 31

——对特拉克尔诗歌的一个探讨

“探讨”在这里首先意味着：指示位置；然后也意味着：留意位 33
置。[①] 这两者——指示位置和留意位置——乃是探讨的准备步骤。可是，如果我们下面仅只满足于这两个准备步骤，那我们也就已经十分冒险了。适合于某条思想道路，我们的探讨结束于一个问题。它追问的是位置之所在。

我们的探讨仅限于思索格奥尔格·特拉克尔诗歌的位置。对于一个以历史学、生物学、精神分析学和社会学等学科热衷于赤裸裸表达的时代来说，这样一种做法即使不是一条歧路，也始终有着明显的片面性。而我们这种探讨所思索的是位置。

“位置”(Ort)一词的原本意思是矛之尖端。一切都汇合到这个尖端上。位置向自身聚集，入于至高至极。这种聚集力渗透、弥漫于一切之中。位置这种聚集力收集并且保存所收集的东西，但不是像一个封闭的豆荚那样进行收集和保存，而是洞照被聚集者，并因此才把被聚集者释放到它的本质之中。

① 海德格尔在此强调了动词“探讨”(erörtern)与名词“位置”(Ort)之间的字面及意义联系。——译注

我们眼下的任务是探讨那样一个位置，它把格奥尔格·特拉克尔的诗意道说聚集到他的诗歌那里——我们要探讨特拉克尔诗歌的位置。

每个伟大的诗人都只出于一首独一之诗来作诗。衡量其伟大的标准乃在于：诗人在何种程度上被托付给(anvertraut)[①]这种独一性，从而能够把他的诗意道说纯粹地保持于其中。

一个诗人的独一之诗始终是未被道出的。无论是他的任何一首具体诗作，还是具体诗作的总和，都没有道说一切。可是，每一首诗作都是出于这首独一之诗的整体来说话的，并且每每都道说
34 着这首独一之诗。从这首独一之诗的位置那里涌出一股泉流，它总是推动着诗意的道说。但这股泉流并不离弃这首独一之诗的位置，它的涌出倒是让道说(Sage)的一切运动又流回到这个总是愈来愈隐蔽的源头之中。作为运动着的泉流之源泉，这首独一之诗的位置蕴藏着那个最初可能对形而上学和美学的表象活动显现为韵律的东西的隐蔽本质。

因为这首独一之诗始终是未曾被道出的，所以，我们只能以下述方式来探讨它的位置：我们试图从具体诗作之所说出发来指示这个位置。但为此，每一首具体诗作就已经需要一种解释了。这种解释使得那种在一切诗意地被道说的东西中闪光的纯粹性首度显露出来。

我们不难看到，一种真正的解释已然要探讨为前提。惟出于这首独一之诗的位置，那些具体的诗作才得以闪亮、发声。反过来

① 用(Brauch)。——作者边注

讲，一种对这首独一之诗的探讨首先就需要有一种对具体诗作的先行解释。

与诗人的独一之诗所做的一切思想对话，始终保持在上面这种探讨与解释的交互关系中。

与诗人的独一之诗的本真对话不外乎是诗意的对话：诗人之间的诗意对话。但也可能是——甚至有时必须是——**思**与诗的对话，这是因为两者与语言之间都有着一种突出的关系，尽管是各个不同的关系。

思与诗的对话旨在把语言的**本质**召唤出来，以便终有一死的人能重新学会在语言中栖居。

思与诗的对话何其漫长。它几乎尚未开始。对于格奥尔格·特拉克尔的独一之诗，此种对话需要有一种特别的节制。思与诗的对话只能间接地效力于这首独一之诗。因此，这种对话始终含着一个危险，那就是：它很可能扰乱了这首独一之诗的道说，而不 35
是让它在其本己的安宁中歌唱。

对这首独一之诗的探讨便是一种与诗的运思的对话。它既不是描绘一位诗人的世界观，也不是考察诗人的工作环境。首要地，对这首独一之诗的探讨绝不能取代对诗歌的倾听，甚至也不能指导对诗歌的倾听。此种思想探讨充其量只能使我们的倾听更可置疑，在最佳情形下，它也只能使我们的倾听更有深思熟虑的意味。

念及这些局限，我们首先想指示出这首未曾被道出的独一之诗的位置。为此，我们必须以那些已经被道出的诗作为出发点。而问题依然在于：到底要从哪些诗作出发呢？尽管特拉克尔的每一首诗形式迥异，但它们概无例外地指向其独一之诗的位置。这就表明，他的全部诗作所具有的独特的和谐，是以其独一之诗的基调为根据的。

然而，如果我们试图指示出其独一之诗的位置，则势必要从这位诗人的诗作中选出少量的段、行和句。如此就不可避免地造成一种假象，仿佛我们的做法是随意妄为的。而实际上，我们这种选择是有意图的。其意图就在于：几乎以一种跳跃式的目光把我们的注意力集中在其独一之诗的位置上。

一

特拉克尔诗作中的一首如是说：

> 灵魂，大地上的异乡者。

这个诗句让我们觉得突然置身于一个流俗的观念中了。依照
这个流俗的观念，大地是稍纵即逝之物意义上的尘世的东西；反
之，灵魂则被视为永恒的、超凡的东西。自柏拉图学说以降，灵魂
就被归于越感性领域。而如果灵魂出现在感性领域里，那它只不
36 过是堕落于其中了。在这里，“大地上”与灵魂是不相合拍的。灵
魂不属于大地。灵魂在此是一个“异乡者”(ein Fremdes)。身体
乃是灵魂的牢笼，甚至是更糟糕的东西。所以，除了尽可能快地
离开感性领域，灵魂似乎没有其他出路；而以柏拉图的方式来
看，感性领域乃是非真实存在者，只不过腐败堕落者。

然而多么奇怪！

灵魂，大地上的异乡者。

这个诗句竟然出自一首题为《灵魂之春》的诗作（第149—150页）。[1] 关于不朽灵魂的超凡家园，这首诗只字未提。我们要深思熟虑，并且最好来关注一下这位诗人的语言。灵魂："异乡者。"在其他诗作中，特拉克尔往往喜欢用另一些表达，诸如："终有一死者"（第55页）、"阴暗者"（第78、170、177、195页）、"孤独者"（第78页）、"衰亡者"（第101页）、"病者"（第113、171页）、"人性者"（第114页）、"苍老者"（第138页）、"死者"（第171页）、"沉默者"（第196页）。撇开这些表达各自内容上的差异不论，它们的意义也不尽相同。"孤独者"、"异乡者"可以指某种个别之物，它在任何情况下都是"孤独的"，偶然地，从一种特殊的、有限的角度来看是"异乡的"。这种"异乡者"可以归入一般异乡者的种类中。这样来看，灵魂或许就只是诸多异乡者情形中的一种情形而已。

但何谓"异乡的"？人们通常把异乡理解为不熟悉的东西，让
人不感兴趣的东西，更多地让人烦恼和不安的东西。不过，所谓 37
"异乡的"（fremd），即古高地德语中的"fram"，根本上却意味着：前往别处，在去往……的途中，与此前保持的东西相悖。异乡者先行

① 页码据奥托-米勒出版社（萨尔茨堡）出版的特拉克尔著作第一卷《诗歌》。这里用的是1948年第6版。由其友人卡尔·娄克编辑的诗全集首版于1917年，在库特-沃尔夫出版社（莱比锡）出版。新版（附生平和回忆材料）由K.奥维茨编辑，1946年在埃黑出版社（苏黎世）出版。——原注

漫游。但它并不是毫无目的地、漫无边际地乱走一气。异乡者在寻找之际走向一个它能够在其中保持为漫游者的位置。“异乡者”几乎自己都不知道，它已经听从召唤，走在通向其本己家园的道路上了。

这位诗人把灵魂命名为“大地上的异乡者”。灵魂之漫游迄今尚未能通达的那个地方，恰恰就是大地。灵魂首先寻找大地，并没有躲避大地。在漫游之际寻找大地，以便它能够在大地上诗意地筑造和栖居，并且因而才得以拯救大地**之为**大地——这就是灵魂之本质的实现。所以，灵魂绝非首先是灵魂，此外还由于无论何种原因而归于大地。相反，

灵魂，大地上的异乡者。

这个诗句却命名了那被叫做“灵魂”的东西的本质。这个诗句并不包含任何关于这个本质上已经熟知的灵魂的陈述，仿佛这里仅仅是要作一个补充，确定灵魂遭遇到了某种与之格格不入的、因而奇异的事情，即：它在大地上既找不到庇护之所，也得不到欢迎之辞。与之相反，就其本质的基本特征来看，灵魂之为灵魂乃是“大地上的异乡者”。所以，它始终都在途中，并且在漫游之际遵循着自己的本质形态。这当儿就有一个问题向我们逼来，那就是：上述意义上的“异乡者”的步伐被召唤到何方？《梦中的塞巴斯蒂安》一诗第三部分中的一节（第107页）给出了答案：

噢，多么宁静的行进，沿着蓝色河流而下

思索着那被遗忘的，此刻在茵绿丛中
画眉鸟召唤异乡者走向没落。

灵魂被唤向没落了。原来如此！灵魂要结束它在尘世的漫 38
游，要离弃大地了。上面的诗句并没有说这个话。但它们却说到了“没落”。确实如此。不过，这里所谓的没落既不是灾难，也不是进入颓败之中的单纯消隐。沿着蓝色河流而下者，

它在安宁和沉默中没落。

《美好的秋日》(第 34 页)

在何种安宁中呢？在死者的安宁中。但那是何种死者？又是在何种沉默中呢？

灵魂，大地上的异乡者。

包含这个句子的诗句继续道：

……充满精灵，蓝光朦胧
笼罩在莽莽丛林上……

此前已经道出了太阳。异乡者的步伐迈入朦胧之中。“朦胧”首先意味着趋于阴暗。“蓝光朦胧”。难道是晴日的蓝光趋于阴暗？难道是因为夜幕降临，蓝光在傍晚时分消失了？但“朦胧”不

光是白日的没落，不光是指白日的光亮堕入黑暗之中。根本上，朦胧未必就意味着没落。晨光也朦胧。白昼随早晨升起。朦胧也是升起。蓝光朦胧，笼罩着荆棘丛生的“莽莽”丛林。夜之蓝光在傍晚时分升起。

“充满精灵”，蓝光趋于朦胧。“精灵”(das Geistliche)表示朦胧的特征。这个多次提到的“精灵”一词的意思，是我们必须加以
39 思量的。朦胧乃是太阳行程的尽头。这就意味着，朦胧既是白昼之末，也是年岁之末。一首题为《夏末》的诗作(第 169 页)的最后一节如是唱道：

绿色的夏天变得如此轻柔
异乡人的足音
响彻银色夜空。
一只蓝色的兽怀念它的小路，

怀念它那精灵之年的悦耳之声！

特拉克尔的诗作中总是一再出现这个“如此轻柔”。我们认为，“轻柔”(leise)仅仅意味着：几乎听不到什么。在此意义上，“轻柔”之所指便与我们的表象活动相关。可是，“轻柔”也意味着缓慢；gelisian 意思就是“滑行”。轻柔之物就是滑离的东西。夏天滑入秋天，滑入年岁的傍晚。

……异乡人的足音

响彻银色夜空。

这个异乡人是谁呢？“一只蓝色的兽”所怀念的又是哪一条小路？怀念意味着：“思索那被遗忘的”，

……此刻在茵绿丛中
画眉鸟召唤异乡者走向没落。

（第 107 页，参看第 34 页）

“一只蓝色的兽”（参看第 99、146 页）何以能怀念那没落的东西呢？这只兽是从那道“充满精灵地趋于朦胧”、并且作为夜晚而升起的“蓝光”中获得它的蓝色的吗？尽管夜是阴暗的，但阴暗未必就是漆黑一片。在另一首诗中（第 139 页），诗人用下面的话来 40
召唤夜晚：

哦，夜的温柔的蓝芙蓉花束。

夜是一束蓝芙蓉花，一束温柔的蓝芙蓉花。依此，蓝色的兽也被叫做“羞怯的兽”（第 104 页），“温柔的动物”（第 97 页）。蓝光之花朵把神圣者（das Heilige）的深邃聚集在它的花束根部。神圣者从蓝光本身而来熠熠生辉，但同时又被蓝光本身的阴暗所掩蔽。神圣者抑制在自行隐匿中。神圣者在抑制性的隐匿中保存自己，由此赠予自己的到达。庇护在阴暗中的光亮乃是蓝光。那从寂静之庇所中召唤出来、因而自行澄亮的声响，原本就是光亮的，也即响亮的。蓝光鸣响，在其光亮中发出响声。在其响亮的光亮中，蓝光的阴暗熠熠生辉。

异乡人的足音响彻发出银色闪光和音响的夜空。诗人的另一首诗（第 104 页）唱道：

> 而在神圣的蓝光中，闪光的步伐继续作响。

另一处（第 110 页）也谈到蓝光：

> ……蓝色花朵的神圣者……感动了赏花人。

另一首诗说道（第 85 页）：

> ……一张动物的脸孔
> 惊呆于蓝光，惊呆于蓝光的神圣。

蓝色并不是神圣者之意义的比喻。蓝光本身就是神圣者，因为蓝光具有聚集着的、在掩蔽中才闪现出来的深邃。面对蓝光，同时又被这种纯粹的蓝光所攫住，动物的脸孔惊呆了，转变为野兽的相貌。

41 动物脸孔的木然惊呆并不是一张枯死者的僵固。在这种木然惊呆中，动物的脸孔收缩起来。它的样子聚精会神，为的是有所克制地直面神圣者，观入"真理的镜子"（第 85 页）。观看说的是：进入沉默之中。

石头中的沉默多么巨大。

这是紧接着的一个诗句。石头是痛苦的山脉。[1] 岩石把镇静力量聚集起来，庇藏在石块中；作为镇静力量，痛苦静默而入于本质要素之中。“在蓝光面前”，痛苦沉默了。面对蓝光，野兽的相貌收敛起来，变得温柔了。因为按照字面来讲，温柔乃是安静地聚敛着的东西。温柔克服了暴虐和酷烈的野蛮，使之进入平静了的痛苦之中，从而改变了不和。

谁是诗人所召唤的蓝色的兽？它倒是怀念着异乡人？它是一个动物么？当然啰！而仅仅是一个动物吗？绝不是。因为，它是要怀念的。它的脸是要守望什么，向着异乡人观望。蓝色的兽是一个动物，其动物性也许并不在于它的动物本色，而在于诗人所召唤的那种有所观看的怀念。这种动物性还是渺远的，几乎不可观察。因此，这里所指的动物的动物性是动摇不定的。它尚未被引入自己的本质之中。这个动物，思维的动物，animal rationale［理性的动物］，亦即人，用尼采的话来说是尚未确定的。

这一说法的意思绝不是：人尚未“被断定”为事实。人只是太过明确地被断定了。这话的意思是：人这个动物的动物性尚未被带入固定，也即尚未被“带回家”，尚未被带入其隐蔽本质的居所之中。柏拉图以降的西方-欧洲形而上学都在争夺这种确定。也许形而上学的争取是徒劳的。也许它进入“途中”的道路是死路一

---

① 此处“山脉”原文为 das Ge-birge。海德格尔在此似要强调它与下文的“庇藏、庇护”(bergen)的字面和意义联系。——译注

42 条。这个其本质尚未确定的动物就是现代人。

在“蓝色的兽”这个诗意名称中，特拉克尔召唤着那种人之本质(Menschenwesen)，后者的相貌，即脸孔，在对异乡者足音的思念中被夜的蓝光所洞见，并且因此就为神圣者所照亮。“蓝色的兽”这个名称是指终有一死者，那些怀念异乡人并且想随着异乡人漫游到人之本质的家园中去的终有一死者。

开始作这样一种漫游的是谁呢？如果说本质性的东西在寂静中突兀而稀罕地发生，那么，开始作这样一种漫游的也许就是少数无名者。在《冬夜》(第 126 页)一诗中，这位诗人提到这些漫游者。[1] 这首诗的第二节开头如下：

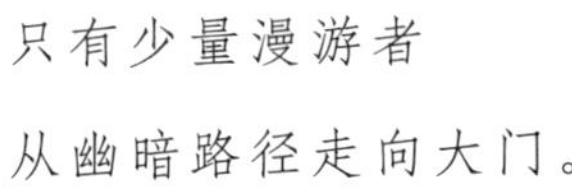

只有少量漫游者
从幽暗路径走向大门。

蓝色的兽，无论它在何时何地成其本质，都离弃了以往的人的本质形态。以往的人沉沦了，因为他丧失了自己的本质，也就是说，他腐朽了。

特拉克尔把他的一首诗命名为《死亡七唱》。七是一个神圣的数字。这首歌咏唱死亡的神圣。在这里，死亡并没有不确定地、泛泛地被看做尘世生命的完结。“死亡”在此诗意地指那种“没落”，就是“异乡者”已经被召唤入其中的那种“没落”。因此之故，如此这般被召唤的异乡者也被叫做“死者”(第 146 页)。他的死亡并不

---

① 参看本书第一篇文章对特拉克尔《冬夜》一诗的探讨。——译注

是颓败腐朽，而是离弃人的腐朽的形象。所以，《死亡七唱》（第142页）一诗的倒数第二节说：

哦，人的腐朽形象：
充满冰冷的金屋，
暗夜和颓朽森林的恐怖
还有那动物的酷烈野性；
灵魂的寂静无风。

人的腐朽形象听任酷烈的折磨和荆棘的刺扎。它的野性并没 43
有为蓝光所照耀。这个人之形象的灵魂没有领受神圣者之风。因此它没有行驶。风本身，即上帝之风，因此依然是孤独的。有一首诗命名了蓝色的兽，但后者几乎不能从“荆棘丛中”脱身；这首诗的结尾几行如下（第99页）：

在黑色的墙旁
始终鸣响着上帝的孤独之风。

所谓“始终”意思是：只要年岁及其太阳运行依然停留在冬天的阴郁中，并且还没有人走向那条小路，即异乡人在上面发出响彻夜空的足音的那条小路。这黑夜本身只是对太阳运行的有所庇护的掩蔽。“行、走”（Gehen），希腊文的 ἰέναι，[①]在印欧语系中叫做

① 动词 εἶμι 的不定式。——译注

ier-，就是年岁。

一只蓝色的兽怀念它的小路，
怀念它那精灵之年的悦耳之声！

年岁的精灵特性取决于夜的精灵般朦胧的蓝光。

……哦，朦胧之雅桑特的相貌是多么严肃。[1]

《途中》(第102页)

精灵的朦胧具有如此重要的本质，以至于这位诗人专门把自己的一首诗冠以《精灵的朦胧》的标题(第137页)。在这首诗中也出现了兽，却是一只阴暗的兽。它的兽性既是走向昏暗，又是趋向
44 那寂静的蓝光。而这当儿，诗人本身却在"滚滚乌云上"驶入"夜的池塘"，驶入"那星空"。

这首诗如下：

精灵的朦胧

在森林边缘，有一只黑暗的兽
悄无声息地出现；
晚风在山丘上款款伫息。

① 雅桑特(Hyazinthe)：希腊神话中阿波罗神的爱人。——译注

山鸟的悲啾归于沉寂，
温柔的秋笛
也在苇管中沉默。

在滚滚乌云上，
罂粟使你陶醉，
你驶入夜的池塘，

驶入那星空。
姐妹冷月般的声音，
始终在精灵之夜回响。

星空在夜的池塘这一诗意形象中得到了表现。这是我们习以为常的看法。但就其本质之真相来说，夜空就是这个池塘。相反地，我们通常所谓的夜，毋宁说只是一个形象，亦即夜之本质的苍白而空洞的余象。在这位诗人的诗歌中常常出现池塘和池塘水面。那时而黑色时而蓝色的池水向人们显示出它的本来面貌，它的反光。但在星空的夜的池塘中，却显现出精灵之夜的朦胧蓝光。它的闪光是清冷的。

这道清冷的光来自月亮女神（σελάννα）的照耀。正如古希腊
诗歌所说的，在她的光芒照映下，群星变得苍白，甚至变得清冷。45
一切都变成"冷月般的"。那个穿过黑夜的异乡者被称为"冷月般的人"（第 134 页）。姐妹"冷月般的声音"始终在精灵之夜回响着。当兄弟坐在他那依然"黑色的"、几乎没有受到异乡人的金光照耀

的小船上，企图跟随异乡人那驶向夜的池塘的行程时，他便听到了姐妹"冷月般的声音"。

如果终有一死的人要跟随那被召唤而走向没落的"异乡者"去漫游，那么，他们自己也就会进入异乡，他们自己就会成为异乡人和孤独者（第 64、87 页等）。

唯有通过在夜的星池（即大地之上的天空）中的行驶，灵魂才经验到浸润于"清冷的汁液"中的大地（第 126 页）。[①] 灵魂滑入了精灵之年的暮色朦胧的蓝光中。它变成"秋日的灵魂"，并且作为"秋日的灵魂"，它变成"蓝色的灵魂"。

我们眼下提到的少数几个段落和诗句指向精灵的朦胧，引向异乡人的小路，显示那些怀念异乡人、并且跟随他走向没落的人们的方式和行程。在"夏末"时分，漫游中的异乡者变得秋天一般，变得阴暗模糊。

特拉克尔把他的一首诗命名为《秋魂》，这首诗的倒数第二节唱道（第 124 页）：

鱼和兽倏忽游移。
蓝色的灵魂，阴暗的漫游，
很快使我们与爱人，与他人分离。
傍晚变换着意义和形象。

---

① 此处"经验"被书作 er-fähren，意在强调与句中"行驶"（Fahrt）的联系。——译注

跟随异乡人的漫游者很快就发现他们与“爱人”相分离，“爱人”对他们来说就是“他人”。他人——这是人的腐朽形象的类型。

我们的语言把这种带有某个类型特征、并且为这个类型所规定的人称为“种类”(Geschlecht)。“种类”这个词既意味着人类意义上的人种，又意味着种族、民族和家族意义上的族类——所有这 46
些族类又体现着种类的双重性。诗人把人的“腐朽形象”的种类称为“腐朽的种类”(第 186 页)。它是一个离开其本质方式的种类，因而是“被废黜的”(第 162 页)的种类。

这个种类受到了何种伐咒呢？伐咒(Fluch)在希腊语中叫πληγή，也就是我们德语中的“Schlag”。[1] 对这个腐朽种类的伐咒在于：这个古老的种类已经分裂为诸族类的相互倾轧。每个族类都力求摆脱这种倾轧而进入野兽各个不同的、彻头彻尾的兽性状态所具有的未得释放的骚动中。双重性(das Zwiefache)本身并不是伐咒，相反，伐咒乃是那种倾轧。这种倾轧出于盲目的兽性之骚动而把这个种类分裂为二，并且因此把它变成一盘散沙。于是，这个被分裂、被粉碎的“衰败的种类”自己再也找不到它真正的类型(Schlag)。真正的类型只与那个种类相随，后者的双重性摆脱了倾轧，并且先行漫游到某个单纯的二重性(Zwiefalt)的温和之中，也就是说，它是某个“异乡者”并且跟随着异乡人。

与那个异乡人相比，腐朽种类的所有后裔都不外乎是他人。

---

[1] 德语中的 Schlag 既有“打击”之意，又有“类型”之意。大概依海德格尔之见，诗人特拉克尔一方面揭示了“腐朽的种类”，另一方面又期待着“真正的类型”。——译注

但他们也获得了热爱和尊敬。不过,那种追随异乡人的阴暗漫游却把他们带入其夜的蓝光之中。漫游的灵魂变成"蓝色的灵魂"。

但同时,这灵魂也离去。去何方呢?去那个异乡人去的地方。有进修,诗人仅仅用一个指示代词把这个异乡人称为"那人"(Jener)。"那人"在古语言中叫"ener",意即"他人"。所谓"Enert dem Bach"就是小溪的另一边。"那人",即异乡人,就是对于那些他人(即对于腐朽的种类)而言的他人。那人是被召唤离开那些他人的人。异乡人乃是孤寂者。[①]

47 这样一个本身接受了异乡者之本质(即先行漫游)的人被指引向何方了?异乡者被召唤到何方了?到没落中去。没落就是自行沦丧于蓝光的精灵的朦胧中。它发生在精灵之年的末日。如果说这样一种末日必须经历将至的冬天的摧毁,必须经历十一月,那么,那种自行沦丧却并不意味着被废除,崩落于动摇不定,沦于毁灭。按其词义来看,自行沦丧倒是意味着:自行解脱和缓慢地滑离。虽然自行沦丧者在十一月的摧毁中消隐,但它绝不进入十一月的摧毁之中。它经历这种摧毁过程,滑离它,进入蓝光的精灵般的朦胧之中,滑向"晚间",也即傍晚时分。

> 晚间,异乡人在黑暗的十一月的摧毁中自行沦丧,
> 在腐烂的树枝间,沿着颓败的城墙,
> 神圣的兄弟先前来过的地方,

① 此处"孤寂者"被写作 der Ab-geschiedene,按字面直译就是"离去者",故可承接上文的解说。——译注

> 异乡人沉醉于他的疯狂的温柔弹奏中。
>
> 《海利安》(第 87 页)

傍晚乃精灵之年的尾声。傍晚完成一种变换。这个趋向精灵的傍晚使我们去直观另一个东西,去沉思另一个东西。

> 傍晚变换着意义和形象。
>
> (第 124 页)

诗人们道说闪现者(das Scheinende)的外观(形象);闪现者通过这个傍晚不同地显现出来。思想者沉思本质现身者(das Wesende)的不可见性;本质现身者通过这个傍晚而达乎不同的词语。从不同的形象和不同的意义而来,傍晚改变着诗和思的道说(Sage)以及它们之间的对话。但傍晚之所以能这样做,只是因为它本身亦有所变换。白天通过傍晚而趋向一个末端,但这个末端
并不是结束,而仅仅是趋向没落,由于这种没落,异乡人便**开始**了 48
他的漫游。傍晚变换着它自身的形象和意义。在这种变换中,隐蔽着一种对以往的日和年的运作秩序的告别。

然而,这傍晚要把蓝色的灵魂的阴暗漫游引向何方呢?引向一切都在其中以另一种方式得到汇聚、庇护,并且为另一种升起而得以保藏起来的那个地方。

前面所举的段落和诗句向我们指示出一种聚集,也即把我们引向一个位置。这是何种位置呢?我们当如何命名之?当然应根据这位诗人的语言来命名。格奥尔格·特拉克尔的诗作的一切道

说始终聚集在漫游的异乡人上。这个异乡人是“孤寂者”，并且也的确被称为“孤寂者”（第 177 页）。贯穿并且围绕着这个异乡人，诗意的道说乃以一首独一之歌（Gesang）为基调。由于这位诗人的诗作聚集于孤寂者之歌中，所以，我们把他那首独一之诗的位置命名为**孤寂**（*die Abgeschiedenheit*）。

现在，我们的探讨必须深入到第二步，尝试对前面只还约略指示的那个位置作更为清晰的考察。

二

能不能把上文所说的孤寂特别地带到我们的心灵的目光面前，并且把它当作那首独一之诗的位置来加以沉思呢？如若竟可以，那么只能这样来做，即我们现在要以更为明亮的眼睛来追踪异乡人的小路，并且要追问：谁是这个孤寂者？他的小路上的风光如何？

他的小路通过夜的蓝光。映照着他的步伐的光是清冷的。有一首专门写“孤寂者”的诗的结尾指出了“孤寂者月光般清冷的小路”（第 178 页）。对我们来说，孤寂者也就是死者。但这个异乡人死于何种死亡呢？在《赞歌》（第 62 页）一诗中，特拉克尔说：

49 癫狂者已经死去。

接着一节说道：

人们埋葬了异乡者。

在《死亡七唱》中，他被称为“白色的异乡人”。《赞歌》一诗的最后一节说：

白色的魔术师在其墓穴中玩耍他的蛇。

（第65页）

这个死者**生活**在他的墓穴中。他在自己的小屋里生活，多么寂然而出神，竟至于玩耍着他的蛇。蛇们伤害不了他。蛇们并没有被扼杀，但它们的凶恶已经被改变了。与此相反，《被诅咒者》一诗（第120页）却说：

一窝猩红色的蛇懒散地
盘踞在它们被翻掘开来的窠中。

（参看第161、164页）

这个死者是狂人。这里的狂人是指一个神经病人吗？不是的。癫狂（Wahnsinn）并不意味着一个充满痴心妄想的心智。“Wahn”出自古高地德语中的wana，意思是：没有（ohne）。狂人思索着，甚至无人像他那样思索。但他总是没有其他人那样的心智（Sinn）。他有别一种心智。“Sinnan”原本意味着：旅行、追求……、选择某个方向；印欧语系中的词根sent和set意味着道路。这个孤寂者乃是狂人，因为他正在通向它方的途中。从这个它方而来，他的癫狂可以被称为“温柔的”癫狂；因为他的思索追踪着一种更寂静的东西。有一首诗干脆把异乡人当作“那人”即他人来谈论，其中唱道：

> 但那人走下僧山的石阶
> 面露蓝色的微笑，奇怪地
> 被裹入他更寂静的童年中死去；

50 这首诗的标题叫《致一个早逝者》(第 135 页)。孤寂者早早地死去了。因此，他是“一具柔软的尸体”(第 105、146 页等)，被裹入那个更寂静地保藏着一切野性之烈焰的童年中。于是，这个早逝者就显现为“清冷的阴暗形象”。关于这个形象，一首题为《僧山脚下》的诗唱道(第 113 页)：

> 清冷的阴暗形象与漫游者形影相随

> 在那骨制的小桥上，少年的雅桑特般的声音，
> 轻轻地诉说着那被遗忘的森林传说……

“清冷的阴暗形象”不是跟在漫游者后面。它先行于漫游者，因为少年的蓝色声音召回那被遗忘的东西，并且**先行道出**那被遗忘的东西。

这个早逝的少年是谁呢？这个少年，他的

……额头静静地流血
古老的传说
和飞鸟的阴暗迹象？

（第 97 页）

这个在骨制小桥上的行者是谁呢？诗人这样召唤着他：

哦，爱利斯，你逝去已有多久。

爱利斯（Elis）就是被唤向没落的异乡人。爱利斯绝不是特拉克尔用来意指自己的一个形象。爱利斯与这位诗人是有本质性区别的，犹如思想家尼采与查拉图斯特拉这个形象之间的区别。但这两个形象有一点是一致的，即它们的本质和漫游都始于没落。爱利斯的没落进入古老的早先（die Frühe），这个早先比已经衰老的腐朽种类要更古老，之所以更古老，是因为它更能深思熟虑；而之所以更能深思熟虑，是因为它更寂静；之所以更寂静，是因为它更能镇静自身。 51

在少年爱利斯的形象中，少年并不是与少女相对立的。少年是更寂静的童年的表现。这个童年在自身中庇护和储存着种类的柔和的二重性（Zwiefalt），即少男和“金色的少女形象”（第 179 页）的二重性。

爱利斯不是一个在衰亡者后期腐朽的死者。爱利斯是一个在早先中失却本质的死者。这个异乡人先行把人之本质展开到那个最初开端中，即尚未被孕育（古高地德语的 giberan）的东西的最初开端。在终有一死者的本质中那个更宁静、因而更有镇静作用的未受孕育者，诗人称之为未出生者。

这个早逝的异乡人就是未出生者。“未出生者”与“异乡者”这两个名称说的是同一个东西。在《晴朗的春天》一诗中有这样一个诗句(第 26 页)：

未出生者照拂他自己的安宁

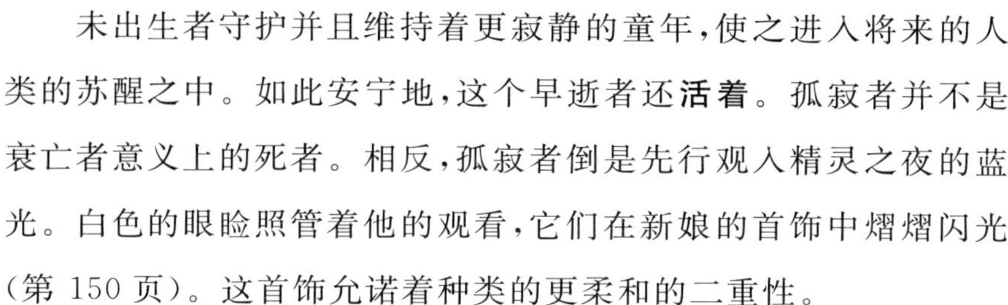

未出生者守护并且维持着更寂静的童年，使之进入将来的人类的苏醒之中。如此安宁地，这个早逝者还**活着**。孤寂者并不是衰亡者意义上的死者。相反，孤寂者倒是先行观入精灵之夜的蓝光。白色的眼睑照管着他的观看，它们在新娘的首饰中熠熠闪光(第 150 页)。这首饰允诺着种类的更柔和的二重性。

在死者白色的眼睑上，桃金娘花静静地开放。

这个诗句与下面这一句出于同一首诗：

灵魂，大地上的异乡者。

上面两个诗句是紧挨着的。“死者”就是孤寂者、异乡者、未出生者。

但还有

……未出生者的小路 52
绕过幽暗的村庄旁，
绕过孤独的夏天向前伸展。

《时辰之歌》(第101页)

未出生者的道路从那个没有把他当作客人来接待的地方绕了过去，而已经不再穿越那个地方了。尽管孤寂者的行程也是孤独的，但这乃是由于“夜的池塘，那星空”的孤独性。狂人不是在“滚滚乌云”上驶入这个池塘，而是在金色小船上驶入这个池塘。这个金色是怎么回事呢？《林中角落》(第33页)一诗以如下诗句来答道：

温柔的癫狂也常常看到金色、真实。

异乡人的小路穿越“精灵之年”，“精灵之年”的日子往往都被转向了真实的开端，并且为这一开端所支配，这就是说，它们是公正的。异乡人的灵魂的年岁就聚集在这种公正之中。

哦，爱利斯，你的所有日子是多么公正！

《爱利斯》一诗如是唱道(第98页)。这一呼声只不过是我们前面已听到过的另一个召唤的回声：

哦，爱利斯，你逝去已有多久。

异乡人进入其中而逝去的那个早先(die Frühe)庇藏着未出生者的本质公正性。这个早先乃是一种特殊的时间,是“精灵之年”的时间。特拉克尔把他的一首诗质朴地冠以《年》的标题(第170页)。这首诗开头说:“童年阴暗的寂静”。与这种阴暗的寂静相对,更明亮的童年——因为它是更寂静的童年,因而是另一个童年——乃是孤寂者在其中没落的早先。这首诗的最后一行把这个更寂静的童年命名为开端:

53 开端的金色眼睛,终结的阴暗耐力。

在这里,终结并不是开端的结果和余响。终结作为腐朽种类的终结要先行于未出生种类的开端。但这个开端作为更早的早先已经超越了终结。

这个早先保存着时间始终还被掩蔽起来的原始本质。只消那种自亚里多士多德以降普遍地还起决定作用的时间观依然生效,那么,当今占上风的思想就一如既往地不能认识时间的原始本质。根据传统时间观,无论我们在机械的或动力学的角度,还是从原子裂变的角度来表象时间,时间都是对先后相继的绵延的量或质的计算之维度。

然而,真实的时间乃是曾在者之到达(Ankunft des Gewesenen)。曾在者并不是过去之物,而是本质现身者的聚集;[①]这种

① 此处“曾在者”(das Gewesene)是发生性的,与“本质现身”(wesen)、“本质现身者”(das Wesende)相关,而“过去之物”(das Vergangene)则是流俗时间观所见的流逝之物。——译注

聚集先行于一切到达，因为它作为这样一种聚集返回去把自身庇护入它向来更早的早先之中。与终结和完成相应的是“阴暗的耐力”。这种耐力把遮蔽的东西带到它的真理面前。它的忍耐把一切都带向那种向精灵之夜的蓝光的没落之中。但与开端相应的却是一种观看和思索，后者金光闪闪，因为它为“金色、真实”所照耀。当爱利斯在其行程中对夜晚洞开心扉时，这种“金色、真实”便映现于夜的星池中（第 98 页）：

一只金色的小船，爱利斯，
它把你的心荡向孤独的天空。

异乡人的小船颠簸不已，但那是游戏的，并不像早先的那些仅仅与异乡人亦步亦趋的后代子孙所乘的小船那样“胆怯”（第 200 页）。他们的小船尚未达到池塘水面的高度。它沉没了。但在何处沉没？在衰败中沉没吗？不是的。它沉到哪里去了？沉入空洞的虚无中吗？绝对不是的。特拉克尔的一首题为《哀怨》（第 200 54
页）的后期诗作结尾如下：

深深的忧伤的姐妹
望着一艘胆怯的小船
沉没在群星之中
在夜的沉默的面貌中。

这种由群星的闪烁所映照的夜的沉默庇藏着什么呢？与这一

夜本身相随的沉默属于何方呢？属于孤寂。这种孤寂不止于少年爱利斯生活在其中的状态，即不止于死亡状态。

孤寂包含着：更寂静的童年的早先，蓝色的夜，异乡人的夜间小路，灵魂在夜间的飞翔，甚至作为没落之门的朦胧。

孤寂把所有这些共属一体的东西聚集起来，但此种聚集并不是事后追加的，而是这样，即：孤寂把自身展开到共属一体的东西的已经运作着的聚集之中。

诗人把朦胧、夜、异乡人的年岁和小路都命名为“精灵的”（geistlich）。孤寂是“精灵的”。这个词意指什么？它的含义和用法都是古老的。所谓“精灵的”，说的就是某种精神意义上的东西，某种源自精神并且服从精神之本质的东西。如今流行的语言用法把“精灵的”一词限制在与“圣事”、与僧侣秩序及其教会的关系中。当特拉克尔写《在明井里》（第191页）时，他似乎也是指上面这种关系的——至少乍听之下是这样的。这首诗说：

……于是，在死者被遗忘的小路上，
橡树披上一层精灵的绿色。

诗人此前提到“主教的身影，贵妇的身影”，提到那仿佛在“春
55 天的池塘”上晃动的“早逝者的身影”。但是，当这位在此又唱着“傍晚的蓝色哀怨”的诗人说橡树“披上一层精灵的绿色”时，他想到的并不是“僧侣”（Geistlichkeit）。他想到的是久已逝去者的早先，这个早先允诺“灵魂之春”的到来。时间上更早的诗作《精灵之

歌》(第20页)唱的无非也是这些内容,尽管更含蓄,更有试探性。这首《精灵之歌》具有一种罕见的歧义性,个中精神在最后一节中得到了相当清晰的表达:

> 古老的石头旁有个乞丐
> 仿佛已在祈祷中死去,
> 牧人款款地离开山丘,
> 树林中有一位天使在歌唱,
> 在树林近处,
> 孩子们进入了梦乡。

但是,即使"精灵的"(Geistliche)一词对这位诗人来说并没有僧侣方面的意思,他也完全可以把与精神有关的东西称为"精神的",完全可以说精神的朦胧,精神的夜。为什么诗人避而不用"精神的"(geistig)这个词呢?因为"精神的"意指物质的对立面。这种对立表现为两个领域之间的差异性,并且指示着——用柏拉图主义的西方语言来讲——超感性之物(νοητόν)与感性之物(αἰσθητόν)之间的鸿沟。

这样理解的精神性的东西后来也就成了理性、理智和思想;它连同它的对立面一并归于那个腐朽的种类的世界观。但是,"蓝色的灵魂"的"阴暗漫游"却离开了这个腐朽的种类。异乡者进入其中而没落的那个夜的朦胧,以及异乡人的小路,几乎不能被叫做"精神的"。孤寂是精灵的,是由精神所规定的,但并不是在形而上学意义上“精神的”。[①]

56 但什么是精神呢？在其最后一首诗作《格罗德克》中，特拉克尔谈到“精神的炽热火焰”（第 201 页）。精神是火焰，而且也许只有作为火焰，精神才是一个飘扬的东西。特拉克尔首先不是把精神理解为圣灵（Pneuma），理解为心智，而是把它理解为火焰，熊熊燃烧、奋力向上、不断运动、变化不熄的火焰。火焰乃是炽热的闪光。燃烧乃是出离自身（das Außer-sich），它照亮并且让它物闪闪发光，但同时也能不断地吞噬，使一切都化为白色的灰烬。

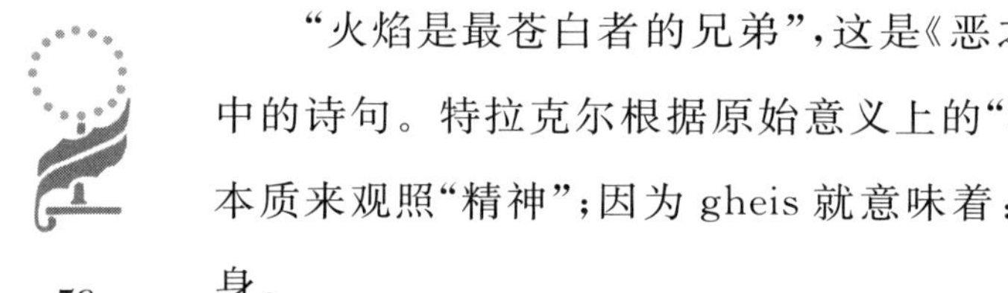

“火焰是最苍白者的兄弟”，这是《恶之转变》一诗（第 129 页）中的诗句。特拉克尔根据原始意义上的“精神”一词所命名的那个本质来观照“精神”；因为 gheis 就意味着：发怒的、惊恐的、出离自身。

如此这般被理解的精神在温柔而毁灭性的状态的可能性中成其本质。所谓温柔绝不阻止燃烧的东西出离自身，而是把它聚集起来，把它保持在友好之物的安宁中。毁灭性来自放纵无度的东西，后者在自己的骚动中耗尽自身，并且因此来从事恶端。恶始终是精神之恶。恶及其恶性并不是感性的、质料性的东西。恶也不只具有“精神的”本性。恶是精灵的，因为它是惊恐者的炽热炫目的骚动；这种惊恐者把一切置于不妙之物（das Unheile）的涣散性

---

① 这里出现的“geistlich”和“geistig”两词，都是从名词“精神”（Geist）衍生出来的形容词，在日常德语中难以把这两个词区分开来。根据海德格尔这里的解说，geistlich是与非传统形而上学意义上的“精神”（如特拉克尔所思的“精神”）相合的，我们译为“精灵的”；而 geistig 则仍译为“精神的”，与传统形而上学意义上的“精神”（与“物质”对立的“精神”）相合。——译注

中，并且有把聚集起来的温柔之绽放付之一炬的危险。

但温柔之聚集力量何在？什么是它的约束？何种精神能驾驭它？人之本质如何是“精灵的”，如何成为“精灵的”？

因为精神之本质在于燃烧，所以精神开辟了道路，照亮了道路，并且上了路。作为火焰，精神乃是“涌向天空”并且“追逐上帝”的狂飙（第187页）。精神驱赶灵魂上路，使灵魂先行漫游。精神置身于异乡者之中。“灵魂，大地上的异乡者”。精神是灵魂的馈赠者。精神是灵魂的赋予者。但反过来，灵魂也守护着精神；而且 57
这种守护是根本性的，以至于要是没有灵魂的话，精神也许永远不可能成其为精神。灵魂“养育”精神。以何种方式呢？要不是灵魂把它的本质所特有的火焰交精神支配，此外又能如何呢？这火焰乃是忧郁之迸发，是“孤独灵魂的温厚”（第55页）。

孤独并不在一切单纯的被离弃状态所蒙受的那种散乱中成为零星个别的。孤独把灵魂带向唯一者，把灵魂聚集为一，并且因此使灵魂之本质开始漫游。作为孤独的灵魂，灵魂乃是漫游者。它内心的热情必须承荷沉重的命运去漫游——于是就把灵魂带向精神。

你的火焰赋予精神以炽热的忧郁；

这是《致启明星》一诗的开头。致启明星也就是致一个投下恶之阴影的发光体。（《遗著》，萨尔茨堡版，第14页）

只有当灵魂在漫游中深入到它自己的本质——它的漫游本质——的最广大范围中时，灵魂的忧郁才炽热地燃烧。当灵魂直面蓝光的面孔并且观看到这蓝光的闪现时，上面的情形就发生了。如此这般观看之际，灵魂便是“伟大的灵魂”。

> 哦，痛苦，你是伟大灵魂的
> 燃烧着的观看！

《暴风雨》(第 183 页)

衡量灵魂之伟大的尺度是：它如何能做到这种燃烧着的观看——灵魂由于这种观看而在痛苦中变得游刃有余。痛苦之本质乃是自身逆反的。

痛苦在“燃烧”之际不断撕开。痛苦的撕扯力量把漫游的灵魂标画入那种裂缝(die Fuge)中，即涌向天空的狂飙和寻索上帝的
58 追逐的裂缝中。如此看来，这种撕扯力量似乎就征服了它撕开的一切，而没有让后者在掩蔽性的光芒中起支配作用。

可是，“观看”却能够做到后面这一点。观看并没有熄灭燃烧着的撕扯，而是把它嵌回到有所直观的接受活动中可驾驭的东西之中。观看乃是痛苦中的回扯(Rückriß)，而痛苦则因此获得缓解，并据此达到它的掩蔽着-护送着的运作。

精神是火焰。这火焰灼灼闪光。它的闪光发生在观看的目光中。闪现者之到达向这样一种观看发生出来，一切本质现身者就在其中在场。这种燃烧着的观看就是痛苦。这里，任何从感觉方面来想象痛苦的做法都无法理解痛苦的本质。燃烧着的观看决定了灵魂的伟大。

作为痛苦，给出“伟大的灵魂”的精神乃是灵魂的赋予者。但如此被赋予的灵魂却是生命的赋予者。正因此，所有按灵魂的意义来看活着的东西，都贯穿着灵魂之本质的基本特征，都贯穿着痛苦。凡有生者，皆痛苦。

唯有富于灵魂的活物才能够实现自己的本质规定性。借助于这种能力，它便适宜于相互承受的和谐；一切生命体由此得以共属一体。依照这种适宜关联来看，一切活物都是适宜的，即善的。但这种善是痛苦地善的。

与伟大灵魂的基本特征相符合，一切秉有灵魂的东西都不仅仅是痛苦地善的，而且唯一地以这种方式同样也是真的；因为，根据痛苦的对立性，生活者能够在遮蔽其具备各自特性的共同在场者之际也把它揭示出来，让它真实地（wahr-haft）存在。

在一首诗的最后一节的开头，诗人写道（第 26 页）：

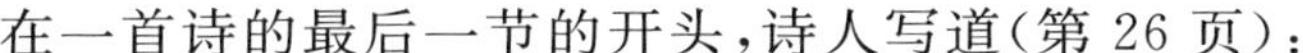

活着是如此痛苦地善和真；

人们或许会认为，这个诗句仅仅对痛苦稍有触及而已。实际
上，它引发了整节诗的道说，这节诗的基调始终是痛苦之沉默。为 59
了倾听这节诗，我们既不可忽略诗人用心安排的那些标点符号，更不能改动它们。这节诗接着说：

一块古老石头轻柔地触摸着你：

这里又响起了“轻柔地”一词，它总是把我们引向本质性的关联。这里又出现了“石头”一词，倘若这里允许作一种计算，这个词在特拉克尔的诗中出现过三十多次。石头中隐藏着痛苦，痛苦在石化之际自行保藏到岩石之锁闭状态中；在岩石之显现中，闪现着那从最早的早先（die früheste Frühe）的寂静光辉而来的古老渊源；而这个最早的早先作为先行的开端走向一切生成者、漫游者，并且把后者带向其本质的永远不可赶超的到达。

古老的岩石就是痛苦本身，因为这痛苦趋向大地，关注着终有一死的人。这个诗句结尾的“石头”一词之后是一个冒号。这个冒号表明，在此是**石头**在说话。痛苦本身有话可说。在久久地沉默之后，痛苦对跟随异乡人的漫游者所说的，无非是它自己的支配作用和持续：

> 真的！我将永远伴随你们。

对于痛苦的这句话，那些聆听早逝者进入树丛的漫游者接着以下面这行诗来回答：

> 哦，嘴！颤抖着透过白杨树的嘴。

整节诗与另一首诗《致一个早逝者》（第 135 页）的第二节的结尾相吻合：

60 花园里留下了朋友的银色面容，
在落叶或古老的岩石中倾听。

这节诗开头一句：

> 活着是如此痛苦地善和真；

也正好与《致一个早逝者》第三部分的开头相呼应：

> 所有生成者却显得如此病弱！

被困扰、受阻碍、不幸和无救——沉沦者的所有困苦实际上只是一些表面现象，其中隐藏着“真实的东西”，即：贯穿一切的痛苦。因此，痛苦既不是可恶的，也不是有益的。痛苦是一切本质现身者之本质的恩惠（Gunst）。它的逆反本质的纯一性决定着一切从遮蔽的最早的早先而来的生成，并且使之谐调于伟大灵魂的明朗。

> 活着是如此痛苦地善和真；
> 一块古老的石头轻柔地触摸着你：
> 真的！我将永远伴随你们。
> 哦，嘴！颤抖着透过白杨树的嘴。

这节诗是纯粹的痛苦之歌，它的歌唱使这首由三个部分组成的题为《明朗的春天》的诗得以完成。一切开端性的本质所具有的最早的早先之明朗从那遮蔽着的痛苦之寂静中突现出来。

通常的表象思维容易把痛苦的逆反本质——即它只在向后撕扯之际才真正向前撕扯——看做是悖谬的。但是，在此表面现象

中隐藏着痛苦之本质纯一性（die Wesenseinfalt）。这种本质纯一
61 性在观看之际最内在地持守自身，同时在燃烧中承荷最广。

所以，作为伟大灵魂的基本特征，痛苦始终与蓝光之神圣性保持着纯粹的应合。因为通过退隐到它本己的深处，蓝光照亮了灵魂的面容。神圣者成其本质，一向只是通过保持在这种退隐（Entzug）之中并且把观看转向适恰的东西，这当儿，神圣者才得以持续。①

痛苦的本质，痛苦与蓝光的被遮蔽的关联，在一首题为《美化》（第144页）的诗作的最后一节中得到了表达：

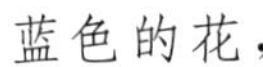

蓝色的花，
在凋零的岩石中轻柔地鸣响。

“蓝色的花”乃是精灵之夜的“温柔的蓝芙蓉花束”。这些诗句唱出了特拉克尔的诗作由之而来的那个源泉。它们结束同时也承载着《美化》一诗。这首歌（Gesang）乃是歌曲、悲剧和史诗集于一体。在特拉克尔的所有诗作中，这首诗是独一的，因为在这首诗中，看的广度、思的深度和说的纯朴以一种不可言传的方式亲密而永久地**闪现出来**。

只有当痛苦为精神效力时，它才真的是痛苦。特拉克尔写的

① “神圣者”（das Heilige）一词在海德格尔那里有独特的意义，它高于一般意义上的“神性”（Gottlichkeit）和“神”（Gott）。海德格尔尤其对荷尔德林的“神圣者”作过深入的思索，思之为“存在本身”或“大道”本身。可参看海德格尔：《荷尔德林诗的阐释》，《全集》第四卷，美因法兰克福1996年。——译注

最后一首诗叫《格罗德克》。人们把它当作一首战争诗来加以称颂。但它并非战争诗，它远远超出了战争诗。这首诗的最后几行如下（第 201 页）：

> 如今，一种巨大的痛苦养育着精神的炽热火焰，
> 尚未出生的孙子们。

这里所谓的“孙子们”绝不是那些从腐朽种类而来的堕落的儿子们的尚未出生的儿辈。倘若这无非是以往种类之繁衍的中断，那
么，这位诗人一定要为这样一个终结而欢呼。但他却在悲伤。当 62
然，这是一种“自豪的悲伤”，它燃烧着去观看那未出生者的安宁。

未出生者被称为孙子们，因为他们不可能是儿子，也就是说，不可能是这个沉沦的种类的直接后裔。在他们与这个种类之间还生活着另一代人。那是另一代人，因为按它的从未出生者之早先而来的不同的本质渊源来看，它具有不同的特性。“巨大的痛苦”乃是席卷一切的燃烧着的观看，它先行观入那个死者的依然自行隐匿着的早先；正是面向这个死者，早早堕落者的“精神”死去了。

但是，谁能守护这种巨大的痛苦，让它养育精神的炽热火焰？具有这种精神类型者，乃是带我们上路者。具有这种精神类型者，被叫做“精灵的”。因此之故，诗人必得首先地同时也唯一地把朦胧、夜和年岁称为“精灵的”。朦胧让夜之蓝光升起，使之燃烧。夜作为星池的闪亮镜子来燃烧。年岁只有投身于太阳运行的道路上，即日出日落的道路上，它才燃烧。

这种“精灵”(Geistliche)得以唤醒以及它所跟随的是何种精神呢？它就是《致一个早逝者》(第136页)一诗中特别被称为“早逝者之精神”的那种精神。这种精神把《精灵之歌》(第20页)中的那个“乞丐”置于孤寂之中，以至于他就像《在村庄里》(第81页)一首诗所说的那样，始终是一个“在精神中孤寂地死去”的“穷人”。

孤寂作为纯粹的精神而成其本质。它是在精神深处更寂静地燃烧着的蓝光之闪现；这蓝光在开端之金色中点燃了一个更寂静的童年。爱利斯形象的金色面容迎向这个早先。在其面面相觑的对视中，它维护着孤寂之精神的夜的火焰。

63 可见，孤寂既不仅仅是早逝者的状况，也不是早逝者不确定的栖留空间。孤寂以其燃烧方式本身就是精神，从而是一种聚集力。这种聚集力把终有一死的人的本质带回到它更寂静的童年中，把童年当作尚未成熟的类型——它标志着未来的种类——来加以庇护。孤寂之聚集力使未出生者越过衰亡者而进入那来自早先的人种的未来复活之中。作为温柔之精神，这种聚集力也镇定着恶的精神。当恶的精神从诸族类的仇视中爆发出来并且侵入到兄弟姐妹情谊中去时，它的骚动便登峰造极了。

但在童年的更寂静的纯一性(Einfalt)中，还隐蔽着人类的亲热和睦的二重性(Zwiefalt)。在孤寂中，恶的精神既没有被消灭和否定，也没有被释放和肯定。恶被转换了。为了经受这种转换，灵魂必须转向其本质之伟大。这种伟大的程度取决于孤寂之精神。孤寂乃是聚集，通过这种聚集，人之本质重又被庇藏到它更寂静的童年和另一个开端的早先之中。作为聚集，孤寂拥有位置之本质。

然而，孤寂何以是一首诗歌的位置，而且是特拉克尔的诗作所表达出来的那首独一之诗的位置呢？难道孤寂根本上而且固有地与作诗有某种关联吗？即便有这样一种关联，孤寂又如何能把一种诗意的道说收集到自身那里而成为它的位置，并且从那里出发来规定它呢？

难道孤寂不是一种独一无二的寂静之沉默吗？孤寂如何能使一种道说和歌唱上路？孤寂倒也不是死亡之荒漠。在孤寂中，异乡人测度着与以往的种类的告别。异乡人走在一条小路的途中。64
这条小路是何种小路呢？关于这一点，在《夏末》一诗着重拎出的最后一句诗中，诗人已经说得很清楚了：

一只蓝色的兽怀念它的小路，

怀念它那精灵之年的悦耳之声！

异乡人的小路是“它那精灵之年的悦耳之声”。爱利斯的步伐在鸣响。鸣响的步伐在黑夜中发光。它们的悦耳之声传入虚空中了吗？那个进入早先的逝者是孤寂的，是在被分割意义上孤寂的吗？抑或，它是被分离出来的，是在被遴选出来意义上被分离出来的，也就是说，它被汇集到一种聚集之中，这种聚集进行着更温柔的聚集和更宁静的召唤——是这样吗？

《致一个早逝者》一诗的第二、三节对我们的问题做了一种暗示的回答（第 135 页）：

但那人走下僧山的石阶，

面露蓝色的微笑，奇怪地
被裹入他更寂静的童年中死去。
花园里留下了朋友的银色面容，
在落叶或古老的岩石中倾听。

灵魂歌唱死亡，歌唱肉体的绿色腐朽，
那就是林涛的澎湃，
野兽的厉声哀鸣。
在朦胧的钟楼里，不断传来傍晚的蓝色钟声。

有一位朋友在倾听着异乡人。倾听之际，他跟随孤寂者，从而自己也成为一个漫游者，一个异乡人。朋友的灵魂在倾听着死者。
65 朋友的面容是“死去的”面容（第 143 页）。它通过歌唱死亡而倾听。因此之故，这种歌唱的声音乃是“死者般的鸟之声音”（《漫游者》，第 143 页）。这一声音应合于异乡人的死亡，应合于异乡人向夜之蓝光的没落。但随着孤寂者的死亡，他同时也歌唱着那个种类的“绿色腐朽”——阴暗的漫游已使他与这个种类“分离开来”。

歌唱乃是赞美，乃是守护在歌中受到赞美的东西。倾听着的朋友乃是一个“赞美着的牧人”（第 143 页）。然而，只有当那种孤寂向追随者响起，只有当孤寂的悦耳之声鸣响，只有“当阴暗的悦耳之声传到灵魂那里”（如第 83 页上的《晚歌》一诗所说的），这时候，那位朋友的“喜欢听白色魔术师的童话”的灵魂才能跟随孤寂者而歌唱。

若是这样，则早逝者的精神就会在早先之光辉中显现出来。早先的精灵之年乃是异乡人及其朋友的真实时间。在它们的光辉中，以往的乌云变成金色的云彩。它现在犹如那“金色小船”，犹如在孤独的天空中荡漾的爱利斯的心。

《致一个早逝者》一诗最后一节如是唱道（第 136 页）：

> 金色的云彩和时间。在孤独小屋子里，
> 你时常邀死者做客，
> 娓娓交谈，漫步在绿色小河旁的榆树下。

向朋友发出的交谈邀请是与异乡人的步伐的悦耳之声相符合的。朋友的道说就是沿河而下的歌唱着的漫游，就是追随到那种向夜之蓝光的没落中去——这里的夜受着早逝者的精神的激励。在这种交谈中，歌唱着的朋友观看着那个孤寂者。由于他的观看，在面面相觑的对视中，他成为异乡人的兄弟。与异乡人一起漫游 66
之际，这位兄弟便达到了在早先中的更寂静的逗留。在《孤寂者之歌》（第 177 页）中，他能够如是召唤：

> 哦，栖居在生气勃勃的夜之蓝光中。

而朋友在聆听之际唱着“孤寂者之歌”，并因此成为他的兄弟；只有这样，他作为异乡人的兄弟才成为异乡人的姐妹的兄弟，而异乡人的姐妹的“冷月般的声音在精灵之夜回响”——这是《精灵的朦胧》一诗（第 137 页）的最后一行。

孤寂是那首独一之诗的位置，因为异乡人鸣响着并且闪光着的步伐的悦耳之声把他的追随者的阴暗漫游燃放成倾听着的歌唱。这漫游是阴暗的，因为它只不过是跟随的漫游；但这阴暗的漫游却照亮了追随者入于蓝光之中的灵魂。于是，歌唱着的灵魂的本质就只还是一种独一的先行观望，也就是对那庇护着更寂静的早先的夜之蓝光的先行观望。

灵魂只不过是一个蓝色的瞬间。

《童年》一诗（第 104 页）如是说。

孤寂之本质就这样达乎自行完成。只有当孤寂作为对更寂静的童年的聚集，同时作为异乡人的坟墓把那些人聚集到自身那里——这些人倾听着早逝者，把早逝者的小路的悦耳之声带入被说出的语言的有声表达之中，从而成为孤寂者——这时候，孤寂才是那首独一之诗的完全的位置。他们的歌唱就是作诗。何以见得？什么叫作诗呢？

作诗意谓：跟随着道说，①也即跟随着道说那孤寂之精神向诗人说出的悦耳之声。在成为表达（Aussprechen）意义上的道说之
67 前，在极漫长的时间内，作诗只不过是一种倾听。孤寂首先把这种倾听收集到它的悦耳之声中，借此，这悦耳之声便响彻了它在其中获得回响的那种道说。精灵之夜的神圣蓝光的月亮一般的清冷在

① 此处海德格尔把“作诗”（Dichten）规定为“跟随着道说”（nach-sagen），强调“作诗”与“思想”一样皆为对“存在—大道”的“应合”（Entsprechen）、“倾听”（Hören），或者说是从“存在—大道”而来的“道说”（Sagen）。——译注

一切观看和道说中作响并闪光。观看和道说之语言就成了跟随着道说的语言，即成了诗作（Dichtung）。诗作之所说庇护着本质上未曾说出的那首独一之诗。以此方式，被召唤入倾听之中的跟随着道说就变得“更加虔诚”，也就是说，在那条小路的劝说（Zuspruch）面前变得更加柔顺——异乡人先行走在这条小路上，从童年的阴暗中走出而进入更寂静、更明亮的早先中去。因此，聆听着的诗人能够对自己说：

你更虔诚地知道阴暗之年的意义，
在孤独小屋里的清冷和秋日；
而在神圣的蓝光中，闪光的步伐响个不停。

《童年》（第 104 页）

歌唱着秋日和年岁之末的灵魂并没有沉没在衰败之中。它的虔诚被早先的精神之火焰点燃，并因此是火热的：

哦，灵魂，轻柔地歌唱着枯萎的芦苇的歌；
火热的虔诚。

《梦和迷乱》一诗（第 157 页）如是唱道。这里所谓迷乱并不是单纯的精神之阴郁，正如癫狂不是神经错乱。使异乡人的歌唱着的兄弟迷乱的那个黑夜始终是那种死亡的“精灵之夜”——孤寂者去赴这种死亡而进入早先之“金色颤栗”中。在观看这种死亡之际，聆听着的朋友观入更寂静童年的清冷。但这种观看依然是一种与早已出生的种类的分离，这个种类遗忘了那作为还被保持着的开端的更寂静童年，并且从未孕育过未出生者。《阿尼夫》——
68 这是萨尔茨堡附近一座水上宫殿的名字——这首诗说道(第134页)：

出生者的罪过大矣。可悲啊，
他们对死亡的金色颤栗，
因为灵魂梦想更清冷的花朵。

但是，这一痛苦的“悲叹”不仅包含着**与**旧种类的分离。这种分离以一种隐蔽的、命定的方式决然成为告别，而此种告别乃是从孤寂那里召唤出来的告别。[①] 在孤寂之夜中的漫游乃是一种“无限的折磨”。这并不是指一种无止境的痛苦。无限只是摆脱了一切有限的限制和萎缩。这种“无限的折磨”是完成了的、完全的痛苦，是达到其本质丰富性的痛苦。只有在穿过精灵之夜的漫游中——这种漫游总是告别了非精灵之夜，痛苦之逆反特征的纯一性才会起纯粹的作用。精神之温柔被唤向对上帝的追逐，精神之胆怯被唤向天空的狂飙。

《夜》(第187页)一诗如是说：

无限的折磨，

① 此处“孤寂”(Abgeschiedenheit)、“分离”(Scheiden)和“告别”(Abschied)等词语之间的意义关系，我们难以在中译文中很好地传达出来。——译注

温柔的精神，
你追逐上帝
在急流中，在起伏的松涛中
发出阵阵叹息。

这种狂飙和追逐的燃烧着的撕扯并没有撕掉“陡峭的堡垒”；它并没有杀死猎物，而是让它在对天空景象的观望中复活——天空景象之纯粹清冷掩蔽着上帝。这样一种漫游的歌唱着的思索为一个完全由完成了的痛苦所烙印的脑袋所拥有。因此，《夜》（第187页）一诗以下面的诗句结束：

一个石化了的脑袋
向着天空冲击。

与此相应的是《心》一诗的结尾（第180页）：

陡峭的堡垒。
呵，心，
在雪一般的清冷中闪烁。

实际上，《心》、《暴风雨》和《夜》这三首后期诗作的三和弦是如此隐蔽地被调谐于那种对孤寂的歌唱的独一和同一之物，以至于我们可以认为，如果放弃对这三首诗的歌唱作一种充分的解释，那么，我们现在着手进行的对诗人那首独一之诗的探讨就会获得加强。

在孤寂中漫游，对不可见景象的观看，以及完成了的痛苦，这三者是一体的。忍耐者顺从于痛苦的裂隙（Riß）。只有这个忍耐者才能跟随着返回到种类之最早的早先之中，这个种类的命运保藏在一本古老的纪念册中。诗人的一首题为《在一本古老的纪念册中》的诗作中有这样一节诗（第55页）：

> 忍耐者恭顺地服从痛苦
> 悦耳之声和温和的癫狂在鸣响。
> 看哪！天色已趋朦胧。

在道说的这种悦耳之声中，诗人把上帝得以在其中向癫狂的追逐隐蔽自身的那种闪光景象显露出来。

因此，诗人在《午后低语》（第54页）中所歌唱的，确实只是一种午后的低语：

> 额头梦想着上帝的色彩，
> 感受到癫狂的温柔翅膀。

70 只有当写诗的人追随着那个癫狂者，他才成为诗人；[①]那个癫狂者入于早先而消殒，并且从他的孤寂而来，通过他的步伐的悦耳

① 此处“写诗的人”（der Dichtende）也可译为“作诗者”，显然比“诗人”（Dichter）更广义。——译注

之声来召唤跟随着他的兄弟。于是，朋友的面孔观入异乡者的面孔。这一“瞬间”的光辉触动了倾听者的道说。[①] 在这种从那首独一之诗的位置闪发出来的感动人心的光辉中，起伏着那种推动诗意的道说走向其语言的滚滚波涛。

那么，特拉克尔诗作的语言是何种语言呢？这种语言是通过应合于异乡人先行于其上的那条路途来说话的。异乡人所踏上的小路是一条离开古老的、蜕化了的种类的道路。它护送异乡人达到没落，进入未出生种类被保存下来的早先之中的没落。诗人那首在孤寂中有其位置的独一之诗的语言，应合于这个未出生的人类向其更寂静本质之开端的还乡（Heimkehr）。

这种诗作的语言由转渡（Übergang）而来说话。此种转渡的小路从衰败者的没落转渡到向神圣之朦胧蓝光的没落。这首独一之诗的语言就是从穿越精灵之夜的夜色池塘的摆渡而来说话的。这种语言歌唱着孤寂的还乡之歌，而还乡就是从腐朽的晚期返回到更寂静的、尚未现身的早先。在这种语言中说话的乃是路途（das Unterwegs）；此路途的闪现既照耀又鸣响，使孤寂的异乡人的精灵之年的悦耳之声显现出来。用《启示与没落》（第194页）一诗的话来说，“孤寂者之歌”歌唱“一个还乡的种类的美”。

由于这首独一之诗的语言是从孤寂之路途而来说话的，因此它始终也是从它在分离中离弃的东西以及这种分离所顺应的东西而来说话的。这首独一之诗的语言本质上是多义的，而且有其独

① 此句中的“瞬间”（Augenblick）来得突兀。“瞬间”由“眼”（Augen）和“观”（Blick）合成，故此处的“瞬间”当联系于前句的“观”。——译注

71 特的方式。只要我们仅只在某种单义意见的呆板意义上来理解这首诗的道说，那我们就听不到它的什么。

朦胧与黑夜，没落与死亡，癫狂与野兽，池塘与石头，鸟的飞翔与小船，异乡人与兄弟，精神与上帝，同样还有一些色彩词语：蓝和绿，白和黑，赤红和银白，金色和阴暗等——这一切总是道说着多重的东西。

“绿”是腐朽和繁盛，“白”是苍白和纯洁，“黑”是幽暗的锁闭和阴暗的庇藏，“赤红”是朱红的丰满和玫瑰色的温柔。“银白”是死亡的惨淡和星斗的闪烁。“金色”是真实之光辉和“金子的可怕笑声”(第133页)。这里所谓的多义性首先只是两义性。但这种两义性本身作为整体还只是事情的一个方面，另一方面则是由那首独一之诗的最内在的位置所决定的。

这首诗是从一种模糊的两义性而来说话的。不过，诗意道说的这样一种多义性并不分解为不确定的歧义性。特拉克尔这首独一之诗的多义音调来自一种聚集，也即来自一种协调(Einklang)，这种协调就其本身而言始终是不可道说的。这一诗意道说的多义性并不是松懈的不准确，而是那个已经投身于细心的“正当观看”并且服从这种观看的参与者的严格性。

我们往往难以在特拉克尔的诗作所特有的、本身完全可靠的多义性的道说与其他诗人的语言之间画一条清晰的界线；其他诗人的语言的歧义性乃起于诗意探索的不确定性，因为他们的语言缺乏那首真正的独一之诗及其位置。特拉克尔的本质上多义的语言所具有的独特的严格性在一种更高意义上是如此明确，以至于与单纯地在科学上单义的概念的一切技术精确性相比较，它始终具有无限的优越性。

也有一些来自圣经和教会的观念世界的常见词语，是以上述 72
由特拉克尔那首独一之诗的位置所决定的语言多义性说话的。从古老种类向未出生者的转渡穿越了这一领域以及它的语言。特拉克尔的诗作是否以基督教方式说话，在何种程度上以及在何种意义上以基督教方式说话，这位诗人以何种方式成了基督徒，所谓的“基督教的”、“基督教”、“基督教徒”和“基督教义”[①]等在此是什么意思，一般地又是什么意思——凡此种种，都是一些根本性的问题。但是，只要他的那首独一之诗的位置尚未得到关注，那么，对上述问题的探讨就始终还悬在虚空之中。此外，对上述问题的探讨还要求作一种沉思，对于这种沉思来说，无论是形而上学神学的概念，还是教会神学的概念，都是不够的了。

要判断特拉克尔那首独一之诗的基督教性，我们首先就要思索他后期的两首诗：《哀怨》和《格罗德克》。我们必得问：如果诗人真的是一位如此坚定的基督徒，那么，为什么他在这里，在他最后的道说的极端困境中没有召唤上帝和基督？为什么他在这里不提上帝和基督，而只提“姐妹的摇晃的身影”，并把姐妹称为“问候的姐妹”呢？为什么最后这首歌不是以对基督之救赎的充满信心的展望为结束，而要以“未出生的孙子”的名字来结束呢？为什么姐妹也出现在后期的另一首诗《哀怨》（第200页）中呢？为什么在这里把“永恒”叫作“冰冷的波涛”？这难道就是基督教式的思索吗？不，它甚至也不是基督教式的绝望。

---

① 原文依次为：christlich，Christenheit，Christentum，Christlichkeit。——译注

然而，这首《哀怨》歌唱什么呢？在“姐妹……看……”这些诗句中，难道不是回响着一种内在的纯一性(Einfalt)——那些不顾一切美妙[①]彻底隐匿的危险而依然坚持向“人的金色面容”漫游的人们的纯一性？

特拉克尔诗作所说的多音调的语言具有严格的协调，而这同时也意味着：沉默，应合于那种作为他的独一之诗的位置的孤寂。
73 对这个位置加以适当的关注，这就已经要求我们思想。到最后，我们几乎还不敢大胆去追问这个位置的所在。

三

当我们迈出第一步去探讨特拉克尔那首独一之诗的位置时，《秋魂》(第124页)一诗的倒数第二节为我们提供了最终的指示，指示出孤寂乃是那首独一之诗的位置。这节诗谈到了那些漫游者，他们为了“栖居在生气勃勃的蓝光之中”而去追随异乡人穿越精灵之夜的小路。

鱼和兽倏忽游移。
蓝色的灵魂，阴暗的漫游，
很快使我们与爱人，与他人分离。

对于允诺和保证某种栖居的开放区域，我们的语言把它称为

① 此处“美妙”(das Heile)与“神圣者”(das Heilige)相关。——译注

“土地”(Land)。向异乡人的土地的行进在傍晚时分穿透精灵的朦胧。所以，这节诗的最后一行说：

傍晚变换着意义和形象。

早逝者没落入其中的土地就是这个傍晚的土地。把特拉克尔那首独一之诗聚集于自身中的那个位置的所在就是孤寂的隐蔽本质，并且被叫做“傍晚的土地”。[①] 这一傍晚的土地比柏拉图—基督教的土地甚至欧洲观念中的土地更古老，也即更早，从而也更有希望。因为孤寂乃是一个上升的世界之年(Weltjahr)的“开端”，而不是颓败的深渊。

遮蔽在孤寂之中的傍晚的土地并没有没落；它作为向精灵之夜没落的土地期待着它的栖居者，从而保持下来。没落之土地乃是向那个被遮蔽在其中的早先之开端的转渡(Übergang)。

如果我们有了这一番思索，那么，当特拉克尔的两首诗专门提 74
到傍晚的土地时，我们还能说这是巧合吗？这两首诗中的一首题为《傍晚的土地》(第 171 页以下)；另一首题为《傍晚土地之歌》(第 139—140 页)。[②] 后一首诗所唱的内容与《孤寂者之歌》相同。它以一种令人惊奇的召唤开头：

---

① 原文为 Abendland，或通译为“西方”。在德语中“西方”(Abendland)由“傍晚”(Abend)和“土地”(Land)两词合成，在此语境中可直译为“傍晚的土地”。——译注

② 这两首诗的标题或可译为《西方》和《西方之歌》。英文本把前者译为“Evening Land”或“Occident”，把后者译为“Occidental Song”(参看英文本《在通向语言的途中》，纽约 1971 年，第 194 页)。——译注

哦，灵魂在夜间飞翔：

这行诗是以一个冒号结束的，它包括了后面的全部内容，直至那种从没落到升起的转渡。在另一处，在最后两行诗之前，还有第二个冒号。之后是简单的短语：“**一个**种类”（*Ein* Geschlecht）。这个“一”加了着重号。就我所知，它是特拉克尔诗作中唯一加着重号的词。这个重点强调的“**一个**种类”隐含着一种基调，由之而来，特拉克尔那首独一之诗在沉默中保持着神秘（Geheimnis）。这**一个**种类的统一性来自那个类型，后者从孤寂出发，借助于那种在孤寂中运作的更寂静的宁静，借助于它的“森林之道说”，它的“尺度和法则”，通过“孤寂者冷月般的小路”而把诸种类的仇视一体地聚集到更为柔和的二重性（Zwiefalt）之中。

“一个种类”中的“一”（*Ein*）并不意味着与“二”相对立的“一”。这个“一”的意思也不是单调相同的千篇一律。在这里，“**一个**种类”根本不是指某个生物学上的事实，既不是指“单种”，也不是指“同种”。在这重点强调的“**一个**种类”中，隐含着那种借助于精灵之夜的聚集性的蓝光而起统一作用的统一力量。这个词是从那首歌唱傍晚的土地的歌而来的。所以，“种类”一词在此就具有上面提到的丰富的多方面含义。它首先是指历史性的人的种类，75 亦即区别于其他生物（动物和植物）的人类。进而，“种类”一词还指这个人的种类的诸种族、部落、氏族、家族等。同时，“种类”一词也往往指诸种族的二重性。

为诸族类打上“一个种类”的统一性标志，并因此把人类诸氏族以及人类本身带回到更寂静童年的温柔之中的那个类型，是通过使灵魂踏上进入“蓝色的春天”的道路而发挥作用的。灵魂对蓝色的春天保持沉默，以此来歌唱蓝色的春天。《在阴暗中》(第151页)一诗的开头唱道：

灵魂对蓝色的春天沉默。

“沉默”这个动词在此作及物动词用。[1] 特拉克尔的诗作歌唱傍晚的土地。它是对那个真正的类型之居有事件(Ereignis)的唯一召唤；这个真正的类型诉说着那进入温柔之中的精神的火焰。《卡斯帕尔·豪塞之歌》(第115页)如是唱道：

上帝对他的心诉说着温柔的火焰：
呵，人啊！

这里的“诉说”一词与前面讲的“沉默”，《致少年爱利斯》中的“流血”(第97页)，以及《僧山脚下》最后一行诗中的“沙沙作响”(第113页)，都作及物动词用。

上帝的诉说乃是判归。这种判归为人指定一个更寂静的本质，并且因此召唤人进入那种应合[2]——由于此种应合，人才从本己的没落中复活而进入早先之中。“傍晚的土地”庇护着这“一个种类”之早先的升起。

① 日常德语中的“沉默”(schweigen)一般为不及物动词。——译注

② 注意此处“诉说”(Sprechen)、“判归”(Zusprechen，或译“劝说”)与“应合”(Entsprechung)之间的字面和意义联系。——译注

如果我们把《傍晚土地之歌》的作者看做一位颓败的诗人，那么，我们的思想就未免太浅薄了。在探讨特拉克尔的另一首诗《傍晚的土地》(第 171 页以下)时，如果我们始终只根据它的最后一
76 部分(即第三部分)，并且固执地对这个三部曲的中间部分以及作为其前奏的第一部分充耳不闻，那么，我们就会听得既残缺又乏味。在《傍晚的土地》中重又出现了爱利斯这个形象；而在最后期的诗作《海利安》和《梦中的塞巴斯蒂安》中则没有提到这个形象。异乡人的步伐在鸣响。他的步伐的基调是由古老的森林传说的“柔和的精神”规定的。这首诗中间部分已经洋溢着最后一部分的内容；而在最后一部分中提到了“巨大的城市”，“在平地上由石头垒造起来”！这些城市已经有了自己的命运。这命运与“在变绿的山丘旁”所说的命运不同，在那里，“春天的暴风雨在吼叫”，山丘具有“公正的尺度”(第 134 页)，它也被叫做“傍晚的山丘”(第 150 页)。据说，特拉克尔的作品具有“最内在的无历史性”。在这个判断中，“历史”是指什么呢？如果这个名称是指历史学上的历史，即对于过去事物的观念，那么，特拉克尔就是无历史的。[①] 他的作诗活动(Dichten)毋需历史学上的“对象”。为什么不需要呢？因为他那首独一之诗是历史性的，具有至高意义上的历史性。他的诗作歌唱那个把人类投入到依然扣留着的本质之中的命运，也即那个拯救人类的命运。

---

① 这里出现的 Historie 和 Geschichte 在日常德语中似无大区别，但海德格尔却对两者做了明显的区分：前者是“历史学上的历史”，是“显”出的历史；后者则是真实发生的历史，是亦“显”亦“隐”的历史。Geschichte 与德文动词“发生”(geschehen)有字面和意义上的联系，可见是真实发生着的历史。——译注

特拉克尔的诗咏唱着灵魂之歌，这个灵魂——“大地上的异乡者”——才漫游在大地上，漫游在大地上，作为还乡种类的更寂静家园的大地上。

这是在现代集块性生存（Massendasein）之技术—经济世界的边缘做的浪漫主义美梦吗？或者，这是那个所见所思与新闻记者截然不同的“癫狂者”的清晰认识吗？——这些记者们挖空心思去记述当前的事件，而他们所估测的将来向来只不过是当前现实的延长而已；这种将来始终是没有那种唯在人的本质的开端处才与人相关涉的命运的到来的。

诗人看到，灵魂这个“异乡者”被命定在一条小路上，这条小路不是通向颓败，而是导向没落。此种没落屈服并且顺从于强大的死亡，即早逝者先行去赶的那个死亡。兄弟歌唱着追随早逝者去 77
赴死。赴死之际，朋友追随着异乡人度过了孤寂之年岁的精灵之夜。朋友的歌唱乃是“被捕获的山鸟之歌”。这位诗人以此为标题来命名一首他献给费克尔的诗。山鸟就是那只召唤爱利斯走向没落的鸟。被捕获的山鸟就是虽生犹死者的鸟音。山鸟被囚禁在金色步伐的孤独之中，这些步伐应合于那金色小船的航行；爱利斯的心就在这金色小船上，穿越蓝色之夜的星池，并且因此向灵魂指明了它的本质的轨道。

灵魂，大地上的异乡者。

灵魂漫游着走向傍晚的土地。这傍晚的土地贯穿着孤寂之精神；由于这种精神，灵魂才是“精灵的”。

一切套式讲法都是危险的。它们迫使被道说出来的东西成为那种匆匆形成的肤浅意见，并且容易败坏我们的思想。但这些套式讲法也可能有所裨益，对持久的沉思来说至少是一种推动和依据。以此为保留条件，我们也不妨用套式的方式说：

一种对特拉克尔诗歌的探讨向我们表明，特拉克尔乃是那依然被遮蔽着的傍晚之土地的诗人。[①]

> 灵魂，大地上的异乡者。

这个诗句出现在《灵魂之春》(第 149—150 页)的最后几节中。而下面的诗句就是向这最后几节的过渡：

> 强大的死亡和心中歌唱着的火焰。

于是，诗人的歌唱便上升到精灵之年的悦耳之声的纯粹回响
78 中；异乡人穿越精灵之年而漫游，兄弟则跟随着异乡人，开始在傍晚的土地上栖居：

> 幽幽流水环绕着鱼的欢快游戏。
> 悲哀的时刻，太阳沉默的面容；
> 灵魂，大地上的异乡者。充满精灵，
> 蓝光朦胧，笼罩在莽莽丛林上

---

① 原文为：den Dichter des noch verborgenen Abend-Landes。——译注

村庄里，阴暗的钟声久久地鸣响，
护卫着村庄的平和。
在死者的白色眼睑上，桃金娘花静静地开放。

渐渐西沉的太阳下，水声潺潺，
岸边绿茵的荒野变得更阴暗，
玫瑰般的风是多么欢乐；
傍晚的山丘旁，传来兄弟温柔的歌唱。

79 # 从一次关于语言的对话而来

——在一位日本人与一位探问者之间①

81 **日**:您知道九鬼周造伯爵。他曾经随您研读多年。

海:九鬼伯爵永远在我的记忆中。

日:他过早地谢世了。他的老师西田几多郎为他镌写了墓碑文;西田几多郎为此花了一年多的时间,以表示对他这位学生的崇高敬意。

海:我很高兴得到了九鬼墓和墓地小树林的照片。

日:这个在京都的寺院是我所熟悉的。我的许多朋友经常邀我去那里扫墓。这座寺院是十二世纪末由本江和尚建造起来的,坐落在当时皇城京都东面的一个小山丘上。那是沉思默想和打坐修炼的地方。

海:这么说来,寺院旁的这片小树林就是这位早逝者的归宿之地了。

---

① 本文系马丁·海德格尔与日本东京帝国大学手冢富雄(Tezuka)教授的一次对话。文中“日”表示“日本人”,即手冢富雄,“海”表示“追问者”,即海德格尔本人。——译注

日：而他的所有沉思默想，全在于日本人所谓的“粹”。①

海：在与九鬼的对话中，我对这个词的意思始终不太摸得着边际。

日：从欧洲回来后，九鬼伯爵曾在东京作过一些关于日本艺术和诗歌的美学讲座。讲课稿汇集成一本书出版了。在这本书中，他 82
试图借助于欧洲美学来考察日本艺术的本质。

海：但在这样一个计划中，我们可以求助于美学吗？

日：为什么不呢？

海：美学这个名称及其内涵源出于欧洲思想，源出于哲学。所以，这种美学研究对东方思想来说终究是格格不入的。

日：您讲的固然不错。但我们日本人还不得不求助于美学。

海：为何？

日：美学为我们提供一些必要的概念，用以把握我们所关心的艺术和诗歌。

海：您们需要概念吗？

日：也许是罢；因为自从与欧洲思想发生遭遇以来，我们的语言显露出某种无能。

海：何以见得呢？

日：我们的语言缺少一种规范力量，不能在一种明确的秩序中把相关的对象表象为相互包涵和隶属的对象。

海：您当真以为这种无能是您们的语言的一个缺陷吗？

日：东亚世界与欧洲世界的遭遇已经成为不可避免的事情了，这个 83

① “粹”(Iki)是日本现代哲学家九鬼周造(Shuzo Kuki)在其名著《粹的构造》中提出的核心词语，关于此词的意义，可看下文的讨论。——译注

时候，您的问题确实要求我们对之作一种透彻的思考。

海：您在这里触着了我与九鬼伯爵经常探讨的一个富有争议的问题。这个问题就是：对东亚人来说，去追求欧洲的概念系统，这是否有必要，并且是否恰当。

日：看起来似乎不再有什么退路，因为现代的技术化和工业化已经席卷了全球。

海：您说得很小心，你说“似乎……”。

日：对。因为从我们东亚人的此在（Dasein）来看，总还有一种可能性，那就是：那个把我们一并卷入其中的技术世界必定是限于表皮的，并且……

海：……这样一来，尽管有种种同化和混合，但一种与欧洲人的此在的真正交往却并没有发生。

日：也许根本就不可能发生。

海：我们可以如此绝对地下这个断言么？

日：我是敢下此断言的最后一人了，要不我就不会来德国。但我总是感到某种危险，显然，九鬼伯爵也没有克服掉这个危险。

海：您指的是何种危险呢？

84 **日：**那就是我们受到欧洲语言精神所具有的丰富概念的诱惑而走岔了路，把我们的此在所要求的东西贬低为某种不确定的和乱七八糟的东西了。

海：可是还有一种远为巨大的危险呢。这种危险牵涉到我们双方。它越是不显眼，就越具有威胁性。

日：怎么回事？

海：这种危险从某个地方趋迫而来，在那里我们并没有料到这种危险，而那恰恰就是我们必须经验这种危险的地方。

日：可见您是已经经验到这种危险了；否则的话，您就不可能指出这种危险。

海：我还远远没有经验到这种危险的全部内涵，但我已经预感到这种危险了，而且是在与九鬼伯爵的对话中预感到的。

日：您与他谈论过这种危险吗？

海：没有。这种危险是从那些对话本身那里出现的，因为那是一些对话。

日：我不懂您的意思。

海：我们的对话不是什么学究式的，专门开办的讨论会。在举行这类讨论会时，譬如在研讨班上，九鬼伯爵总是默默无语的。我所说的对话是在我家里搞的，犹如一种自然而然的消遣游戏。九鬼伯爵偶尔也带他的夫人一道来，他夫人往往着一套华丽的日本和服。东亚世界于是愈加熠熠生辉，而我们的对话的危险也变得更显赫了。

日：我还是不懂您的意思。 85

海：我们的对话的危险隐藏在语言本身中，而不在我们深入讨论的**内容**中，也不在我们所作的讨论的**方式**中。

日：可九鬼伯爵是精通德文的，他的法文和英文也是非常好的。

海：不错。**他**确实能用欧洲语言来表达所探讨的事情。但我们探讨的是“粹”。那时候，日本的语言精神*对我*是完全锁闭的；而且今天也还是这样。

日：这种对话的语言把所谈的一切都*欧洲化*了。

海：然而对话却试图*道说东亚*艺术和诗歌的本质。

日：现在我多少明白了，您是在哪里觉察到这种危险的。对话的语言不断地摧毁了去道说所讨论的内容的可能性。

海：早些时候我曾经十分笨拙地把语言称为存在之家。[①] 如若人是通过他的语言才栖居在存在之要求中，那么，我们欧洲人也许就栖居在与东亚人完全不同的一个家中。

日：假定欧洲语言与东亚语言不光有差别，而且是根本不同的东西。

海：那么，一种从家到家的对话就几乎还是不可能的。

86 日：这个“几乎”一词说得很恰当。因为它总还是一种对话嘛。而且我猜想那是一种令人激动的对话。因为九鬼伯爵在京都大学和我们一起举办研究班时，老是提到与您的对话。多半是在我们迫切想更清楚地知道当时驱使他赴德国跟随您学习的动机时，他就会提到与您的对话。您的《存在与时间》当时还没有出版。但不少日本教授，其中包括我们所尊敬的田边元教授，在第一次世界大战后前来弗莱堡，在胡塞尔身边研究现象学。从那时起，我的同胞们就认识您本人了。

海：一点不错。那时候我是胡塞尔的助手，每周一次与几位日本同行一道研读胡塞尔的第一部主要著作，就是《逻辑研究》。这位大师本人当时对他这部在世纪之交出版的著作已经不再有特别高的评价了。但我有我自己的理由，我偏爱《逻辑研究》是为了入现象学之门。而且这位大师宽宏大量地容忍

---

① “语言是存在之家”是海德格尔在1947年发表的“关于人道主义的书信”一文中提出的思想。可参看海德格尔：《路标》，《全集》第九卷，美因法兰克福1996年，第313页以下。——译注

了我的选择。

日:当时,我想是 1921 年吧,我们的教授们听了您的一个讲座。他们把这个讲座的笔记带回日本了。如果我没有弄错的话,这个讲座的题目是《表达与现象》。[1]

海:这肯定是那个讲座的题目。[2] 可是,九鬼教授到马堡来找我,必定还有特殊的原因。

日:当然。我想,原因还要归结于那个讲座,那个讲座的笔记在日 87
本其他地方亦有许多讨论。

海:笔记无疑是模糊的资料;而且这个讲座也是很不完满的。不过,其中已经萌发出踏上一条道路的尝试了。当时,我还不知道这条道路将通向何方。我所知道的只是这条道路的最切近前景,因为它们不停地吸引着我,尽管视界往往变动不居,往往变得黯淡不清。

日:我的同胞们对此也一定有了某些预感。人们一再说,您的探究围绕着语言问题和存在问题。

海:这一点也不是太难认清的。因为早在 1915 年,在我的授课资格论文《邓·司各特的范畴和含义学说》的标题中,就已经显露出两个前景:"范畴学说"是对存在者之存在的探讨工作的通常名称;"含义学说"则意指 grammatica speculativa[思辨语法],即在语言与存在的联系中对语言作形而上学的思考。但所有这些关系当时对我来说还是不明确的。

---

① 正确的题目是:《直观与表达的现象学》,1920 年。——作者边注

② 这明显是海德格尔的记忆错误。——译注

日：所以您就沉默了十二年。

海：而且我把 1927 年出版的《存在与时间》题献给胡塞尔，因为现象学提供了一条道路的可能性。

日：但在那里，“语言与存在”这个主题似乎还没有突显出来。

88 海：在您提到的 1921 年那个讲座中就有这个主题了。关于诗歌和艺术的问题也是同样的情况。在那个表现主义时代里，我始终关注着这些领域；而在第一次世界大战前我的大学时代里，我更多地关注了荷尔德林和特拉克尔的诗作。更早些时候，在高级中学的最后几年里，从日期上来说是 1907 年的夏季，我在胡塞尔的老师弗兰茨·布伦塔诺的博士论文那里碰到了存在问题。他这篇博士论文的题目是《论亚里士多德哲学中的“存在者”的多重含义》，写于 1862 年。这本书那时是由我的忘年之交和同乡康莱特·格勒倍尔博士送给我的。他后来做了弗莱堡地区的大主教。当时，他还是康斯坦茨市三一教会的一位牧师。

日：您还保存着这本书吗？

海：就是这本书，您可以看看。上面有一个题词：“我在中学时代进入希腊哲学的最初入门书”。我告诉您所有这些事情，并不是为了让您觉得仿佛我当时已经知道我今天还在追问的一切似的。不过，对您来说，也许诗人荷尔德林的一句诗就足以说明我的意思了，因为您是德国文学教授，对荷尔德林的作品有特别的爱好和体认。这句诗是《莱茵颂》第四节的开头一句：“……因为，你如何开端，你就将如何保持”。

日：语言和存在之间也许就是落到您头上的那束光线的一份礼品。

海：谁能妄称自己获得了这样一份礼品的照临呢？我只知道一点：因为对语言和存在的沉思老早就决定了我的思想道路，所以，探讨工作是尽可能含而不露的。也许，《存在与时间》 89
这本书的基本缺陷就在于：我过早地先行冒险了，而且走得太远了。

日：这大约不是指您对于语言的思想吧？

海：当然不是的。因为我是在授课资格论文二十年之后的一个讲座中才大胆探讨语言问题的。与此同时，我在一些讲座中对荷尔德林的赞美诗做了最初的解释。在1934年夏季学期，我开过一个题为《逻辑学》的讲座。而这个讲座实际上是对λόγος[逻各斯]的沉思，我力图在其中寻找语言的本质。但其后又隔了近十年，我才能够去道说我所思考的东西——这在今天也还没有适当的词语来加以表达。那种致力于应合语言之本质的思想的前景，在其整个广度上来看还是被掩蔽着的。因此之故，我还没有看出来，我力图思之为语言之本质的那个东西，是否**也**适合于东亚语言的本质；我也还没有看出来，最终（这最终同时也是开端），运思经验是否能够获得语言的某个本质（ein Wesen），这个本质将保证欧洲—西方的道说（Sagen）与东亚的道说以某种方式进入对话之中，而那源出于唯一源泉的东西就在这种对话中歌唱。

日：但在那时候，这两个语言世界还是遮蔽着的。

海：这正是我的意思。因此我对您的来访特别欢迎。您已经把克莱斯特的剧本和我的一些关于荷尔德林的演讲报告翻译成日文了，您的思考专注于诗歌，所以您对那些我在近二十年前向您的几位同胞提出的问题一定有着相当敏锐的感觉。

90 **日**:您不可高估我的能力,尤其是因为我从我们日本的诗歌出发,要公正地合乎本质地经验欧洲的诗歌,总还感到力不从心。

海:尽管我们用德语进行的对话所必然包含的危险总还在那里,但我相信我本人在此期间学会了一些东西,能够比几十年前更好地提问了。

日:当年我的几位同胞课后与您的对话则采取了不同的方向。

海:所以我现在想问问您:是什么原因促使那些日本教授,特别是后来的九鬼伯爵,特别重视那个讲课笔记呢?

日:我只能报告一下九鬼所作的说明。我从未完全搞清楚他的说明;因为他在描绘您的思想特征时常常提及"解释学"(Hermeneutik)和"解释学的"(hermeneutisch)这两个词语。

海:我记得,我是在稍后的一个讲座中,在1923年夏季吧,初次使用了这两个词语。[①] 当时我刚刚开始写《存在与时间》的草稿。

日:在我们看来,九鬼伯爵没有能够对这些词语作出令人满意的解说,无论是在词义方面,还是在您谈到解释学的现象学时所采用的意思方面。九鬼只是不断地强调,解释学的现象学这个名称标志着现象学的一个新维度。

91 **海**:也许确实可以这么看。但我所关心的实际上既不是现象学中的一个新维度,根本也不是什么新东西。恰恰相反,我倒是试

---

① 应指1923年夏季学期讲座《存在学:实际性的解释学》,现被辑为海德格尔《全集》第六十三卷,美因法兰克福1995年。——译注

图更原始地来思考现象学的本质，从而使现象学适得其所地嵌回到它在西方哲学内部应有的位置中。

日：但您为什么选用了“解释学”这个名称呢？

海：您这个问题的答案在《存在与时间》导论中（第七节 c 段）。但对此我愿意再作些说明，以便消除那种假象——仿佛我对这个名称的使用纯属偶然似的。

日：我记得人们所不满的正是这种假象。

海：我是因为研究神学而熟悉“解释学”这个名称的。当时，特别令我头痛的问题是圣经典籍的话语与思辨神学的思想之间的关系。不管怎么说，那是同一种关系，即语言与存在的关系，只不过当时它还是被掩蔽着的，对我来说是难以达到的，以至于我徒劳无功地在许多曲曲折折的道路上寻找一条引线。

日：我对基督教神学所知甚少，领会不了您所提到的事情。但显然您是由于您的来源和您在大学时代的钻研才精通神学的，全然不同于那些从外部、仅仅从书本上对此领域有一鳞半爪的了解的人们。

海：倘若没有这一神学来源，我就绝不会踏上思想的道路。而来源始终是未来。[①]

日：如果两者相互召唤，而沉思在这种召唤中变得游刃有余的话 92
……

海：那就有了真实的当前（Gegenwart）。——后来，我在威廉姆·

① 德文中“来源”（Herkunft）和“未来”（Zukunft）之间有字面联系，都是一种“来（到来）”（-kunft）。海德格尔之时间（历史）观强调向“未来”展开的“过去”、“当前”和“将来”的三维循环。——译注

狄尔泰的历史学精神科学的理论那里重又发现了“解释学”这个名称。狄尔泰也是从同一个源泉中来掌握解释学的，就是从他的神学研究，特别是从他对施莱尔马赫的研究中来掌握解释学的。

日：我从语文学中了解到，解释学乃是一门关于文学作品的解释的目的、方法和法则的科学。

海：解释学的形成首先并且主要地是与圣经典籍的解释相一致的。在施莱尔马赫的遗稿中，有一个讲稿已经出版了，题为《与新约全书有特殊关系的解释学和批评》（1838 年）。我手头就有这份讲稿。我给您念念其中“总论”的开头两句：

“解释学和批评，乃是两门语文学学科，两门技艺学，两者是休戚相关的，因为无论哪一门的实践都是以另一门为前提的。一般而言，解释学是正确地理解他人的话语（特别是文字话语）的技艺；而批评乃是正确地判断文献和章节的真实性并根据充分的证据资料来确定这种真实性的技艺”。

日：那么，在适当意义上加以扩展，解释学就是关于任何一种解释（例如也包括对造型艺术作品的解释）的理论和方法学说了。

93 **海**：不错。

日：您就是在这种宽泛意义上使用解释学这个名称的吗？

海：如果我应该停留在您的问题方式中，那我就必须回答说：在《存在与时间》中，解释学这个名称是在一种还更广的意义上来使用的。但“更广的”在这里并不意味着单单把同一个意义扩展到某个还更广泛的适用范围。“更广的”表示：从那个源自开端性本质的广度而来。在《存在与时间》中，解释学既不意指关于解释技艺的学说，也不意指解释本身，而是指一种尝试，即首先根据解释学因素来规定解释之本质。

日：但究竟何谓解释学的（hermeneutisch）？我不敢——尽管这是明摆着的——屈服于一种怀疑，以为您现在对“解释学的”这个词的使用是随意的。无论如何，对我来说关键是从您这里听到一种对您的语言用法的可靠说明——请允许我这样说；否则也就永远搞不清楚，九鬼伯爵的沉思的动机何在。

海：我愿意满足您的要求。不过您不可期望过多。因为这事情是令人困惑的，而且，也许我们根本就不是在对付一个事情（Sache）。

日：不如说是在对付一个过程（Vorgang）。

海：或者说是一个事态（Sach-Verhalt）。然而，我们立即就会感到此类名称是不充分的。

日：但只有当我们已经以某种方式看到我们的道说想达到的东西时，才有这种情况。

海：您大约没有注意到，我在后来的著作中不再用“解释学”和“解 94
释学的”这两个词语了。

日：人们说您改变了您的观点。

海：我离开了前期的一个观点，但并不是为了用另一个观点来取而代之；而是因为，即使从前的立足点也只是一条道路上的一个逗留。思想中持存者乃是道路。而且思想之路本身隐含着神秘莫测的东西，那就是：我们能够向前和向后踏上思想之路，甚至，返回的道路才引我们向前。

日：您所谓“向前”显然不是一种进步意义上的，而是……而是……,我难以找到合适的词语。

海:"前"(Vor)——就是进入那个最切近的东西之中,我们不断地向它急促地行进,而当我们看到它时,它又总是重又与我们相疏远。

日:于是我们立即又让它离开了我们的视野,以便持留在流俗的和有用的东西那里。

海:相反,我们总是急促地向之行进的那个切近之物,倒是要把我们带回来。

日:回来,哦,但回到何处呢?

海:回到开端中去。

日:如果要我根据您迄今为止在您的著作中对此所讲的话来思考,我感到难以理解这一点。

95 **海**:但您指出了那种从来源与未来的相互召唤而来的当前,这时候,您就已经挑明了这一点嘛!

日:您也许认为,如果我根据我们日本人的经验来思考,我就看得更清楚了。但我不能确定,是否您看到的就是同一个东西。

海:这可以在我们的对话中获得考验。

日:如果一次对话听任真正的意思之不确定,甚至把真正的意思隐藏到不可确定的东西之中,这对我们日本人来说是无可诧异的事情。

海:我认为,思想者之间任何成功的对话都有这个特点。它能自然而然地引起我们注意:那不可确定的东西不但没有脱落,倒是在对话过程中愈来愈明亮地展开它的聚集力量。

日:兴许我们与九鬼伯爵的对话就没有这么成功。我们这些年轻人十分露骨地怂恿他用方便的答案来满足我们的求知欲。

海:对知识的欲求和对说明的贪欲绝不能把我们带入一种运思的追问之中。求知欲始终就是一种自我意识的潜在的僭越要求;这种自我意识的根据是一种自我虚构的理性及其合理性。求知**欲**并不**欲求**(*will*)驻足于对值得思想的东西的期待。

日:而我们想知道的实际上只是,欧洲美学如何能够适合于把那个赋予我们的艺术和诗歌以本质的东西提升到一种更高的清晰性中去。

海:那个东西为何? 96

日:我们有一个名称来表示它,就是我前面已提到过的"粹"。

海:我从九鬼嘴里是多么经常地听到过这个词,就是没有体会到它的意思。

日:当时,对九鬼来说,您所谓的解释学因素必定以某种方式更鲜明地把"粹"揭示出来了。

海:我也有这个感觉,但我从未能领会他的一些洞见。

日:您已经指出了您遇到的障碍:对话的语言是欧洲语言;而要经验和思考的却是日本艺术的东亚本质。

海:我们讨论的内容,事先就被强行纳入到欧洲的表象领域之中了。

日:您是在何处发觉这一点的呢?

海:在九鬼对"粹"这个基本词语的阐释方式上。他谈到感性显现,认为通过后者的强烈陶醉,就会有某种超感性的东西突现出来。

日:我认为,九鬼凭这种解说已经切中了我们在日本艺术中经验到的东西。

海:这么说,您们的经验是在一个感性世界与一个超感性世界之间的区分中进行的啰。这种区别正是长期以来人们称之为西方形而上学的那个东西的基础。

97 日:您指出了这种贯穿在形而上学中的区分,这就触着我们所谈论的那个危险的根源了。我们的思想——如果我可以这样叫的话——固然知道某种与形而上学的区分相似的东西;但区分本身以及它所区分开来的东西却是不能通过西方形而上学的概念来得到把握的。我们说“色”(Iro)和“空”(Ku),后者就是敞开、天。我们说:无色即无空。

海:这似乎正好与欧洲的(也即形而上学的)学说以美学方式表象艺术时提出的艺术观点相吻合。αἰσθητόν 是可感知的感性之物,它使 νοητόν 即非感性之物充分显现出来。

日:您现在就明白了,借助于欧洲美学来规定“粹”,按您的说法就是以形而上学的方式来规定“粹”,这对九鬼来说是多么巨大的诱惑!

海:更巨大的曾是一种担忧,而且现在也还是我的担忧,就是通过这种做法,东亚艺术的真正本质被掩盖起来了,而且被贩卖到一个与它格格不入的领域中去了。

日:我也很有您这样的担忧。因为“色”虽然表示色彩,但它的根本意思不止于任何方式的可由感官感知的东西。“空”尽管是对“空虚”和“敞开”的命名,但它所意指的完全不同于纯粹超感性的东西。

海:我难以领会您的启发,您的启发增加了我的不安。在我,比上面我说过的那种担忧还要巨大的是一种期望，希望我们这一次从对九鬼伯爵的纪念而来的对话能够获得成功。

日：您认为它能把我们带到未曾道说的东西的近处吗？ 98

海：那才可能赋予我们一份思想财富。

日：您为何说“可能”？

海：因为现在我更清楚地看到了那种危险，即我们的对话的语言不断地破坏着我们对所讨论的事情的道说的可能性。

日：因为这种语言本身植根于那种感性与超感性之间的形而上学区分之中；支撑着这种语言的结构的基本要素就是二分的，一方面是声音和文字，另一方面是含义和意义。

海：至少在欧洲的表象活动的视界内是这样。您们那儿的情形是否也是这样？

日：不然。但我已经指出，那种想乞灵于欧洲的表象方式及其概念的诱惑是巨大的。

海：这种诱惑为一种进程所强化。我想把这种进程称为地球和人类的完全欧洲化。

日：许多人在这个进程中看到了理性的凯旋。但理性这东西在十八世纪末的法国大革命中不是被奉为女神么？

海：确实如此。人们在对这个神祇的偶像化中也委实走得太远了，结果，人们竟然能诋毁所有把理性之要求当作一种并非原始的要求来加以拒绝的思想，还干脆把所有这些思想斥之为非理性。

日：人们认为，您们欧洲理性的不可动摇的统治地位由那种合理性的成果证实了，而技术的进步时时刻刻都在把这种合理性的成 99

果带到我们眼前来。

海：这种蒙蔽日益增长，结果人们也不再能看到，人类和地球的欧洲化如何在源泉那里消耗着一切本质性的东西。看来这些源泉就要枯竭了。

日：关于您这个想法有一个贴切的例子，就是那部举世闻名的电影《罗生门》。① 也许您看过这部电影。

海：有幸看过；遗憾的是只看了一遍。我以为在这部电影中体验到了日本世界的魅力，这是一种诱人的神秘魅力。所以我搞不懂，您何以恰恰要举这部电影为例，来说明那种消耗一切的欧洲化。

日：我们日本人觉得这部电影的描写往往太现实主义了，譬如在格斗场面中。

海：但不也有一些柔和的手势吗？

日：这种不显眼的手势是丰富的，对欧洲观众来说几乎是不可察觉的，它贯穿在这部影片中。我想起一只停留在另一个人身上的手，在这只手中聚集着一种接触，这种接触远不是什么摸弄，甚至也不能再叫它手势了，不是我从中理解您的语言用法这个意义上的手势。因为这只手充满、包含着一种从远处而来又往远处而去召唤着的呼声，这是由于它已经从寂静中传送出来了。

100 **海**：但鉴于这种不同于我们的手势，我甚至益发搞不懂您何以能够

① 《罗生门》(Rashomon)：由黑泽明导演的日本电影(1951 年摄)，曾获得 1952 年奥斯卡最佳外国电影奖。——译注

把这部影片举为欧洲化的例子。

日：这确实不可理解，因为我的表达还不够充分。但要作一种充分的表达，我恰恰又需要您们的语言。

海：而在这一点上您不是看到危险了吗？

日：也许这个危险在某些瞬间是可以排除掉的。

海：只消您谈到现实主义，您就在说形而上学的语言，您就活动在那个区分中了：现实即感性，与之相对的是作为非感性的理想。

日：您说得对。但我所说的现实主义，并不一定意味着分插在影片各处的大块描写；照顾到非日本的观众，这种大块描写总归是不可避免的。

我在提及这部电影的现实主义时，根本上指某种完全不同的东西，这就是：日本世界说到底已经被捕捉到摄影术的对象范围中了，并为了摄影术而专门被摆弄了。

海：如果我听得不错，您是想说，东亚世界与电影工业的技术美学产品是格格不入的。

日：这正是我的想法。不管一部日本电影的美学质量如何，我们的世界在电影中被摆出来了，光这个事实就把我们的世界驱逼到你所谓的对象性(das Gegenständige)的领域中了。电影的对象化已经是愈来愈广大地扩展着的欧洲化进程的一个结果了。

海：一个欧洲人将感到难以理解您的意思。 101

日：确实。尤其是因为，表面的日本世界完全是欧洲的，也可以说是美国的。而深层的日本世界，更恰当地说就是日本世界本身，您倒可以在能乐中经验到。[①]

海：我只知道一篇关于能乐的文章。

日：请问是哪一篇？

海：本和的一篇学会论文。

日：在日本，人们认为这篇论文是做得十分缜密细致的，是您能读到的研究能乐的最佳论文了。

海：但光阅读还不太够吧。

日：您须得亲临这种游戏。但只要您不能在日本人的此在中生活，那么，要参加这种游戏也还是困难的。为了让您看看——尽管难免不着边际——能乐的一些特征，我想帮您作一番解说。您知道，日本的舞台是空的。

海：这种空要求观众格外专心。

日：因为有了这种专心，演员只需做一个微不足道的手势，就能从一种令人奇怪的宁静中让强大有力的东西显现出来。

海：您这话怎么讲？

102 **日**：例如，如果要显示一座山的风景，演员就慢慢地举起一只摊开的手，并把这只手静静地保持在眼睛上方眉毛的水平上。我可以为您示范一下吗？

海：请您做做看。

（日本人做上述手势。）

海：这确实是一个欧洲人不能适应的手势。

日：在这里，手势多半不在于可见的手的运动，也不首先在身体姿

---

① 能乐（No-Spiel）：古日本的一个剧种。——译注

势中。在您们的语言中被叫做“手势”的那个东西的本性，是难以道说的。

海：但这个词也许能帮助我们真正地经验要道说的东西。

日：它终归是不合我的意思的。

海：手势是对一种承受(Tragen)的聚集。

日：无疑您是故意不说：我们的承受，我们的举止。

海：因为真正的承受者只**向**我们承受自身(uns sich erst *zu*trägt)。

日：而我们只是迎面向它承受我们的份额。

海：这当儿，那向我们承受自身的东西已经把我们的迎受带到它为我们承受的赠物中了。

日：您所说的手势就是：把我们的迎受(Entgegentragen)和向我们的**赠受**(*Zu*trag)聚集起来，这种聚集在自身中是原始统一的。

海：但这个公式讲法还是危险的，人们会把聚集设想为一种追加上 103
去的合并……

日：而没有经验到，一切承受、赠受和迎受，首先并且仅仅源出于这种聚集。

海：如果我们能成功地思考这种意义上的手势，那么，我们应该到哪里寻找您演示给我看的那个手势的本性呢？

日：在一种本身不可见的观照中，这种观照是如此专心地向着空承受自身，以至于一座山就在这种空中、并且通过这种空显现出来。

海：那么，空(Leere)与无(Nichts)就是同一个东西了，也就是我们试图把它思为不同于一切在场者和不在场者的那个本质现身者(das Wesende)。

日:正是。所以我们日本人很快就理解了您的演讲“形而上学是什么?”。[①] 当时是1930年吧,一个听过您的课的日本学生大胆地把这个演讲翻译成日文了。——我们现在还感到奇怪,欧洲人竟然会把您在这个演讲中探讨的“无”解释为虚无主义。对我们来讲,空就是您想用“存在”(Sein)这个词来道说的东西的最高名称了……

海:我这是在一种思想尝试中用“存在”一词的,这种思想尝试的最初步骤即使在今天也还是必要的。但它却诱发了一个巨大的困惑,这种困惑植根于事情本身,并且是与“存在”这个名称的使用相联系的。因为真正说来,这个名称乃属于形而上学语言的遗产;而我则把这个词置于某种努力的标题之中,此种努力想揭露形而上学的**本质**,并因此才把形而上学带到其边缘状态。

日:当您说克服形而上学时,您的意思就是这个。

海:只是这个意思。克服既不是一种摧毁,也不只是一种对形而上学的否定。想摧毁和否定形而上学,乃是一种幼稚的僭妄要求,也是对历史的贬低。

日:我们远远地总已经感到惊奇的是:人们不厌其烦地指责您对以往思想的历史采取了一种拒斥性态度,而实际上您只是力求一种原始的居有(Aneignung)罢了。

---

① 参看海德格尔:《路标》,《全集》第九卷,美因法兰克福1996年,第103页以下。——译注

海:我的努力成功与否,是可以而且应当得到争论的。

日:这种争论还没有进入正轨,除了其他许多动因之外,这主要还归因于您对“存在”一词的含糊使用所引起的混乱。

海:您说得对。不过,令人伤透脑筋的事情是,人们把已经引起的混乱事后归咎于我本人的思想尝试。在我的思想尝试的道路上,我清楚地认识到一种区分(Unterschied),即在作为“存在者之存在”的“存在”与作为“存在”的“存在”之间的区分——此处所谓作方“存在”的“存在”是鉴于存在所固有的意义,即存在之真理(澄明)的意义来说的。[①]

日:那么,为什么您没有立即果断地把“存在”一词彻底出让给形而上学的语言呢?为什么您没有马上赋予您想通过时间的本质来寻求的作为“存在之意义”的那个东西以一个专门的名称呢?

海:一个人如何能够命名他还在寻找的东西呢?寻找倒是以命名 105
着的词语的劝说(Zuspruch)为基础的。

日:那就不得不忍受已经产生的混乱了。

海:确实,也许是长久的,并且我们只能力求小心谨慎地去清理这种混乱。

日:唯这种对混乱的清理才通向自由之境。

海:但是,通向那儿的道路却不像一条马路,不可能按计划把它标画出来。我几乎就想说,思想沉湎于一种奇异的道路建设。

---

① 这是海德格尔后期对“存在学差异”(ontologische Differenz)的一个重新表述。——译注

日：在这种道路建设中，建设者有时必须回到他们已经离开了的工地那儿，甚或回到更后面的地方。

海：您对这种思想道路的本性的洞识，让我感到惊奇。

日：在这回事情上我们有丰富的经验；只不过我们没有把这种经验化为那种败坏了思想步骤所具有的任何灵活性的抽象方法论的形式。另外，您本人已经促使我更清晰地看到您的思想道路。

海：是吗？

日：尽管您最近很少用“存在”一词，但还是再次在某个语境中用了这个名称，这个语境甚至作为您的思想的最本质性方面愈来愈深入到我的心中了。您在“关于人道主义的书信”中把语言刻画为“存在之家”；今天，对话伊始，您自己又指出了这个说法。
106 而当我回想这个说法时，我不得不认为我们的对话已经远远偏离了它的道路。

海：看来是这样。但实际上我们只是即将走上那条道路而已。

日：我眼下还没有看到这一点。我们前面曾试图讨论九鬼对“粹”所作的美学解释。

海：我们是想这样做，同时又不得不考虑了这种对话的危险。

日：我们认识到，这种危险就在于语言的被遮蔽的本质。

海：还有，您刚才提到了“存在之家”这个说法，这个说法想要启示语言的**本质**。

日：可见我们实际上一直保持在对话的道路上。

海：也许只是因为，我们听从于一种仅仅——按您的话来说——让一次对话得以成功的东西了，而并不真正知道它。

日:它就是那个未被规定的规定者……

海:我们让它保留着它的劝说的完好无损的声音。

日:担着一种危险,即这种声音在我们的情形中乃是寂静本身。

海:现在您在想什么?

日:想您所想,想语言的本质。

海:那是规定着我们的对话的东西。但我们同时又不可触动它。 107

日:确实不可触动它,如果您所谓触动是指在您们欧洲的概念化意义上的把握的话。①

海:不,我所指的绝不是这种概念化。哪怕是"存在之家"这个说法也没有提供出关于语言之本质的任何概念,这是令那些哲学家感到遗憾的,他们的恼怒在这种说法中只还看到了一种思想的堕落。

日:您的"存在之家"这个说法也给予我许多思想材料,但这别有一些原因。因为我觉得,这种说法触动了语言之本质,但并没有损害之。因为如果我们必须让规定者保留它的声音,那么,这绝不意味着我们不应该沉思语言之本质了。关键只是我们所作的尝试的方式。

海:因此,我现在要鼓起勇气提一个问题,这个问题很久以来使我不得安宁,而现在,您的意外来访几乎迫使我提问。

日:您可不要对我领会您的问题的能力抱有过高的期望。但无论怎么说,我们的对话同时教我更清楚地看到,关涉到语言之本质的一切如何还是未曾思考的。

① 德文中的"把握"(Greifen)与"概念"(Begriff)有着字面联系。——译注

海:尤其对东亚民族和欧洲民族来说,语言本质[1]始终是全然不同的东西。

日:而且您所谓的“本质”(Wesen)也是不同的。那么,我们的思索如何能达到自由之境呢?

海:最好我们从一开始就没有过多的要求。所以,首先请允许我向您提出一个十分初步的问题。

108 **日**:我担心,除非我们撇开我们的对话的危险,否则就连这个十分初步的问题也不能解答。

海:那是不可能的,因为我们正在走向这个危险。

日:那就请您提问吧。

海:日本世界所理解的语言到底是什么?更谨慎的问法是:在您们的语言中,可有一个词来表示我们欧洲人称之为语言的东西吗?如果没有,那么,您们如何经验我们这儿被叫做语言的东西?

日:还没有人向我提出过这个问题。我也觉得,在我们本身的日本世界里,我们对您现在提出的问题没有给予什么关注。所以我必须请求您允许我思索一阵子。

(日本人闭目垂首,陷入长久的沉思中。追问者等待着,直到他的客人重新开始对话。)

日:有一个日本词,它道说语言之本质,而不是被用作表示说话和语言的名称。

① 这里所说的“语言**本质**”(Sprach*wesen*)是动词性的,区别于形而上学意义上的“语言之本质”(Wesen der Sprache)。——译注

海:这是事情本身所要求的。因为语言之本质不可能是任何语言性的东西。“存在之家”这个说法的情形亦然。

日:我隐隐约约地感觉到眼下浮现在我心头的这个日本词与您的“存在之家”这个说法的相似性。

海:我这个说法只给出一种对语言之本质的暗示。

日:我觉得您刚刚说了一个不拘一格的词。

海:进而,暗示或许就是词语的基本特征。 109

日:您这里说的暗示是我未能想到的一个词。我这才弄明白我在读您的“关于人道主义的书信”和把您关于荷尔德林的哀歌《还乡》的演讲稿译成日文时已经猜度到的东西。在那同时我还译了克莱斯特的《彭泰西勒亚》和《安菲特瑞翁》。①

海:德国语言的本质当时一定犹如急流落到您头上。

日:确实如此。而且在翻译期间,我常常觉得自己仿佛是在不同的语言本质之间穿来穿去,而偶尔有一道光亮向我闪耀,让我预感到,根本不同的语言的本质源泉是同一的。

海:于是您就去寻找一个普遍概念,一个能把欧洲语言和东亚语言都纳入其中的普遍概念。

日:绝对不是这样。当您现在谈到暗示,这个不拘一格的词才激励我向您指出那个词,它把语言之本质……——我该怎样说才好?

海:也许可以说:暗示给我们。

---

① 《彭泰西勒亚》(Penthesilea)和《安菲特瑞翁》(Amphitryon)是德国十九世纪浪漫主义剧作家克莱斯特的两个著名剧本。——译注

日:对啦！它把语言之本质暗示给我们。但我也担心，把“存在之家”这个说法标示为暗示，会引诱您和我将暗示观念构成为一个囊括一切的指导概念。

海:这是不能允许的。

110 **日:**您想如何来防止这一点呢？

海:完全排除意义上的防止是绝不可能的。

日:为什么不可能？

海:因为那种概念性表象太容易潜入到每一种人类经验方式中盘踞起来。

日:即使在一定意义上无概念的思想也不能幸免吗？

海:是的。——您只要想想，您是怎样不知不觉地把九鬼对“粹”的美学解释当作合乎实情的解释来赞赏的，尽管这种解释所依据的是欧洲的表象活动，也就是形而上学的表象活动。

日:如果我没有误解的话，您是想说，形而上学的表象方式在某个方面是不可避免的。

海:康德就以自己的方式清楚地看到了这一点。

日:但我们总是很少认识到他的洞识的全部内涵。

海:因为康德没有能超出形而上学之外来展开他的洞识。形而上学牢不可破的统治地位甚至建立在我们没有预期到它的地方——在把逻辑发展为逻辑斯谛的过程中。[①]

日:您在其中看到了一个形而上学的过程吗？

海:正是这样。而且，依然没有受到关注的是在其中隐蔽的对语言

---

① 逻辑斯谛(Logistik)即现代符号逻辑或数理逻辑。——译注

之本质的进攻，那也许是来自这个方面的最后进攻了。

日：我们必须益发小心地保护那些通向语言之本质的道路。 111

海：倘若我们能够成功地筑起仅只一条通向这些道路的小径，也就足矣！

日：您谈到暗示，我看这就指示出一种通向这样一条小径的踪迹。

海：但即使是谈论一种暗示，也已经太冒险了。

日：我们只是很好地理解了这样一回事情，即：一个思想者之所以喜欢克制要道说的话，并不是为了保持这话本身，而是为了向着值得思想的东西来承受这话。

海：这与暗示相合。暗示是不可思议的。暗示向我们示意。暗示示意离去。暗示示意我们去往它们由之而来不知不觉地向我们承受自身的地方。[①]

日：您是在那种与您用"手势"一词来予以解释的东西的一体关系中来思暗示的。

海：正是这样。

日：根据您的指示，暗示和手势不同于符号和密码，后者全然安身在形而上学中。

海：暗示和手势则属于一个完全不同的本质领域——请允许我用这个连我自己也深感尴尬的名称。

日：您所作的提示证实了一个我长期以来持有的猜测。我们不能把您的"存在之家"这个说法当作一个十分粗浅的比喻，一个可 112

① 这里使用了几个与"暗示"（wirken）相关的可分动词："向……示意"（zuwirken）、"示意……离去"（abwirken）、"示意……去往"（hinwirken）。——译注

以让人任意想象的比喻，譬如，把家想象为一座从前在什么地方建造好的房子，存在就被安置在其中，犹如一个可搬动的物件。

海：这种观点已经不堪一击了，我们只要想想前面已经提到的“存在”的歧义性就够了。在“存在之家”这个说法中，我并不意指在形而上学上被表象的存在者之存在，而是指存在之本质，[①]更确切地讲，是指存在与存在者之二重性（Zwiefalt）的本质——但这种二重性是就其对于思想的重要性方面来理解的。

日：假如我们注意到这一点，您这个说法就绝不会成为一个时髦的口号了。

海：它已经成为一个时髦的口号了。

日：因为您对今天的思想方式期望过甚。

海：过甚，确实，对尚未成熟的东西期望过甚。

日：您指的成熟犹如瓜熟蒂落。在我看来，这样的话语是没有的。而且，一种等待着成熟话语的道说并不与语言之本质相合。而您本人是能够要求这种道说的最后一人了。

海：您过奖了。我可以用一个猜断来回敬您，我认为您比我们所有的概念都更接近于语言的本质。

日：不是我，而是您向我探问的那个词语。我现在受了一些鼓励，差不多不想对您隐瞒这个词语了。

113 **海**：您受了鼓励，为何还犹豫着呢？

---

① 这里的“存在之本质”（das Wesen des Seins）的“本质”（Wesen）是海德格尔意义上的，当作动词解，有“现身”、“运作”等意思。——译注

日:给我鼓励的东西也让我犹豫。

海:我从您这句话中看出,您还没有透露出来的那个表示我们所谓的语言之本质的词语,将给我们带来一种惊奇,一种即使到现在也还出乎意料的惊奇。

日:也许是这样。这种明显感动着您的惊奇自从您提问以来同样一直困惑着我。但这种惊奇需要一种远远伸展的可能性。

海:所以您犹豫不决。

日:您指出词语乃是暗示,而不是在纯粹标记意义上的符号——您的这个指示激励了我。

海:暗示需要最广大的伸展范围……

日:终有一死的人在其中只是缓慢地来回走动。

海:我们的语言称之为“犹豫”(zögern)。当缓慢缘于怯懦时,便真的犹豫了。所以我不想用急促的催逼来打破您的犹豫。

日:这样,您在帮助我尝试道说这个词语时起的作用,就比您所能知道的还要多。

海:不瞒您说,您之所以把我投入一种巨大的不安中,其更特殊的原因在于,我从前曾经在语言专家和语言学家那里徒劳地寻求
我的问题的答案。但为了您的沉思得以无拘无束地、几乎不加 114
渲染地展开,让我们互换一下角色,由我来回答问题,特别是回答您的有关解释学的问题。

日:这样,我们就回到我们的对话起初所踩上的道路上了。

海:前面我们对解释学的解说还没有多么深入。我只是向您叙述了一些故事,表明我是如何开始用这个名称的。

日:而我则指出,您现在不再用这个名称了。

海:最后我强调,被用作“现象学”的形容词的“解释学”,并不像人们通常认为的那样,意指有关解释的方法论,而是指解释本身。

日:然后,我们的对话就沉入不确定的东西中了。

海:幸好是这样。

日:但我还是感谢您再度回到解释学上来。

海:这里我想从这个词的词源学谈起。您将从中看到,我对这个词的使用并不是随意的,而是同时适合于澄清我在现象学上的尝试的意图的。

日:我愈加诧异于您此间对这个名称的取消了。

海:我之所以这样做,并不像许多人所认为的那样,是为了否定现象学的意义,而是为了让我的思想保持在无名之中。

115 **日**:这也许是您所不能成功的……

海:因为公众非得有名目不可。

日:但这无碍于您,对此间您已经放弃了的“解释学”和“解释学的”两个词语也作一番更准确的解说。

海:我愿意试试看,因为解说可以转变为一种探讨。

日:是您在关于特拉克尔诗歌的演讲中所理解的那种探讨。

海:正是。“解释学的”这个表达是从希腊文动词 ἑρμηνεύειν[解释、说明]中派生出来的。这个动词联系于名词 ἑρμηνεύς[解释者]。在一种比科学的严格性更有约束力的思想游戏中,我们可以把名词 ἑρμηνεύς[解释者]与Ἑρμῆs[赫尔墨斯]这个神名挂起钩来。赫尔墨斯是诸神的信使。他带来天命的消息。ἑρμηνεύειν[解释、说明]乃是那种展示(Darlegen),它带来音信，因为它能听到某个消息。这种展示后来成为对已经由诗人道说出来的东西的解释（Auslegen）；而按柏拉图对话《伊翁篇》（534e）中苏格拉底的话来说，诗人本身就是 ἑρμηνῆς εἰσιν τῶν θεῶν，即“诸神的使者”。

日：我很喜欢柏拉图的这个短篇对话。在您指的那个段落中，苏格拉底还对这些关联作了更深远的发挥，他猜断行吟诗人[①]就是那些带来有关诗人之话语的音信的人。

海：所有这一切都表明，解释学并不就是解释，它先前意味着带来消息和音信。

日：为什么您要强调 ἑρμηνεύειν［解释、说明］这一原始意义呢？ 116

海：因为这一原始意义曾驱使我，用它来标识那种为我开启了通向《存在与时间》的道路的现象学思想。曾经至关重要，而且今天依然还要紧的事情是，使存在者之存在显露出来——当然不再以形而上学的方式，而是让存在本身达乎显露。存在本身——这说的是：在场者之在场，也即在场与在场者的从两者之纯一性而来的二重性。[②] 正是这种二重性要求着人，召唤人走向其本质。

日：照这么说，人之为人，是由于他应合于二重性之召唤，并在二重性的消息中见证这种二重性。

海：从而在人与二重性的关联中占统治地位的和起支撑作用的东西是语言。语言规定着解释学关联（hermeneutischen Bezug）。

---

① “行吟诗人”（Rhapsode）：古希腊吟唱流传的英雄史诗或自作的叙事诗歌的流浪歌手。——译注

② 这里的“二重性”（Zwiefalt）意同前面“语言”一文中的“区-分”（Unter-Schied），指“存在本身”（“大道”）的差异性运作。——译注

日：那么，当我向您追问解释学，而您向我追问日本人用以表示您们称之为语言的那个东西的词语时，我们相互追问的是同一个东西。

海：显然如此。所以，我们完全可以信任我们的对话的隐蔽动向……

日：只消我们保持为追问者。

海：您这话并不是认为我们要充满好奇地相互探听，而是……

日：而是认为我们总是要继续把要道说的东西开释到敞开之境中。

117 海：这无疑太易于唤起一种假象，仿佛我们所说的一切都会毫无约束地滑落。

日：如果我们关注从前的思想家的那些学说，并且总是让它们*参与*我们的对话，那么我们就能防止这种假象了。我刚刚说的话，是从您那里学来的。

海：您这样学来的东西，同样又只是在倾听思想家之思想的过程中学得的。每个人总是在与他的先辈的对话之中，也许更多地并且更隐蔽地还在与他的后人的对话之中。

日：这是任何思想对话在某种更深刻的意义上的历史性本质。但它并不需要那些以历史学方式对思想家及其思想的过去作一番报道的活动。

海：当然不需要。但对于我们当代人来说，通过对早期思想家所道说的东西作专门的解释而来准备这样的对话，这可能成为当务之急了。

日：但它容易沦为一种单纯的学究活动。

海:我们可以避开这个危险,只要我们本身努力以对话方式运思。

日:并且——用您们的语言来说——细细掂量每一个词语。

海:但首先是要检验一下,是否能掂量出词语的多半被遮蔽了的全部重量。

日:我觉得,我们是满足这一不成文的规则的,尽管我不得不承认我是一个十分笨拙的提问者。

海:我们全体都是笨拙的提问者。无论多么小心,我们也还是要与 118
本质性的东西失之交臂——即使是现在,在这个把我们引向对解释学和语言之本质的探讨的对话中,情形亦然。

日:眼下我看不出我们在用词方面有何缺乏谨慎之处。

海:这并不是我们马上能觉察到的;因为这种缺乏的原因与其说在我们身上,倒不如说在于这样一回事情,即:语言比我们更强大,因而也更重要。

日:此话怎讲?

海:是为了用我们刚刚讨论的内容来解说……

日:您前面说过,语言乃是人与在场和在场者之二重性的解释学关联方面的基本特征。就这个说法,我当即就想发表一些意见;但只有当您向我表明我们在这里未曾思的东西之后,我才能发表自己的意见。

海:我是指"关联"一词。我们在联系意义上思考关系。[①] 我们可以在某种空洞的形式意义上来标示如此这般被认识的关系,

① 此处"关联"原文为 Bezug,"联系"原文为 Relation,"关系"原文为 Beziehung。海德格尔偏爱使用"关联"一词,赋予其"实行、牵引"的现象学意义。——译注

并且像一个算术记号那样来使用它。想想逻辑斯谛的程序吧。但在“人处于与二重性的解释学关联中”这个句子里，我们也能够以完全不同的方式来倾听“关联”一词。如果我们对被道说的东西作一番沉思，我们就必须这样来倾听它。我们必须并且能够这样做，也许不是马上，而是在长久的沉思之后。

日：那么，如果我们起初是在通常意义上把“关联”理解为关系，这也是无伤大体的啰。

119 **海**：确实如此。但这自始就是不够的，假定上述句子中的“关联”一词要成为一个基本词语的话。

谈到商品的供需，我们也说“关联”。[①] 但如果说人处于解释学关联中，那么，这恰恰**不是**表示人是一个商品。正好相反，“关联”这个词要说的是，人在其本质中就是被用的，人之为人，归属于一种要求着人的用。[②]

日：在何种意义上？

海：在解释学上，也即说，在带来音信、保存消息这个意义上。

日：那么，说人“在关联中”，意思也就是说：人之为人“在用中”(im Brauch)成其本质……

海：“用”召唤着人去保存那个二重性。

---

① 日常德语中的“关联”(Bezug)也有“采购、订购”之义。——译注

② 此处“用”(Brauch)在海德格尔这里几成一个基本词语，突出标示存在(后来说“大道”)和语言(后来说“道说”)如何“用”人来展开运作。对这个“用”(Brauch)的阐发，可参看海德格尔：“阿那克西曼德之箴言”，载《林中路》，美因法兰克福 1994 年，第 321 页以下。在那里，海德格尔把阿那克西曼德残片中的 χρεών 释为“用”，并认为它是阿氏存在之思的基本词语。——译注

日：我理解，无论是从在场方面，还是从在场者方面，或者从这两者的关系方面，都不能说明这个两重性。

海：因为只有这个二重性本身才展开着清明（Klarheit），亦即澄明（Lichtung）；在澄明中，在场者本身和在场对人来说才成为可区分的……

日：是对本质上处于关联中，亦即处于二重性之用（Brauch der Zwiefalt）中的人来说。

海：因此我们也不再能说：与二重性的关联，因为二重性并不是任何表象的对象，而是用之支配作用。

日：然而，只消我们仅仅把二重性表象为区分，而这种区分在一种 120
想把在场者与在场对立起来的比较中变得显而易见，那么，我们就绝没有直接经验到用之支配作用。

海：您看得如此清楚，真使我惊奇。

日：如果我能在对话中跟住您，那就如愿以偿了。如果被**独自**撇下了，我便束手无策；因为甚至您使用“关联”（Bezug）和“用”（Brauch）这两个词的方式就……

海：更好地说：我用这两个词的方式……[1]

日：这就十分不可思议了。

海：我不否认这种不可思议。但我觉得，在我们所行进的领域中，要是我们无畏地深入到不可思议的事情之中，我们便通达原初亲熟的东西（das anfänglich Vertraute）那里了。

---

① 这里的动词“用”（gebrauchen）和前句的“使用”（verwenden）在日常德语中几近同义，都有“应用”、“利用”之意。海德格尔宁愿选择 gebrauchen，显然意在强调它与名词 Brauch（“用”）的联系。——译注

日：您如何理解这个原初亲熟的东西？它不就是最初熟知的东西吗？

海：不是，而是那种东西，它先已委诸我们的本质，而且最后才成为可经验的。

日：而那就是您所追思的东西啰。

海：我只追思这种东西，但却是这样来追思的，即：在其中值得思想的东西作为本身并且在整体上隐蔽自身。

日：同时您没有对旁人的流行观念牵肠挂肚。

海：看来是这样。但实际上，每一个思想步骤都不外乎是一种努力，旨在促成人们有所运思地达到其本质的道路。

121 日：因此您对语言的沉思……

海：是在语言与存在之本质的关系中，也就是在语言与二重性之支配作用的关系中，来沉思语言。

日：但如果说语言乃是在那个以解释学方式被规定的“用”之中的基本特征，那么，您对语言之本质的经验自始就不同于人们以形而上学的思想方式对语言之本质的经验。这是我刚才就想专门指出来的。

海：可是为何呢？

日：并不是为了获得一种新旧对照，而是为了让我们回想到，恰恰是在我们所尝试的对语言之本质的沉思中，我们的对话才作为历史性的对话来说话。

海：才出于一种对曾在者的承认来说话。

日：这一点就是在您那个讲座的标题中也已经能觉察到了，该讲座的笔记二十年代在我们那边着实被讨论了一阵子。

海:我必须老实对您说,您现在搞错了。《表达与现象》(这标题或许是《表达与含义》吧?)[1]这个讲座还是相当有争议的,尽管它的基调也取决于我们现在所谓的运思着的对话的历史性。

日:照这么说来,这个标题就是显示出一个矛盾。

海:无论如何,我当时所关心的是弄清楚完全不同的东西——但对之我还只有模糊的(即使不是杂乱无章的)猜度。这样一种年轻的跳跃容易有失公正。

日:标题中的“表达”(Ausdruck)一词指的是您所反对的东西。因 122
为您对语言之本质的洞察不是固执于词语的声音特性和文字特性,而人们却把这些特性表象为语言的表达特性。

海:“表达”这个名称在此是在感性现象这一狭隘意义上被理解的。可是,即使是在人们关注声音和文字的含义内容之际,语言也还是在表达之特性中被表象的。

日:何以如此呢?在其含义整体中被理解的言说(Sprechen),始终超出了声音的物理—感性方面。作为发声的、被书写的意义,语言本身就是超感性的,是某种不断地超越纯粹感性因素的东西。这样来理解,语言本身就是形而上学的。

海:我赞同您讲的一切。但只是就语言先行被理解为表达而言,它才显露在这一形而上学本质中。在这里,表达不仅仅意味着发出的语音和印好的文字符号。表达同时即表现(Äußerung)。

日:表现与内心、灵魂相关。

---

① 指 1920 年夏季学期讲座《直观与表达的现象学》,现被辑为《全集》第五十九卷,美因法兰克福 1993 年。——译注

海:在我作那个讲座的时代里,人们到处都在谈论体验,就连在现象学中情形亦然。

日:狄尔泰的一本名著的标题就是《体验与诗歌》。

海:体验始终意味着归溯关系,也即把生命和生命经验归溯于“自
123 我”(Ich)。体验指的就是表示客体对于主体的归溯关系。就连人们常常讨论的我-你体验(Ich-Du-Erlebnis),也在形而上学的主体性领域之内。

日:而当您深入一种与二重性的解释学关联之际,您就抛弃了这一主体性领域以及与之相关的表达。

海:至少我作了尝试。那些在“表达”、“体验”和“意识”的名称下规定着当代思想的指导观念,就它们所起的决定性作用方面来看,或许是大可置疑的。

日:但这样的话,我就不再明白您何以要选用“表达与现象”这个标题。这个标题就显示出一个矛盾。“表达”是内心的表现,关涉于主观。相反,“现象”却表示客观,如果这里我可以借用康德的说法,那么,现象就是对象,也就是经验之客体。凭着这个讲座标题,您就把自己固定在主体-客体关系上了。

海:您的考虑是有某些道理的,这无非是因为在这个讲座中必定还有许多不清晰处。无人能够单凭一跃就跳出占居统治地位的观念范围;如果所关涉的事情是传统思想的那些陈腐轨道——它们隐失于毫不起眼的领域中——那么,情形就尤为如此了。此外,这样一种对传统的疏远又被缓和了,因为看起来革命的意志首先试图更原始地回复曾在者。我在《存在与时间》第一页上有关“重演”(Wiederholen)的谈论是经过审

慎考虑的。“重演”并不意味着对永远相同的东西作一成不变的滚动，而是指：取得、带来、聚集那遮蔽于古老之中的东 124
西。

日：在日本，我们的老师和我的朋友们始终是在这个意义上理解您的努力的。田边元教授常常谈起您曾经向他提过的一个问题：何以我们日本人不去沉思我们自己的思想所具有的令人敬畏的开端，而总是愈来愈骛奇，去追逐时下最新的欧洲哲学思潮。今天的情形实际上也还是这样。

海：这是难以克服的倾向。此类进程将及时地为其自身的徒劳无功所窒息。但那要求我们助一臂之力的东西就是另一回事情了。

日：那是什么东西呢？

海：就是对那些把思想引向其源泉区域的踪迹的留心。

日：您在您自己的尝试中寻找着这些踪迹，对吧？

海：我寻找这些踪迹，只是因为它们并非从我本身而来，而且是十分难以察觉的，犹如一种遥远的召唤的随风飘散的回声。

日：但我却想由此推测，在“表达与现象”的区分中，您不再立足于主体-客体关系了。

海：如果您注意到我现在要就您关于康德的现象概念的提示作一个补充，您就将更为清晰地看到这一点。康德的规定依据于这样一个事件：即一切在场者都已经成为我们的表象的对象了。

日：在康德所见的显现(Erscheinen)中，我们的经验必定已经包括 125

对立(Gegenstehen)了。

海:势必如此,不光是为了正确地理解康德,而且首先是为了原始地——不妨这么说罢——经验现象之显现。

日:这是怎么回事情呢?

海:希腊人最早经验和思考了 φαινόμενα,即现象本身。而在这种经验中,把在场者压制入对象状态的做法,对希腊人来说是完全陌生的。对希腊人来说,φαίνεσθαι[显现]意味着:自行闪现并且从中显现出来。于是,就在场者涌现入解蔽过程而言,显现始终是在场者之在场的基本特征。

日:这么说来,在"表达与现象"这个标题中,您是在希腊意义上使用第二个词语的啰?

海:可以说是,也可以说不是。说是,因为"现象"这个名称在我看来并不是指作为对象的对象,尤其不是指作为意识对象的对象,亦即始终不是自我意识的对象。

日:简言之:不是康德意义上的现象。

海:仅仅把它与康德相对照还是远远不够的。因为即使我们用"对象"这个名称来表示作为自持之物的在场者,并且拒绝康德对于对象性所作的解释,这时,我们也绝不是已经在思考希腊意义上的显现了,而是根本上——尽管是在一种十分隐蔽的意义上——还在作笛卡尔式的思考:从作为主体的自我(Ich)出发来思考。

126 **日**:但您也说"不是",表明您也不是在希腊意义上思考显现的。

海:您说得对。这里的关键点是难以摆明的,因为它要求一道质朴而自由的眼光。

日:这道眼光显然还是稀罕的。因为人们往往不加深究地把您对显现的规定与希腊人的规定相提并论;而且人们想当然地认为,您的思想一味地力求返回到希腊思想那里,甚至返回到前苏格拉底思想那里。

海:这种看法当然是愚蠢的,但它也含有某种正确的成分。

日:怎么讲?

海:为了简要地回答您的问题,我想大胆用一个马上会引发新的误解的说法……

日:但您会同样迅速地在我这里碰到这些误解。

海:准是。但愿不会因此进一步拖延我们的对话,时间不多了,因为您明天就要去佛罗伦萨旅行。

日:我已经决定在这里多待一天,要是您允许我作一次再访的话。

海:那是最好不过了。很高兴我们还有深谈的机会,但我还是只能作简短的交代。

日:那么,您与希腊思想的关系究竟如何呢?

海:我们今天的思想已经放弃了更希腊地思希腊思想。 127

日:从而也就放弃了比希腊人的自我理解更好地理解希腊人。

海:不对,事情恰恰不是这样。因为任何伟大的思想总是最好地理解自己,也就是说,总是在它所具有的限界内理解了**自己**。

日:那么,何谓更希腊地思希腊思想呢?

海:这最好就显现(Erscheinen)的本质来加以解说。如果在场本身被思为显现,那么,在在场中起支配作用的就是那种出现,那种在无蔽意义上进入光亮中的出现。无蔽是在作为某种澄明(Lichten)的解蔽中发生的。而这种澄明本身作为本有事件

(Ereignis)[1]在任何方面都是未曾被思的。从事对这一未曾被思的东西的思想，这意思就是：更原始地追踪希腊思想，在其本质渊源中洞察希腊思想。这种洞察就其方式而言是希腊的，但就其洞察到的东西而言就不再是希腊的了，绝不是希腊的了。

日：那它是什么呢？

海：在我看来，对此不作任何回答倒是我们的职责。这种回答也根本无所裨益，因为重要的只是在其本质渊源中洞察作为在场之本质的显现。

日：如果您大功告成，那么，您就同时既是希腊式地又不再是希腊式地思着显现。您曾说过(至少有此意思)，一旦思想进入上面
128 刚刚提到的经验，我们就离弃了主体-客体关系的领域；而在这种经验中，显现之本质渊源可以说是自身显现出来。——是这样吗？

海：很难说就是这样。但您触到了本质性的事情。因为在显现之渊源中，那种隐蔽着在场与在场者之二重性的东西光临到人那里。

日：这种二重性总是已经把自己提交给人了，尽管它本身是被掩蔽着的。

海：人之为人就是去倾听这种消息。

日：人总是已经倾听着这种消息——即使人并没有专门去留意这回事情，它也在发生着。

---

① 在此语境中，我们译 Ereignis 为“本有事件”；而在别处，特别是在本书第六篇文章中，我们译之为“大道”。——译注

海：人被用于倾听这种消息。

日：您在前面说的是：人处于一种关联中。

海：而且我称之为解释学的关联，因为它带来那种消息的音信。

日：这种消息要求着人去应合（entsprechen）它……

海：作为人归属于它。

日：而这就是您所谓的人之**存在**（Mensch-*sein*）了，如果您现在还许可“存在”这个词的话。

海：人是消息的传信者，是二重性之解蔽向人说出消息的。

日：就我力所能及的理解而言，我感到您所说的与我们的思想有一 129
种深深地隐蔽着的亲缘关系，原因恰恰在于您的思想道路及其语言是如此完全不同。

海：您的表白以某种方式使我激动；只是因为我们保持在对话中，我才能掌握这种方式。但只有**一个**问题是我不能放过的。

日：哪个问题？

海：关于您所预感到的亲缘关系在其中起作用的位置。

日：您追问得十分远。

海：怎么讲？

日：远是那种无边界者，亦即在表示天之空虚的“空”中所显示给我们的东西。

海：那么，作为二重性之解蔽的消息的传信者，人也就是在无边界者之边界上的行者。[1]

[1] 中译没有显出“传信者”（Botengänger）与“边界上的行者”（Grenzgänger）之间的字面联系。两者皆“行者”（Gänger）也。——译注

日：人在这种行走中寻找着边界之神秘……

海：这个神秘只能隐匿在那种声音（Stimme）中，它规定并调谐着神秘之本质。①

日：我们现在所说的这番话——请原谅我说"我们"——不再能以形而上学的语言观念为指导线索来加以探讨了。因此，您也许曾经试图用《表达与现象》这个讲座的标题来启示您对形而上学的语言观念的背弃。

130 海：整个讲座始终是一种启示。我始终只是追踪一条道路的踪迹，虽然不清晰，但我在追踪。这个踪迹是一个几乎不能觉察的诺言，它公布出一种进入自由之境的解放，时而黯淡而模糊，时而似闪电般突然彰明，然后，这种彰明又久久地隐遁于每一个想对之有所道说的试图。

日：在后来的《存在与时间》中，您对语言的探讨也还是十分微薄的。

海：但也许您可以在我们的对话之后更细心地读一遍《存在与时间》第34节。

日：这一节我倒是常常读的，每次读来，都为它的篇幅之短而感到遗憾。但我以为，我现在更清晰地洞察到解释学与语言的一体性的全部意义了。

海：哪一方面的全部意义呢？

日：在思想的转换方面。这种转换当然不能像一条船改变航线那

---

① 日常德语中的动词 bestimmen 意为"规定"、"决定"等；海德格尔在此用的 bestimmen 则有其特定意义，与所谓"声音、音调"（Stimme）相配合，故我们考虑译之为"规定并调谐"。——译注

样轻易地办成，根本上也已经不是一种对哲学研究成果的堆积的结果。

海：转换发生为漫游……

日：在漫游中为了另一个位置而离开一个位置……

海：为此需要探讨。[①]

日：一个位置是形而上学。

海：而另一个位置呢？我们且任其无名吧。

日：此间我总是越来越困惑不解，何以九鬼伯爵会产生一个想法，认为他可以指望您的思想道路来帮助他展开自己的美学尝试。因为您的道路把形而上学抛在后面了，同时也把建立在形而上学基础上的美学抛在后面了。 131

海：但这种抛弃的结果却是，我们现在才能来思考美学的本质并且把它纳入其边界内而不至于僭越边界。

日：也许九鬼正是为这种希望所吸引了，因为他实在太敏锐，太耽于沉思冥想了，以至于他没有从事对单纯教条的清算。

海：他使用了“美学”这个欧洲的标题，但所思所求的却是其他的东西……

日：是“粹”——一个直到现在我还不敢翻译的词。

海：但也许您现在能更好地描绘出这个词给我们的隐蔽暗示了。

日：可是首先您得把美学的本质道个明白。

海：这在我们的对话过程中已经做了，也就是说，恰恰在我们未作

① 关于“位置”(Ort)与“探讨”(Erörterung)之间的字面和意义联系，可参看前文“诗歌中的语言”开头的解说。——译注

专论的地方，我们已经道明了美学的本质。

日：您是指在探讨主体一客体关系那阵子吗？

海：此外又能在何处呢？通过审美，或者可以说，通过体验并且在体验的决定性领域中，艺术作品先就成了感受和表象的一个对象。只有当艺术作品成了对象之际，它才变为可展览和可收藏的东西。

132 **日**：也才是可估价和可鉴别的东西。

海：艺术质量成为现当代艺术经验的一个突出因素了。

日：或者干脆说：是艺术交易的一个突出因素了。

海：但艺术之为艺术却是着眼于创造性和卓越技巧来规定的。

日：艺术依据于艺术因素吗？或者情形恰恰相反？关于艺术因素的谈论倒是往往显露出艺术家的优先地位……

海：艺术家作为主体，始终与作为其客体的作品相联系。

日：而这是一个涵括一切美学的框架。

海：这个框架是如此变幻莫测，也就是说，它是如此无所不包，以至于任何各个不同的关于艺术及其本质的经验都不外乎是它的囊中之物。

日：它可以无所不包，但绝不能居有(aneignen)。因此，我现在比从前更加担心，任何对"粹"的解说都难免落入美学观念的魔掌之中。

海：尚未可知——您欲一试么？

日："粹"是优美(das Anmutende)。

海：您一说这个话，我们就在美学中了——想想席勒的关于"优美与崇高"的论文就够了。这篇论文，一如席勒后来的《审美教育书简》,是受他与康德美学的对话的激发而写成的。

日:据我所了解,这两篇著作成了黑格尔美学的根本动力之一。 133

海:因此,倘若我们现在自以为凭几点评论就掌握了美学的本质,那就太不自量力了。

日:但大而化之,我仍不妨试试,把眼下被译作“优美”的“粹”从美学那里,也即从主体—客体关系中分离出来。我现在所说的优美并不是一种魅人的刺激……[1]

海:也即说,并不是在刺激、印象、αἴσθησις[感性]范围内说的,而是?

日:毋宁是在相反方向上;但我知道,指出这一点,我还是被卷入美学领域中了。

海:只要记住这个保留条件,您依然可以试着作一番解说嘛。

日:“粹”乃是照亮着的喜悦的寂静之吹拂。[2]

海:那么,在字面上,您是把这种喜悦理解为抽走、出离[3]——也即进入寂静之中。

日:这里压根儿没有什么刺激和印象。

海:喜悦就是那种继续暗示和往来暗示。

日:而暗示乃是有所澄明的掩蔽的消息。

海:于是,一切在场或许就在优美中有其渊源——此处所谓优美,

① 原文为 Liebreiz,或可译为“妩媚”、“魅力”等。——译注

② 此处原文为:das Wehen der Stille des leuchtenden Entzückens,几不可译,当联系海德格尔之所谓“寂静之音”来理解。——译注

③ 此处中译文示能显明“喜悦”(Entzücken)与“抽走”(Entziehen)、“出离”(Hinzücken)之间的字面和意义联系。——译注

是在那种召唤着的寂静之纯粹喜悦意义上讲的。

134 **日**:您细细倾听于我,或者更好地说,您细细倾听着我所作的猜度性的提示,这就唤起了我的一种信心,使我抛弃那种犹豫,那种前面一直抑制着我,让我不能回答您的问题的犹豫。

海:您指的问题是:您们的语言是用哪个词来表示我们欧洲人称之为“语言”的那个东西的?

日:直到此刻,我一直未敢说出这个词语,因为我不得不做一种翻译,这种翻译使得我们这个表示语言的词语看起来犹如一个地道的象形文字,也就是使之成为概念性的观念范围内的东西了;这是由于欧洲科学和哲学只有通过概念来寻求对语言之本质的把捉。

海:这个表示“语言”的日文词到底是什么呢?

日:(进一步的犹豫之后)它叫“言叶”(*Koto ba*)。

海:这说的是什么?

日:*ba* 表示叶,也指花瓣,而且特别是指花瓣。您就想想樱花和李花吧。

海:*Koto* 说的是什么?

日:这个问题最难回答。但我们已经大胆地解说了“粹”——即是召唤着的寂静之纯粹喜悦,这就使我们较容易做一种努力,来回答这个问题了。成就这种召唤着的喜悦的是寂静,寂静之吹拂是一种让那喜悦到来的支配作用。但 *Koto* 始终还表示每每给出喜悦的东西本身,后者独一无二地总是在不可复现的瞬间以其全部优美达乎闪现。

海:那么,*Koto* 就是优美的澄明着的消息之本有事件啰。[1]

日:说得太好了!只是“优美”太容易把今天的心智引入歧途了……

海:也就是误入印象(Impression)领域……

日:印象的必然结果始终是作为释放方式的表达(Expression)。在我看来,更有裨益的是求助于希腊词语 χάρις[优美、恩赐、谢忱];我是在一个美丽的箴言中发现这个词语的,而您的演讲“……人诗意地栖居……”[2]就引用了索福克勒斯的这个箴言。您是用“慈爱”(Huld)来翻译这个 χάρις 的。这其中所说的毋宁就是喜悦之寂静的吹拂着的到达。

135

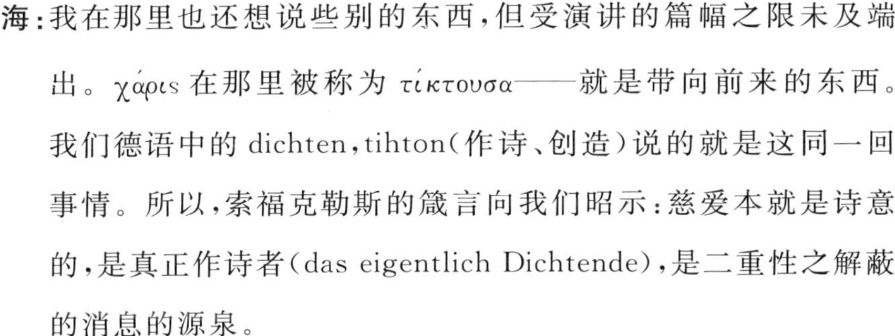

海:我在那里也还想说些别的东西,但受演讲的篇幅之限未及端出。χάρις 在那里被称为 τίκτουσα——就是带向前来的东西。我们德语中的 dichten,tihton(作诗、创造)说的就是这同一回事情。所以,索福克勒斯的箴言向我们昭示:慈爱本就是诗意的,是真正作诗者(das eigentlich Dichtende),是二重性之解蔽的消息的源泉。

日:或许我需要比我们的对话所允许的更多的时间,来沉思您上面这番话开启出来的新的前景。但是,有一点我马上就看到了,那就是:您的这番话帮助我更清晰地向您道说什么是 *Koto*。

海:这在我看来是必不可少的,目的是为了能够同您一起对您们日

---

① 此处原文为:das Ereignis der lichtenden Botschaft der Anmut。——译注

② 参看海德格尔:《演讲与论文集》,《全集》第七卷,美因法兰克福 2000 年,第 189 页以下。——译注

语中表示“语言”的 *Koto ba* 一词作一种思考，一种哪怕只是差强人意的思考。

日：您当记得我们这次对话的一段，我在这一段中向您指出了“色”
136 和“空”两个词，这两个日文词被认为是相当于 αἰσθητόν[感性]与 νοητόν[智性]之间的区分的。我们所谓的“色”的意思多于色彩和任何可由感官感知的东西。“空”即敞开、天之空虚，其意思多于超感性之物。

海：这个“多于”的依据何在，您前面未能道出。

日：但现在我能够追踪到一个蕴藏在这两个词中的暗示了。

海：它们向何处暗示呢？

日：向两者（色和空）的相互作用由之而来才得以发生的那个东西。

海：那是什么呢？

日：*Koto*，即有所带来的慈爱的澄明着的消息之本有事件。[①]

海：*Koto* 便是起支配作用的本有事件……

日：而且是那个需要春华秋实之庇护（Hut）的东西的起支配作用的本有事件。

海：那么，作为表示语言的名称，*Koto ba* 说的是什么呢？

日：从这个词来看，语言就是：来自 *Koto* 的花瓣。

海：这真是一个奇妙的、因而也是不可想象的词语。它所命名的东西大相径庭于我们那些在形而上学上表示语言的名称端给我们的东西，诸如德文的 Sprache，希腊文的 γλῶσσα，拉丁文的

① 此处原文为：das Ereignis der lichtenden Botschaft der hervorbringenden Huld。——译注

lingua，法文的 langue 和英文的 language 等。很久以来，当我思考语言的本质时，我是很不愿意用“语言”这个词了。

日：但您能找到一个更合适的词吗？ 137

海：我以为我已经找到了这个词；但是我不想让它遭受损害，不想让它成为流行的称号被人们使用，被人们讹用为一个概念的标记。

日：您用的是哪个词呢？

海：就是“道说”（die Sage）这个词。它意谓：道说及其所道说者和有待道说者。①

日：何谓道说（sagen）呢？

海：也许就与让显现和让闪亮意义上的显示（zeigen）相同；但让显现和让闪亮乃是以暗示方式进行的。

日：照此说来，道说并不是表示人类之言说的名称……

海：而是表示那个您们日文中用 *Koto ba* 一词暗示出来的本质性的东西——难以想象的东西……②

日：只是到现在，通过我们这次对话，我才熟悉了 Koto ba 一词的暗示；从而我也更清晰地看到了，当九鬼伯爵在您的引导下尝试对解释学的沉思时，他是多么明智。

---

① 此处“道说”原文为 das Sagen，“所道说者”原文为 das Gesagte，“有待道说者”原文为 das zu-Sagende。——译注

② 此处“难以想象的东西”原文为“das Sagenhafte”。此词与日常意义上的 Sage（传说、传奇）相配合，故英译者此处译作“传说般的东西”（that which is like a saga）（英译本，第 47 页）。海德格尔所思的 Sage 不取日常意义。我们把 Sagenhaft 译为“难以想象的”，是考虑到海德格尔前面所叹 Koto ba 一词的奇妙和不可想象，但此译亦未能显示该词与海氏意义上的“道说”（Sage）的字面联系。——译注

海：但您也看到，我的引导必定是多么微不足道；因为随着对道说之本质的洞察，思想才刚刚开始了一条道路，这条道路把我们从纯粹形而上学的表象活动中取回来，使我们进入对那种消息的暗示的关注中——我们本就想成为那种消息的传信者。

日：这条道路是迢遥的。

138 海：这与其说是因为它通向远方，不如说是因为它引入近处。

日：这个近处是如此之近，久已如此之近了，犹如 *Koto ba* 这个表示语言之本质的迄今未得思索的词语之切近于我们日本人。

海：来自 *Koto* 的花瓣。当这个词语开始道说之际，想象力要漫游而纵身于未曾经验的领域中。

日：只有当想象力被释放而入于纯粹表象之中时，它才可能漫游。但是在想象力作为思想之源泉涌现之际，我觉得它与其说在漫游，不如说是在聚集。康德对这回事情早有猜度了，正如您本人所表明的那样。

海：但是，我们的思想已经在（*ist*）这个源泉那儿了吗？

日：如果还没有的话，那么，一旦思想在寻求一条小径，它就在通向那源泉的途中——我们日语中表示“语言”的这个词许是暗示着那条小径，这一点我眼下看得更清楚了。

海：为了能够顺应这种暗示，我们必须对语言之本质有更多的经验。

日：在我看来，这方面的努力几十年来一直伴随着您的思想道路，而且是如此丰富多样，以至于您现在已经有了足够的准备，来对作为道说的语言之本质有所言说。

海：可是您也同样明白，光靠一己的努力是绝不够的。

日：确然。但如果我们有了充分的期备，把我们只是一味地独力尝试着的而没有达到完成的东西也一概打发掉，那么，我们就能 139
更容易地达到终有一死者的力量本身所不逮的事情了。

海：我在一个演讲中已经大胆地作了一些暂先的解说，这个题为“语言”的演讲在最近几年中作过好几次了。[①]

日：我读过这个关于语言的演讲报告，甚至还读过一个笔记。

海：我说过，这类笔记，即便是很细心的笔记，也始终是可疑的资料；上述演讲的所有笔记总免不了是一种对演讲之道说的歪曲。

日：您这个苛刻的判断是什么意思呢？

海：它不是关于笔记的判断，而是关于一种对演讲的不清晰的标记的判断。

日：怎么讲？

海：这个演讲不是一种**关于**（*über*）语言的言说……

日：而是？

海：倘若我现在能回答您，岂不就能洞明那围绕着道路的黑暗了。但我回答不了。这也是至今一直抑制着我去发表这个演讲稿的原因了。

日：倘若我想知道这个原因，就未免唐突了。依着您前面对我们日 140
文中表示语言的那个词语的倾听的方式，并且从您对二重性之解蔽的消息和人的传信的提示来看，我只能模糊地猜度，您的意思就是把语言问题转换为一种对道说之本质的沉思。

---

① 参看本书第一篇文章“语言”。——原注

海:如果说我始终很少作一些也许能够引发对道说之本质的探讨的提示,那是要请您原谅的。

日:作这类提示需要一种进入道说之本质的地方之中的漫游。

海:这是首要的。但我眼下所指的首先还是另一回事情。决定我的抑制态度的,乃是一种不断增长的洞识,也即对那个由道说之神秘向我们掩蔽起来的不可捉摸的东西的洞识。光凭着一种对道说与言说(Sagen und Sprechen)之间的区分的单纯揭示,我们所获甚少。

日:我们日本人对您的抑制态度可以说有一种天生的理解力。唯当一种神秘之支配作用也隐而不露之际,一种神秘才成其为神秘。

海:在那些浅薄的仓促行事的人看来,仿佛无处有神秘;而对那些深思熟虑的人来说,情形也无异于前者。

日:但我们处于一个危险中间:不仅太张扬地谈论了神秘,而且还错失了神秘之支配作用。

海:守护神秘之纯正源泉,在我看来是最艰难的事情了。

141 **日**:可是我们能因此干脆就避开关于语言的言说的麻烦和风险吗?

海:绝不。我们必须不懈地致力于这种言说。当然,这种言说之所说绝不能采取科学论文的形式……。

日:因为这里所要求的追问的运动太容易由此而僵固起来。

海:这或许还是最微不足道的损失呢。更有分量的是另一回事情:即究竟是否有一种关于语言的言说。

日:但我们自己的所作所为不是证明有这种言说嘛!

海:我担心,那是太过分了。

日:我这下就弄不懂您的顾虑了。

海:一种关于语言的言说几乎不可避免地把语言弄成一个对象。

日:于是语言的本质就消失了。

海:我们这是凌驾于语言之上,而不是从语言而来倾听语言。

日:那么,或许就只有一种从语言而来的言说……[①]

海:这种言说从语言之本质而来被召唤出来,并且被引向语言之本质那里。

日:我们如何能作这种言说呢?

海:一种从语言而来的言说或许只能是一种对话。

日:毫无疑问,我们是在一种对话中活动。 142

海:但这是一种从语言之本质而来的对话吗?

日:我觉得,我们现在是在兜圈子。一种从语言而来的对话必定是从语言之本质而来被召唤出来的。如果首先没有进入一种立刻达乎那个本质的倾听,那么,这种对话又如何能够如此这般被召唤出来呢?

海:我曾经把这种古怪的关系称为解释学循环。

日:这种循环在解释学中是普遍的,也就是说——按照您今天的解说——在消息与传信的关系的支配作用领域中,这种循环是无处不在的。

海:传信者必须已经从消息那里走来。但他也必须已经向消息走

---

① "一种从语言而来的说"(ein Sprechen von der Sprache)不同于前面的"一种关于语言的说"。这里,两个介词标明两种态度:"关于"(über)是对象性的,是知识的态度;而"从……而来"(von)是非对象性的,是思想的态度。——译注

去了。

日：您以前不是说过，这种循环是不可避免的；我们必须进入这种循环，而不是把它当作一种所谓的逻辑矛盾来努力加以避免。

海：我是说过这话。不过，这一对解释学循环的必然承认还并不意味着：凭着这个被承认的循环的观念，我们就已经原始地经验到解释学关联了。

日：总之您是要抛弃您早先的观点了。

海：不错——而且是因为，关于一种循环的谈论始终是肤浅的。

日：那您现在将如何描述这种解释学关联呢？

143 海：我要坚决避免对之作一种描述，如同避免一种*关于*语言的言说。

日：那么，或许一切都要取决于：进入一种从语言而来的应合着的道说之中。

海：这样一种道说着的应合（Entsprechen）只可能是一种对话。

日：但显然是一种十分独特的对话。

海：这种对话始终原始地归本于道说之本质了。[①]

日：但这样的话，我们就不再可以把任何一种相互谈话都叫做对话了……

海：……如果我们从今以后这样来听"对话"这个名称，以至于我们理解这个名称所命名的是一种向语言之本质的聚集。

日：在这种意义上来看，岂不是连柏拉图的对话也不是对话了？

---

① 此处"归本"（vereignen）联系于"大道/本有"（Ereignis）和"居有"（ereignen）。——译注

海：我想把您的问题搁在一边，而只指出一点：对话的特性取决于那个东西，由之而来，人这种看起来独一无二的说话者已经得到了招呼。

日：在作为道说的语言之本质向人招呼（宣告）[1]之际，道说才给出本真的对话……

海：本真的对话不是“关于”语言的对话，而是从语言而来道说，因为它是被语言之本质所用的。

日：对话于是就处于次要地位上了，无论它是作为被写下来的对话 144
摆在我们面前，还是某时被说出的而现在已消失了的对话。

海：确然——因为一切都取决于，这种本真的对话，不论它是书面的还是口头的，或者既不是书面的也不是口头的，是否保持着持续不断的到来。

日：这样一种对话的运行必定具有某种独特的品格，它要求沉默更甚于言谈。

海：首先是对沉默保持沉默……

日：因为对沉默的言谈和书写促使了最有害的闲谈……

海：谁能够径直对沉默保持沉默呢？

日：这必定是一种本真的道说……

海：而且始终是那种从语言而来的本真对话的持久前奏。

日：我们这样不是在尝试某种不可能的事情吗？

海：正是；只消人还没有被赋予以那种传信所需的纯粹资质，而这

---

① 这里所用的“招呼”（ansprechen）和“宣告”（ansagen）两词突出了“道说”（Sage）向人的呼唤。——译注

种传信是为那种由二重性之解蔽向人传达的消息所需要的，那么，我们就是在尝试某种不可能的事情。

日：把这种传信召唤出来，甚至进而去践行这种传信，这在我看来是无比困难的，比对“粹”之本质的探讨不知要难多少倍！

海：确实如此。因为必定要有某个东西自行发生，借此为传信开启并照亮道说之本质得以在其中闪现的那个浩瀚境地。

145 日：一种寂静必定自行发生，它镇静着浩瀚之吹拂，使之入于召唤着的道说的构造中。

海：消息与传信的隐蔽关系无处不在游戏。

日：在我们日本古代诗歌中，有一位无名诗人吟唱了同枝而生的樱花和李花的融融芳香。

海：我也是这样来思考在二重性之解蔽的消息的同一居有事件中的浩瀚和寂静之并存本质的。[①]

日：但在今天，又有谁能够从中听到语言之本质的一种回响？——我们的日文词“言叶”（*Koto ba*）所命名的语言之本质就是花瓣，就是从有所带来的慈爱的澄明着的消息中生长出来的花瓣。

海：谁又想在所有这一切中寻找一种对语言之本质的适恰廓清呢？

日：只消人们还在索求定理式的和舞台说白式的信息，那么，人们就绝不会去寻找您说的这种廓清。

海：可是，一旦某些人为一种从语言而来的对话做好了准备，他们

① 此处原文为：das Zueinanderwesen von Weite und Stille im selben Ereignis der Botschaft der Entbergung der Zwiefalt。其中“居有事件”原文为 Ereignis，“浩瀚”原文为 Weite，“寂静”原文为 Stille。——译注

就会被牵引到一种传信的前奏中去。

日:在我看来,我们自己仿佛现在已经尝试了在一种委身于道说之本质的通行中迈出几步,而没有作关于语言的言说。

海:这种通行把自身允诺给语言之本质了。如果事情不光看来如此而已,而是确实如此,那就让我们为此高兴吧。

日:如果事情确实如此,那又如何? 146

海:那就发生了对一切"它是"(Es ist)的告别。

日:但您并没有把这种告别思为损失和否定吧?

海:绝对没有。

日:而是?

海:思之为曾在者之到达。

日:但过去之物走了,已经走过去了,它又如何能到来呢?

海:过去不同于曾在。①

日:我们应该如何思考后者?

海:思之为持存者之聚集……

日:正如您不久前说的,这个持存者作为允诺者而持存……②

海:并且始终与消息同一……

日:这消息用我们为传信者。③

---

① 海德格尔在《存在与时间》中就主张以"曾在"(das Gewesen)取代"过去"(das Vergehen)。——译注

② 中译文未能显明此处"允诺者"(das Gewährende)与"持存者"(das Währende)、"持存"(währen)之间的字面和意义联系。——译注

③ 或译为:"这消息需要我们为传信者"。其中动词 brauchen(用、需要)与前面讨论的"用"(Brauch)相关。——译注

147

语言的本质

149

一

下面三个演讲题为“语言的本质”。它们意在把我们带向一种可能性，让我们在语言上取得一种经验。在某个东西（可以是物、人或神）上取得一种经验意谓：某个东西与我们遭遇、与我们照面、造访我们、震动我们、改变我们。“取得”（machen）一词在此短语中恰恰并不意味着，我们由自己去作成经验；“取得”在此意谓：就我们顺从与我们照面的某个东西而言，我们经受之、遭受之、接受之。这就是适合、适应和顺从于某个东西。

于是，在语言上取得一种经验意谓：接受和顺从语言之要求，从而让我们适当地为语言之要求所关涉。如若在语言中真的有人的此在（Dasein）的本真居所，而不管人是否意识到这一点，那么，我们在语言上取得的经验就将使我们接触到我们的此在的最内在构造。这种经验就会在一夜之间或者渐渐地改变说着语言的我们。但现在，也许对我们现代人来说，如若语言与我们的照面也仅仅达到这样一种程度，以至于我们有那么一次注意到**我们与语言的关系**，此后便能记住[①]这种关系，那么，我们在语言上取得的经

① 不是反思。——作者边注

验甚至就已经太多了。

尤其是，假如有人劈头就问：你们究竟是生活在与你们所说的语言的何种关系中呢？——或许我们就会窘于回答；或许我们也马上会发现一条引线、一个依据，它们会让我们把问题带到一条可 150
靠的道路上去。

我们说语言。除了通过说话，我们还能有别的方式接近语言吗？但我们与语言的关系却是不确定的、模糊的，几乎是不可说的。倘若我们来深思这种奇怪的情形，那么我们将几乎不可避免地看到，对此情形的任何解说初听起来都是令人诧异的、不可理解的。因此，如果我们能戒除掉始终只倾听我们已经理解了的东西这样一个习惯，也许是大有裨益的。我的这个建议不光是向在座诸位听众提的；它更多地还是向尝试谈论语言的人提的，尤其是当他的尝试乃出于一个唯一的意图，即要表明那些让我们去留心语言以及我们与语言的关系的可能性。

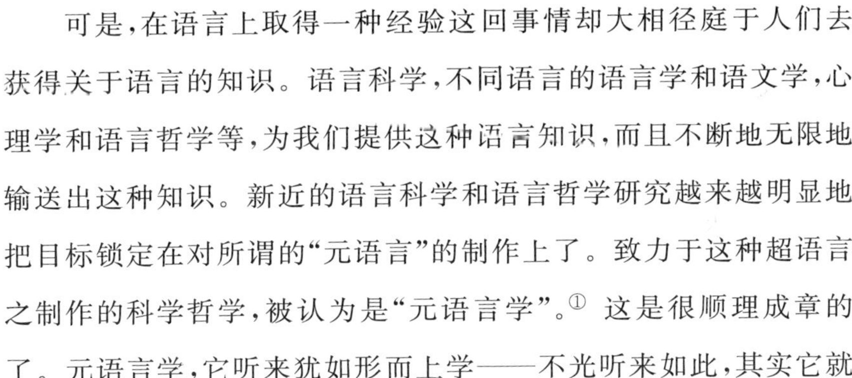

可是，在语言上取得一种经验这回事情却大相径庭于人们去获得关于语言的知识。语言科学，不同语言的语言学和语文学，心理学和语言哲学等，为我们提供这种语言知识，而且不断地无限地输送出这种知识。新近的语言科学和语言哲学研究越来越明显地把目标锁定在对所谓的“元语言”的制作上了。致力于这种超语言之制作的科学哲学，被认为是“元语言学”。[①] 这是很顺理成章的了。元语言学，它听来犹如形而上学——不光听来如此，其实它就

① “元语言”（Metasprache）和“元语言学”（Metalinguistik）中的“元”（meta-）本来就有“超语言”（Übersprache）中的“超”（über-）的意思。——译注

是形而上学。因为元语言学即是把一切语言普遍地转变为单一地运转的全球性信息工具这样一种技术化过程的形而上学。元语言与人造卫星，元语言学与导弹技术，一回事情也。

然而，大家不可形成一种意见，贸然以为我们在此对语言科学研究和语言哲学研究作了轻蔑的判断。这类研究自有其特殊的正
151 当性，亦有它自己的价值。它随时以它的方式给出有用的东西可供学习。但是，关于语言的科学知识和哲学知识是一回事情；我们在语言上取得的经验是另一回事情。至于把我们带到这样一种经验的可能性面前的尝试是否能成功，这种也许成功了的尝试在我们当中的每个个人那里会达到何种程度，这是我们中的无论谁都不能掌握的事情。

剩下可做的事情就是指出道路，这些道路把我们带到那让我们在语言上取得一种经验的可能性面前。这样的道路久已有了。不过，此类道路很少以那种使得在语言上的可能经验本身达乎语言而表达出来的方式被踏上。在我们**在**语言**上**取得的经验中，语言本身把自身带向语言而表达出来。人们或许会认为，这是在任何一种说话活动中随时都发生着的事情。但是，我们无论何时以何种方式来说一种语言，语言本身在那里恰恰从未达乎词语。在说话中表达出各种各样的东西，首先是我们所谈论的东西：一个事实、一个事件、一个问题、一个请求等。只是由于在日常的说话中语言本身并没有把自身带向语言而表达出来，而倒是抑制着自身，我们才能够不假思索地说一种语言，才能够在说话中讨论某事、处理某事，才能够进入对话，才能够保持在对话中。

但是，语言本身在哪里作为语言而达乎词语呢？说也奇怪，竟

是在我们不能为那种关涉我们、掠夺我们、趋迫或者激励我们的东西找到恰当词语的地方。于是，我们便一任我们所意谓的东西保持未被说出的状态，并且在没有对之作深思熟虑的情况下去经受那样一些瞬间——在其中语言本身凭其本质从远处而来稍纵即逝地触及我们。

然而，如果现在要紧的是把迄今为止尚未被说的东西[①]带向语言而表达出来，那么，一切就取决于，语言是赠与还是拒绝给出适当的词语。此类情形之一便是诗人的情形。实际上，诗人甚至 152
能够达到这样一个地步，即：他必得把他在语言上取得的经验特别地亦即诗意地带向语言而表达出来。

在斯蒂芬·格奥尔格那些质朴的、几乎可以歌唱的后期诗作中，有一首题为《**词语**》的诗。这首诗最早发表于1919年，后收入诗集《新王国》中（第134页）。该诗计有七节，每节二行。前三节与中间三节形成鲜明的对照，两者合在一起又与第七节（即最后一节）形成对照。我们在此拟就这首诗作一番谈论。我们的谈论是简明扼要的，但同时又贯穿这三个演讲；而谈论的方式绝没有提出任何科学性的要求。全诗如下：

词　语

我把遥远的奇迹或梦想

① “时间与存在”——这种行不通在1923—1926年间迫使作者进行对语言的沉思，而且——迫使作者**未**把筹划好的部分公之于世。——作者边注

带到我的疆域边缘

期待着远古女神降临
在她的渊源深处发现名称——

我于是能把它掌握，严密而结实
穿越整个边界，万物欣荣生辉……

一度幸运的漫游，我达到他的领地
带着一颗宝石，它丰富而细腻

她久久地掂量，然后向我昭示：
“如此，在渊源深处一无所有”

那宝石因此逸离我的双手
我的疆域再没有把宝藏赢获……

153 我于是哀伤地学会了弃绝：
词语破碎处，无物可存在。

依照前面所述，我们试图集中来讨论诗的最后一行——“词语破碎处，无物可存在”。[①] 因为这行诗专门把语言之词语和语言本

① 原文为：Kein ding sei wo das wort gebricht。其中“可存在/可是”(sei)为系动词 sein 的虚拟式或命令式形式。汉语中没有类似的语法现象，故我们只能勉强地把这个 sei 译为“可存在”。——译注

身带向语言而表达出来了，并且关于词与物之间的关系有所道说。我们可以把最后这行诗的内容转换为一个陈述句，也即把它转换为：词语破碎处，无物存在。[①] 某物破碎处，就出现了一个裂口，一种损害。对某事物造成损害意味着：从某事物那里取走什么，让某事物缺失什么。破碎即是缺失。在词语缺失处，亦即在每每命名着物的词语缺失处，无物存在。“命名”(nennen)是什么意思呢？我们可以回答说：“命名”指的是赋予某物以一个名称。那么，一个名称是什么呢？是一种给某物提供一个声音或文字符号亦即一个密码的标记。但一个符号又是什么呢？它是一个信号吗？或者是一个记号？一个标志？一个暗示？或者是所有这一切并且此外还有其他？在对符号的理解和使用上，我们已经变得十分的漫不经心、十分的机械刻板了。

名称、词语是一个符号吗？一切全取决于，我们如何来思考“符号”和“名称”这两个词的意思。而且，在此我们稍作提示即可看出，要是词语之为词语、语言之为语言达乎语言而表达出来，我们便落入何种势态之中。上面这首诗以“词语”一词也思考了名称；第二节即道出此点：

期待着远古女神降临
在她的渊源深处发现名称——

① 原文为：Kein Ding ist，wo das Wort gebricht。在这里，海德格尔用直陈式现在时的“存在/是”(ist)取代了原诗句中的虚拟式或命令式的“可存在/可是”(sei)。英译本将“ist”译为“is”，将“sei”译为“may be”(见英译本，第 63 页)。中译文姑且以“可存在-存在”来区分 sei－ist。——译注

在这当儿，无论是名称的发现者即女神，还是名称的发现地点即女神的渊源深处，都使我们犹豫不决，让我们不敢贸然把“名称”
154 理解为单纯的标记。也许名称和命名着的词语在此毋宁具有那种意思，就是我们从“以皇帝的名义”和“以上帝的名义”这类短语中所识得的那种意思。哥特弗里德·伯恩在他的一首诗的开头写道：“以时辰之赋予者的名义”。这里，“以……名义”(im Namen)表示：服从指令，按照指令。在格奥尔格的诗中，诗人对“名称”和“词语”两个词做了不同于单纯符号的更为深刻的思考。但我说什么？人们在一首诗中也可以作出思考么？不错！在一首此种档次的诗中确实做了思考，而且是一种没有科学和哲学的思考。如果真是这样，那么我们就可以——甚至必须——凭着必要的克制和谨慎态度，来深思熟虑我们首先从《词语》这首诗中选取出来的最后一行。

词语破碎处，无物可存在。

我们曾大胆地把它改写为：词语缺失处，无物存在。[①] 这里，“物”是在传统的宽泛意义上被理解的，意指无论以何种方式存在的一切东西。这样来看，就连神也是一物。唯当表示物的词语已被发现之际，物才是一物。唯有这样物才**存在**(*ist*)。所以，我们必须强调说：词语也即名称缺失处，无物**存在**。唯词语才使物获得

① 原文为：Kein Ding ist，wo das Wort fehlt。海德格尔在此用直陈式现在时的“存在/是”(ist)代替了原诗的虚拟式或命令式的“可存在/可是”(sei)，用“缺失”(fehlt)代替了原诗的“破碎”(gebricht)。——译注

存在。然则一个单纯的词语如何可能做到使某物去存在呢？真实的情形倒是相反。让我们看看人造卫星吧。这个物之为这样一个物而存在，明摆着**是**无赖于那个后来加给它的名称的。但也许诸如火箭、原子弹、反应堆之类的物，情形全然不同于诗人在诗的第一节中所命名的东西：

> 我把遥远的奇迹或梦想
> 带到我的疆域边缘

可是，无数的人认为人造卫星这个“物”也是一种奇迹，这个 155

“物”在一个无世界的“世界”空间中四处歇脚；[①]而且对许多人来说，这个物过去是一个梦想，现在依然是一个梦想——这乃是现代技术的奇迹或梦想。现代技术最不愿意承认那种认为是词语赋予物以存在的看法了。在行星轨道运算的计算过程中，重要的不是词语而是行动。诗人有何作为……？然而且慢！

让我们先压一压思想的仓促吧。即便这个“物”，这个所是和如其所是的“物”，难道不也以它的名称的名义存在么？当然啰！倘若不是那种尽其可能地在技术上提高速度的急迫——唯有在这种速度提高时期之内，现代机械和仪器才可能存在——招呼着人，

---

① 早在前期的《存在与时间》中，海德格尔就把他所思的世界与近代以来的哲学和科学所见的“世界”区分开来了。海德格尔所思的是存在性的世界，是可能世界；而传统哲学和科学所见的世界是知识性的、对象性的“世界”，它是无世界的，故以引号标示。在此语境中所谓的“世界”空间（“Welt”-Raum）即指后者。——译注

并且把人订置(bestellt)[①]到它的指令之中,倘若这种指令没有对人挑起和摆置这种急迫,倘若这种摆置(Stellen)的词语没有被谈论,那么,也就不会有什么人造卫星了:词语缺失处,无物存在。这就是说,始终有一件莫名其妙的事情:语言的词语和词语对物的关系,词语对任何存在者——它所是和如何是——的关系。

因此,我们认为可取的做法是,去期备一种可能性,以便在语言上取得一种经验。因此我们现在就要更留心地倾听——在这样一种经验以高贵美妙的方式达乎语言而表达出来的地方,我们要更留心地倾听。我们来听上面读的那首诗。我们已经听了那首诗吗?几乎没有。我们只是抓住了最后一行诗,而且几乎是粗暴地抓住了这行诗,甚至还把它改写为一个非诗意的陈述句了:词语缺失处,无物存在。我们或许还可以走得更远些,把这个陈述句表达为:只有在合适的词语从而就是主管的词语命名某物为存在着的某物,并且因而把当下存在者确立为这样一个存在者的地方,某物才**存在**(*ist*)。这同时也意味着只有在合适的词语说话之处才有(es gibt)存在吗?词语从何处获得它的这种资格呢?诗人对此无
156 所表示。但最后一行诗的内容却包含着这样一个陈述:任何存在者的存在寓居于词语之中。所以才有下述命题——语言是存在之家。[②] 由此而来,我们或许就为一个我们早些时候道出的思想之命题提供了一种从诗那里得来的最美丽的证明——而实际上是把一切都搅在一起了。我们或许就把诗贬降为思想的附庸或思想的

① 集-置(die Ge-Stellnis)。——作者边注

② 海德格尔在"关于人道主义的书信"一文(1946 年)中提出的思想,参看海德格尔:《路标》,美因法兰克福 1996 年,第 313 页以下。——译注

证明材料了，并且太过轻率地对待了思想；我们实际上就已经遗忘了我们的要旨，即：在语言上取得一种经验。

因此，我们现在把我们起初所抓住的、并且予以改写了的最后那行诗原封不动地放回到它的诗节中去：

我于是哀伤地学会了弃绝：
词语破碎处，无物可存在。

在“弃绝”一词后面，这位很少使用标点符号的诗人加了一个冒号。人们于是对接着的诗句有所期待。从语法上讲，冒号之后的诗句当以直接引语道出：

我于是哀伤地学会了弃绝：
词语破碎处，无物存在。

但格奥尔格却不说“存在”，而是说“可存在”。[1] 而且，依照他在别处所用的书写法，他本可以省掉这个冒号的；这样做几乎更适合于最后这行诗的间接引语用法——如果它真是一个间接引语的话。不过，对格奥尔格的书写法来说，也许有许多先例可以援引。譬如，歌德的《色彩理论提纲引论》中就有一段文字。歌德在那里写道：“为了我们并不显得过度地害怕避开一种说明，我们想对起

① 此处“存在”(ist)是现在时直陈式，“可存在”(sei)是第一虚拟式。德语中直接引语一般用直陈式，而间接引语用虚拟式。——译注

初所说的内容作如下改写：对眼睛这个感官来说，色彩可是（sei）一个基本的自然现象……”。

157 歌德把冒号后面的句子理解为对色彩的说明，并且说：“色彩可是（sei）……”。但在格奥尔格这首诗的最后一节中，情形又是怎样的呢？我们看到，这里的事情不是对某个现象的理论说明，而是一种弃绝。

> 我于是哀伤地学会了弃绝：
> 词语破碎处，无物可存在。

冒号后面的句子说的是弃绝的内容吗？诗人弃绝了“词语破碎处，无物可存在”这样一回事情吗？情形恰恰相反，诗人所学会的弃绝恰恰意味着，他承认了“词语破碎处，无物可存在”。

我们为何要作此类吹毛求疵的探讨？事情是一目了然的呀。不，这里没有什么清楚的东西；但一切都是意味深长的。何故？因为对我们来说重要的事情是去倾听，倾听在最后一节诗中如何聚集着诗人在词语上（同时亦即在语言上）取得的经验整体；因为我们必须留心，不要把诗意道说的颤动趋迫到一种单义陈述的陈规老套上去，并因此把它毁坏了。

这样看来，最后这行诗“词语破碎处，无物可存在”就还有别一种意思，而不止于一个被转化为间接引语的陈述和断言——即词语缺失处，无物存在。

“弃绝”一词后面是冒号。冒号之后的诗句所命名的却不是被弃绝的东西，倒是命名这种弃绝必须进入的那个领域，命名那个要人进入现在被经验到的词与物的关系中去的指令(Geheiß)。诗人学会弃绝是要弃绝他从前所抱的关于词与物的关系的看法。这种弃绝涉及诗人此前一直保持着的与词语的诗意关系。弃绝是对另一种关系的准备。若然,那么从语法上讲,在“词语破碎处,无物可存在”这个诗句中,“sei”或许就不是“ist”的虚拟式,而是一个命令 158
式,是诗人所要遵循的、以便将来加以保持的指令。若然,那么在“词语破碎处,无物可存在”这个诗句中,这个“可存在”(sei)就意味着:词语破碎处,往后就不允许任何物成其为存在着的物。在被理解为指令的“可存在”中,诗人向自己承诺已学会的拒绝,诗人于是抛弃了这样一个意见:当词语还缺失之时,某物也可存在,并且已经可存在。何谓“弃绝”呢?“弃绝”(Verzicht)一词源于动词“宽宥”(verzeihen)。有一个古老的习语叫“sich eines Dinges verzeihen”,意思就是放弃某物,弃绝某物。这里的词根 zeihen 在拉丁文中就是 dicere,即道说(sagen);在希腊文中是 δείκνυμι,即显示(zeigen);在古高地德语中就是 sagan,即我们德语的道说(sagen)。弃绝是一种拒绝。在他的弃绝中,诗人抛弃了他从前与词语的关系。仅此而已吗?不。在这种抛弃中已经有某种东西被诗人所承诺了,那就是一个指令,一个诗人不再拒绝的指令。

于是我们看到,断言对“可存在”(sei)作命令式解说是唯一可能的解说,那或许也是强词夺理的。也许在对这个“可存在”的诗意道说中有此种意义与彼种意义在一起交织并颤动:一个作为要求的指令与对这个指令的服从。[①]

① 泰然任之(Gelassenheit)。——作者边注

诗人学会了弃绝。他取得了一种经验。在哪里取得的经验?在物以及物与词的关系上。但这首诗的标题只叫“词语”。诗人是在词语上取得了本真的经验,而且是因为唯有词语才能把一种关系赋予给一物。更清晰地说来,诗人经验到:唯有词语才让一物作为它所是的物显现出来,并因此让它在场。词语把自身允诺给诗人,作为这样一个词语,它持有并且保持一物在其存在中。诗人经验到词语的一种权能和尊严,再不能更高更远地思这种权能和尊严了。但同时,词语也是诗人之为诗人以一种异乎寻常的方式信
159 赖并照拂的财富。诗人把诗人的天职经验为对作为存在之渊源的词语的召集。诗人学会的弃绝具有那种付诸实行的拒绝的特性,那长久地被遮蔽的东西和根本上已经被允诺的东西只向这种拒绝说出自身。

那么,诗人理当由于这样一种经验而欢欣鼓舞,因为这种经验给诗人带来了一个诗人所能得到的最大欢乐。但诗人并没有欢呼,而是说:“我于是哀伤地学会了弃绝”。也就是说,诗人倒是只有受挫之感,沉湎于作为一种损失的弃绝中。不过,我们已经看到,弃绝并不是一种损失。“哀伤地”也不是针对弃绝来说的,而是针对弃绝之学会来说的。但哀伤既不是单纯的挫败,也不是沮丧。本真的哀伤处于与最大的欢乐的关联中,并且以这种关联为基调;而这乃是由于最大的欢乐自行隐匿,在隐匿中踌躇并且自行克制。诗人学会了所谓的弃绝,他从而就在词语的最高权能上取得了经验。诗人获悉那种东西的原始消息,这种东西降大任于诗人之道说,它作为至高者和持存者被允诺给诗人之道说,而又向诗人之道说隐瞒起来。诗人在词语上取得了经验。如果这种经验不是以哀

伤为基调，不是以那种向着被隐匿的东西（而对一种原初的到达来说就是被克制的东西）之切近的泰然任之（Gelassenheit）为基调，那么，诗人就绝不能经受这种经验。

为了更清晰地看出诗人在语言上取得了何种经验，寥寥几个提示便足矣。按词语的准确意义讲，经验意味着 eundo assequi，即：在行进中、在途中通达某个东西，通过一条道路上的行进去获得某个东西。诗人获得什么呢？不是获得某种单纯的知识。诗人进入词与物的关系之中。但这种关系并不是一方物与另一方词语之间的关系。词语本身就是关系。词语这种关系总是在自身中扣留着物，从而使得物“是”（ist）一物。[①]

可是，光凭着这些话——无论它们多么意味深长——，我们只不过是对诗人在词语上取得的经验作了一番概括而已，而并没有进入经验本身之中。经验是如何发生的呢？在对最后一节诗的讨论中，我们一直未予关心的只有“于是”（so）这个小品词。而正是这个小品词指示着上述问题的答案： 160

我于是哀伤地学会了弃绝：
词语破碎处，无物可存在。

“我于是学会了……”。怎样学会的呢？就像前面六节诗所说的那样学会的。我们刚刚对最后一节诗所作的解说或许能对前面六节诗有所揭明。当然，这六节诗必定是从这首诗的整体而来才

① 借此只是首先指出了值得追问的东西。——作者边注

独自说话的。

这六节诗中，有诗人在语言上取得的经验在说话。某种东西发送给诗人，击中诗人，并且改变了诗人与词语的关系。因此，首先必须指出的是那种与语言的关系，诗人正是在这种关系中才立足于经验面前。这是前面三节诗所说的内容。第三节的最后一行以省略号结束，从而标志着前面三节诗与中间三节诗的鲜明对照。然后，从第四节诗开始了第二个诗段（即中间三节）。而且突然出现了“一度”（Einst）这个词。“一度”这个词在此取其古老含义，意思就如同“一次”（Einmal）。中间三节诗道出诗人一劳永逸地经验到的东西。经验乃是在一条道路上的行进。这种行进领略一片旖旎风光。其中既有诗人的疆域，也有远古女神的居所，即古老的命运女神的居所。女神居住在边缘旁，居住在诗人之疆域的边缘近处。诗人之疆域本身就是一个边缘、一个边界（mark）。远古女神守护着她的渊源，亦即源泉；女神在渊源深处寻找着名称，以便从中把名称汲取出来。词语、语言归属于这片神秘的旖旎风光的领
161 域；在那里，诗人之道说毗邻于语言的天命般的源泉。给人一个最初的并且持久的感觉是，诗人似乎只需把使他迷惑的奇迹和令他陶醉的梦想带到语言之源泉旁，从而以不曾黯淡的信心从中汲取词语，汲取那些吻合于诗人想象出来的一切奇迹和梦想的词语。从前，特别是由于他的诗歌创作的成功，诗人十分崇尚这样一个看法，即认为诗意的事物——奇迹和梦想——已经从自身而来自为地、十分真实可靠地处于存在中了，只不过还需要艺术，进一步来为这些诗意的事物寻找一个描述和表达它们的词语。初看起来并且久已给人的印象是，仿佛词语犹如一种掌握机关，它笼而统之抓

住了已经存在的事物和被认为是存在着的事物，使它们变得严密可靠，把它们表达出来并且因此促使它们变得美丽。

我把遥远的奇迹或梦想
带到我的疆域边缘

期待着远古女神降临
在她的渊源深处发现名称——

我于是能把它掌握，严密而结实
穿越整个边界，万物欣荣生辉……

一边是奇迹和梦想，另一边是有所掌握的名称，两者融合在一起——于是产生了诗作。这种诗作满足了诗人的本性吗？诗人的本性在于，诗人必须创建持存的东西，从而使之持留和存在。

然而，对于格奥尔格来说，终于有一个瞬间到来，那当儿，他以往那种自己深感牢靠的作诗方式突然破灭了，而且使他想起荷尔德林的话：

而诗人，创建那持存的东西。

因为一度，甚至是在一次幸运的漫游之后从而还充满希望之 162
际，诗人到达远古的命运女神那里，为丰富而细腻的宝石要求一个名称。这块宝石既不是“遥远的奇迹”，也不是“梦想”。女神寻索良久，但徒劳无功。她给诗人以昭示：

"如此，在渊源深处一无所有"

这里所谓"如此"(so)，也就是像诗人手上的丰富而细腻的宝石本身那样。这样一个让那块直接在手的宝石成其所是的词语，必定是从一种处于深深的沉睡之寂静中的庇护之所那里涌出来的。唯有一个具有这种来源的词语，才可能把宝石保护在其质朴存在的珍贵和细腻中。

"如此，在渊源深处一无所有"

那宝石因此逸离我的双手
我的疆域再没有把宝藏赢获……

已经到手的细腻而丰富的宝石没有进入物之存在中，它没有成为宝藏，也即没有成为获得诗意保存的疆域之财富。诗人对宝石不置一词。这块宝石虽然没有能够成为他的疆域的宝藏，但还是赠与诗人一种在语言上的经验，一个学会那种弃绝的机会——在这种弃绝之拒绝中，词与物的关系把自身允诺给诗人了。"丰富而细腻的宝石"区别于"遥远的奇迹或梦想"。如果说这首诗是格奥尔格独具的诗人道路的诗意表达，那么，我们就可以猜度，他所思的宝石就是质朴性(das Einfache)的细腻的充沛；在其后期生涯
163 中，这种质朴性是作为要道说的东西而走向诗人的。这首诗成功

地成了吟唱语言的歌。它本身就证明，诗人学会了弃绝。

然而对我们来说，悬而未决的事情必然是：我们是否能够以某种恰当的方式进入到诗人在语言上取得的这种经验中去。危险在于，我们把这样一首诗弄得过于沉重了，也就是说，我们对这首诗作了太多的深思，并且因此锁闭了对诗意的感受。当然，更大的、今天的人们所不愿承认的危险乃在于，我们思得太少，并且拒斥这样一种观点：在语言上取得的本真经验只可能是运思的经验，而这首先是因为一切伟大的诗的崇高作诗始终在一种思想中游动。但是，如果首要的事情是一种在语言上取得的运思经验，那么，这种对诗意经验的强调又是为什么呢？那是因为思反过来又是在诗的近邻行其道路。因此，最好是思考这个近邻，思考这个居住在同一切近中的东西。诗与思，[①]两者相互需要，就其极端情形而言，两者一向以自己的方式处于近邻关系中。至于这种近邻关系在哪个地带（Gegend）[②]中有其领地，这是要由诗与思来规定的；虽然规定的方式各个不同，但结果乃是诗与思处于同一个领地中。然而，有一种几千年来养成的偏见，认为思想乃是理性（ratio）的事情，也即广义的计算（Rechnen）的事情——这种偏见把人弄得迷迷糊糊。因此之故，人们便怀疑关于思与诗的近邻关系的谈论了。

思想不是任何认识的工具。思想在存在之野上开犁沟垄。

---

① “诗与思”（Dichten und Denken），也译为“作诗”与“思想”（或“运思”）。我们依据不同语境作不同的处理。在海德格尔看来，“诗”（作诗）趋于“显”，“思”（思想）趋于“隐”。而两者作为道说之方式均应合于“道说”（Sage），同中有异，异中有同，是为“近邻关系”（Nachbarschaft）。——译注

② 地方（Ortschaft）。——作者边注

1875 年前后，尼采曾写道（大八开本《全集》，第十一卷，第 20 页）：“我们的思想当生发浓郁的气息，犹如夏日傍晚的庄稼地。”今天，我们当中还有多少人拥有对这种气息的感觉呢？

眼下我们可以更清晰地重提本演讲开头的两句话了：这三个
164 演讲的标题为“语言的本质”；它们意在把我们带向一种可能性，让我们在语言上取得一种运思经验。大可注意的是我们说一种可能性。我们还停留在一种尝试的暂先阶段上。当然这个标题对此无所道出。“语言的本质”这个标题就其内容而言是相当狂妄的，仿佛在这里我们要宣布出一个关于语言之本质的可靠信息。此外，这个标题按其形式来看是太寻常了，其平常犹如艺术的本质、自由的本质、技术的本质、真理的本质、宗教的本质，如此等等。我们对这里大量搬弄的本质已几近厌倦了，而且这种厌倦乃基于那种几乎还没有为我们本身所充分地洞识到的原因。但如果我们用某种简单的预防措施来消除这个标题的狂妄和陈腐，情形又会怎样呢？让我们给这个标题加上一个问号，而且让整个标题置于这个问号之中，从而有了不同的意味。标题于是成了：语言的？——本质？[1] 现在，不光是语言有待追问，而且还要问何谓本质——更有甚者，还要问本质与语言是否以及如何相互归属。语言的？——本质？由于加了问号，这个标题的所有狂妄和陈腐便烟消云散了。但新的问题接踵而至。首先突现出以下两个问题：

如果我们与语言的关系是含糊不清的，在任何情形下都是不确定的，那么，我们应该如何来探问语言？如果何谓本质立即可以

① 原文为：Das Wesen？——der Sprache？——译注

成为大可争议的事情，那么，我们应该如何来追问本质？

尽管我们可以设想出多种多样的道路，仿佛驾轻就熟地去从事对语言的探问和对语言之本质的追问，但只要我们把自己锁闭起来，无视于那个重要方面——它绝不局限于我们现在所触及的问题，那么，我们的一切努力就都免不了是徒劳的。

如果我们要探问语言，亦即探问语言之本质，那么，语言本身必须已经对我们劝说了。同样地，如果我们要想追问本质，亦即追问语言之本质，那么，所谓的本质也必须已经对我们劝说了。凡探问和追问都首先需要它们所问及的东西和它们深入探究的东西的劝说（Zuspruch）。任何问题的提出都是在被追问的东西的允诺（Zusage）中发生的。[1] 165

当我们深思熟虑上述事情之际，我们又有何发现呢？我们体会到，追问并不是思想的本真姿态，而是对那个将要进入问题之中的东西的允诺的倾听。然而，在我们的思想史上，追问自古以来一直被看做思想的决定性程式——这并不是偶然的。一种思想越是采取激进的态度，越是深入根本（radix），深入一切存在者的根源，它就越是具有思想的特性。思想的追问始终是对第一性的和终极的根据（Gründen）的寻求。为什么？因为某物存在和某物是什么，亦即本质的本质现身者（das Wesende des Wesens），自古以来就被规定为根据。就一切本质都具有根据之特性而言，寻求本质就是探究和建立根据。思考如此这般被规定的本质的那种思想，

① 这里的 Zuspruch（允诺、劝说）与 Zusage（允诺、答应）意思相近，都标示语言的在先的自行展开。——译注

根本上就是一种追问。不久前，我在演讲“技术的追问”的结尾处说道：“追问乃是思之虔诚”。[①] 这里所谓“虔诚”取其古老意义，其意就是“顺应”——在此亦即顺应于思之所思。思想的激动人心的经验之一就是，思想有时并没有充分解悟它刚刚获得的洞见，也没有以适当方式来追随这种洞见。上面所引的“追问乃是思之虔诚”这个句子的情形亦然。以这个句子结尾的演讲《技术的追问》已经在这样一种境地中了，即认识到思想的本真姿态不可能是追问，而必然是对一切追问所及的东西的允诺的倾听——而一切追问只是通过对本质的追踪才开始发问。相应地，这里三个演讲的标题，尽管我们给它加上了一个问号，却还是没有因此成为一种思想之经
166 验的标题。但这个标题就在这里，并且等着我们根据刚才就思想的本真姿态所作的说明来对它进行补充。无论我们怎样就其本质来探问语言，首先都需要语言本身把自身允诺给我们。这样的话，语言的本质就成为语言之本质的允诺，也即说，成为本质之语言了（参见下文第二个演讲）。

现在，“语言的本质”这个标题甚至丧失了标题的作用。它所道说的是对一种运思经验的回响，而我们的努力就是要把自己带到这种运思经验的可能性面前：语言的本质——：本质的语言。[②]

如果上面这个命题——只要它是而且可以是一个命题——并

① 该演讲作于1953年，参看海德格尔：《演讲与论文集》，《全集》第七卷，美因法兰克福2000年，第36页。——译注

② 原文为：Das Wesen der Sprache—：die Sprache des Wesens。英文本译作：The being of language—：The language of being。见《在通向语言的途中》，英文版，纽约1971年。——译注

不是一种人为做作的空洞的颠倒，那就可能出现一个可能性：我们将瞅准时机在“本质的语言”（Sprache des Wesens）这个说法中使用另一个既表示“语言”又表示“本质”的词语。

眼下我们听到的整个东西——语言的本质：本质的语言——既不是一个标题，根本也不是对某个问题的回答。它成了一个护送我们上路的引导词。在我们的思想道路上，我们开始时获悉的在词语上的诗意经验将伴随我们。我们已经与这种诗意经验一起进入一种对话之中，这种对话表明：最后这行诗——“词语破碎处，无物可存在”——指点出词与物的关系，它指明，词语本身就是关系，因为词语把一切物保持并且留存于存在之中。倘若没有如此这般的词语，那么物之整体，亦即“世界”，便会沉入一片暗冥之中；包括“我”，即那个把他所遇到的奇迹和梦想带到他的疆域边缘、带向名称之源泉的“我”，也会沉入一片暗冥之中。

为了能够进一步在另一种音调中倾听格奥尔格在词语上所取得的诗意经验的声音，让我最后来念念哥特弗里德·伯恩的一首两节诗。这首诗见于他的《静态诗》（第 36 页）。该诗的音调更为
紧张，也更为热烈，因为它纵情恣意同时又极端明确。该诗的标题 167
是独特的，也许是有意地做了改动：

一个词语

一个词语，一个句子——从密码中升起
熟悉的生命，突兀的意义，
太阳驻留，天体沉默

万物向着词语聚拢。
一个词语——是闪光、是飞絮、是火，
是火焰的溅射，是星球的轨迹——，
然后又是硕大无朋的暗冥，
在虚空中环绕着世界和我。

二

这三个演讲意在把我们带到一种可能性面前，让我们在语言上取得一种经验。经验某个东西意味着：在途中、在一条道路上去获得某个东西。从某个东西上取得一种经验意谓：某个东西——我们为了获得它而正在通向它的途中——关涉于我们本身、与我们照面、要求我们，因为它把我们转变而达乎其本身。

因为我们的目标是一种经验、一种在途中（Unterwegs-sein），所以今天，在由第一次演讲到第三次演讲的过渡一讲中，让我们来思考一下道路。但为此就需要有一个开场白，因为在座诸位大多是专注于科学性思维的。科学识得获得知识的道路，并冠之以方法的称号。尤其是在现当代科学中，方法并不是一种为科学服务
168 的单纯工具；而毋宁说，方法倒是使科学为它服务。尼采首先认识到此种情形及其全部意蕴，并且在下述笔记中加以阐发。这些笔记见于尼采的遗作，后以《权力意志》第 466 条和第 469 条公之于世。第一条说：“我们十九世纪的标志并不是**科学**的胜利，而是科学的*方法*对于科学的胜利。”

另一条开头写道：“最有价值的洞见最迟被发现：而最有价值

的洞见乃是**方法**。”

连尼采本人也是最迟才发现这一关于方法与科学之关系的洞见的；也就是在他清醒生活的最后一年里，1888 年在杜灵，才获得了这一洞见。[①]

在科学中，论题是由方法来摆弄、提出的；不但如此，科学的论题也被设置入方法中，并且始终是服从于方法的。那种在今天肆虐着不知何去何从的科学的疯狂奔跑，乃来自方法及其可能性的推动，这种推动不断加强，愈来愈委身于技术了。方法拥有知识的一切暴力。论题乃是方法的组成部分之一。

而在思想中，情形就大相径庭于科学表象了。在思想中既没有方法也没有论题，而倒是有地带——之所以叫它地带，是因为它为那种为思想而给出的要思想的东西提供地带，[②]也即把后者开放出来。思想行进在地带之道路上，从而栖留于地带中。这里，道路乃地带的一部分而归属于地带。从科学的表象而来，这种情形不但很难看出，而且根本就是不可能看出来的。所以，如果说我们在下文中要沉思有关语言的运思经验的道路，那么，我们绝不是做任何方法论上的考虑。我们已然行进在地带中，在与我们相关涉的领域中。

我们说话，并且从语言而来说话。我们所说的语言始终已经在我们之先了。我们只是一味地跟随语言而说。从而，我们不断

① 1888 年以后直至 1900 年去世，尼采患疯癫病而不再有清醒意识。——译注

② 此处“地带”原文为 die Gegend，海德格尔在此也使用了与此相关的动词 gegnen，我们勉强译之为“提供地带”，也可作“地带化”。在《泰然任之》中，海德格尔专门讨论了“地带”以及相关的几个词语。——译注

地滞后于那个必定先行超过和占领我们的东西，才能对它有所说。
169 据此看来，说语言的我们就总是被纠缠到一种永远不充分的说话(Sprechen)中了。这种纠缠把我们与将要向思想公布自身的事情隔绝开来。然而，一旦我们留心思想道路的特性，也即细细察看我们在作为思想之栖所的地带中的情况，则思想所不能对之掉以轻心的那种纠缠就分崩离析了。这个地带处处向着那种与诗的近邻关系敞开。

对思想道路的沉思必须思考这种近邻关系。从表面上来看，我们的第一个演讲讨论了三件事情：

首先，它提到有关语言的诗意经验。我们的提示限于对格奥尔格的《词语》一诗做了一些解说。

170 其次，它把我们在这里必得对之有所期备的那种经验刻画为一种运思的经验。当思想找到它通向其本真目标的道路之际，思想便专心于倾听一种允诺，而这种允诺向我们道说那为思想而给出的要思的东西。[①]

任何对思想之实事的探问，任何对思想之实事的本质的追问，都已经由那个将要进入问题之中的东西的允诺来承荷了。因此，现在所必需的思想的本真姿态是对允诺的倾听，而不是追问。但因为这样一种听是对有所应答的词语的听，所以，对有待思的东西的允诺的倾听总是展开为一种对回答(Antwort)的追问。我们在此把思想刻画为一种倾听，这不免令人诧异，也没有满足这里所需

① 此处“为思想而给出的要思的东西”原文为：was es für das Denken zu denken gibt。——译注

要的明晰性。然而，倾听的特性在于，它是从那个由允诺赋之以预示的东西那里获得它的规定性和明晰性的。而有一点已经是显而易见的：这里所说的倾听趋向作为道说的允诺（die Zusage als die Sage），语言之本质与这种作为道说的允诺有着血脉之缘。如果我们能成功地洞察到一种有关语言的运思经验的可能性，那么这就 170
能够澄清，在何种意义上思想乃是一种对允诺的倾听。

最后，第一个演讲还包含着第三点，就是演讲标题的改变。这种改变首先是通过添加问号来消除标题的狂妄和陈腐。所添加的问号把语言和本质都置于问题之中，并且把标题改变为一个问句了：语言的？——本质？

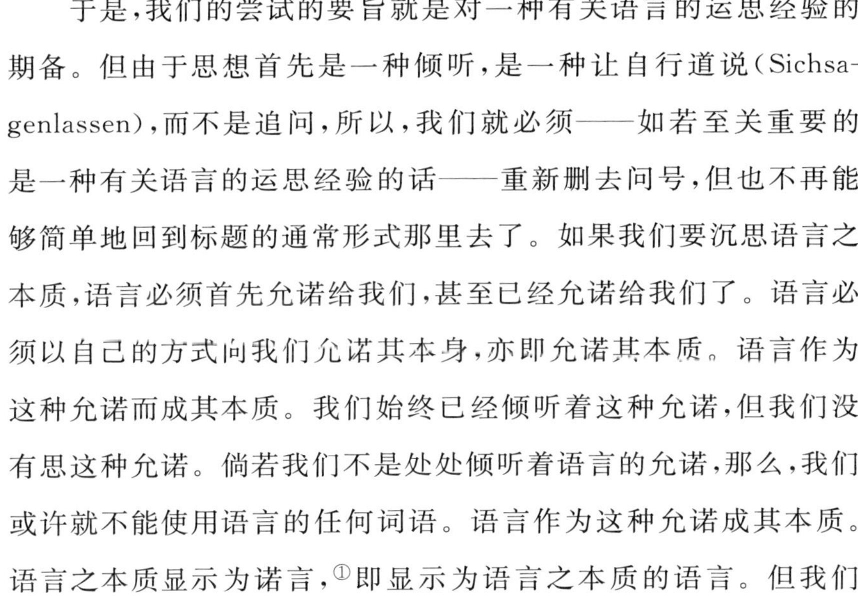

于是，我们的尝试的要旨就是对一种有关语言的运思经验的期备。但由于思想首先是一种倾听，是一种让自行道说（Sichsa- 171
genlassen），而不是追问，所以，我们就必须——如若至关重要的是一种有关语言的运思经验的话——重新删去问号，但也不再能够简单地回到标题的通常形式那里去了。如果我们要沉思语言之本质，语言必须首先允诺给我们，甚至已经允诺给我们了。语言必须以自己的方式向我们允诺其本身，亦即允诺其本质。语言作为这种允诺而成其本质。我们始终已经倾听着这种允诺，但我们没有思这种允诺。倘若我们不是处处倾听着语言的允诺，那么，我们或许就不能使用语言的任何词语。语言作为这种允诺成其本质。语言之本质显示为诺言，[①]即显示为语言之本质的语言。但我们

① 此处“诺言”（Spruch）在日常德语中意为“格言、判词”等，但在此语境中，它与前面讲的“允诺”（Zuspruch，或译“劝说”）相关，故可译为“诺言”。——译注

既不能真正听到这一原始消息，也不能“读”到这一原始消息。这一原始消息就是：语言的本质：本质的语言。①

我们刚刚道出的乃一种苛求。倘若它只不过是一个断言，我们便可以着手来证明它的正确性或者谬误性。这倒是比容忍那种苛求或者苟同于那种苛求要轻松得多。

语言的本质：本质的语言。要求我们运思地去经验这句话的那种苛求，看起来似乎是从向我们提出此种苛求的演讲那里来的。但实际上，这种苛求另有来历。对标题的改变就是使标题消失。
171 其结果不是一篇有着不同的标题的研究语言的论文。结果乃是进入一个地带之中的最初步伐的尝试；这个地带为我们备好了一种有关语言的运思经验的可能性。在这个地带中，思遇见它与诗的近邻关系。我们听到了一种有关词语的诗意经验。这种经验集中表达在这首诗的最后一节中：

我于是哀伤地学会了弃绝：
词语破碎处，无物可存在。

通过对前面三节一组的两个诗段所作的扼要解说，我们已经试着来考察这种经验的诗意道路。那只不过是对诗人的道路的远远一瞥而已——我们并不以为自己已经踏上了这条道路。因为在这首诗以及与之相关的其他诗歌中，格奥尔格的诗意道说乃是一种行进；而此种行进就等于是一种离去，这是由于这位诗人从前曾

① 德语原文为：Das Wesen der Sprache：Die Sprache des Wesens。——译注

经像一位立法者和宣言者那样说话。所以,《词语》这首诗也收在格奥尔格出版的最后一本诗集的最后一部分中。这就是 1928 年公之于世的诗集《新王国》。其中的最后一部分立题为“歌”。歌是被吟唱的,但不是事后被吟唱的,而毋宁说,在吟唱中歌才开始成其为歌。歌之诗人乃是歌者。诗就是歌唱(Gesang)。荷尔德林以古人为楷模,喜欢用“歌唱”这个名称来称呼诗。

在新近发现的颂歌《和平庆典》第八节开头,荷尔德林唱道:

> 从清晨起,
> 自从我们是一种对话,而且彼此倾听,
> 人已体验许多;而(我们)即是歌唱。

“彼此倾听”者——这一方与另一方——乃是人类与诸神。歌唱是诸神之到达的庆典——在诸神之到达中一切都变得寂静无声 172
了。歌唱并不是对话的对立面,而倒是与对话有最亲密的血脉关系的;因为歌唱也是语言。在前面第七节诗中,荷尔德林说道:

> 命运的法则就是:一切都自行经验,
> 即便寂静返归,也有一种语言存在。

1910 年,后来(1916 年)不幸阵亡于凡尔登的诺伯特·冯·海林格拉特首次编辑出版了荷尔德林的品达诗译文手稿。之后在 1914 年,荷尔德林的后期颂歌也首次付印了。当时,这两本书对我们学生产生的影响就宛若一次地震。斯蒂芬·格奥尔格最早指引海林格拉特去关注荷尔德林；而格奥尔格本人反过来又从上述两部首版的作品中获得了决定性的灵感，情形就如同里尔克。从那以后，格奥尔格的诗作就越来越切近于歌唱了。尼采在《查拉图斯特拉如是说》第三部题为“**大渴望**”一节末尾所说的话，当时就已经萦绕在诗人耳畔了。尼采在那里写道，“噢，我的心，现在我已将一切给了你，乃至我最后的所有，我已经对你淘空了双手：**我要你高歌**，看哪，这就是我最后的所有！”（《全集》，第六卷，第327页）

格奥尔格的诗集《新王国》的最后一部分以“歌”为标题，开篇是这样一句题词：

我还要思忖的，我还要适应的
我还要热爱的，有着同样的面貌

诗人跨出了他自己从前的“圈子”，却没有弃绝词语；因为他吟唱着，而歌唱始终是对话。诗人的弃绝并不是针对词语的，而是针对词语与物的关系的，更确切地说，是针对这种关系的神秘性的，
173 这种关系恰恰在诗人想命名他手中的宝石之际自行显示为神秘。这块宝石是何种宝石，诗人没有道明。但我们可以回忆一下，按其古老含义来讲，“宝石”意指一份打算送给某个客人的玲珑优美的礼物；或者也许是一份作为特殊宠爱之标志的礼物，是接受者以后要永远带在身边的。“宝石”于是就与宠爱和客人相关。让我们注意，在题为“歌”的最后一部分中，与《词语》一诗一体的还有另一首诗，这首诗题为《海之歌》，诗的开头唱道：

当火红的球体缓缓下降
沉落在地平线上：
这时我在沙丘上憩息
是否有我亲爱的客人露面。

最后一行诗命名了客人，但也可以说没有命名客人。和客人一样，宝石也保持在无名之中。此外，那亲近于诗人的至高的宠爱，也保持在无名之中。《新王国》最后一部分的最后这首诗道说、吟唱这个至高的宠爱，但并没有命名它。

宝石、宠爱和客人被道说了，但没有被命名出来。那么，诗人对它们保持沉默了吗？不。我们只能对我们所知道的东西保持沉默。诗人没有对名称保持沉默。诗人不知道名称。他在那一句诗中承认了这一点，这一诗句犹如通奏低音一般回响在所有的歌中：

你心系何方——你不知道。

这位诗人在词语上取得的经验进入暗冥之中，并且始终还把自身掩蔽起来了。我们必得任其如此；但由于我们如此这般来思考这种诗意经验，我们也就已经让这种经验处于与思的近邻关系中了。然而，我们却不能认为，一种有关语言的运思经验将取代一种诗意经验，更能把我们引向光明，并且也许会揭开重重阴霾。在
这里，一种思想之力所能及，乃取决于它是否以及如何倾听那种允 174
诺——在此允诺中，语言之本质作为本质之语言而说话。可是，我们试图为一种有关语言的运思经验提供一个可能性，我们的尝试

寻找着一种与诗的近邻关系，这样做绝不是权宜之计，而是基于如下猜度：诗与思当有着近邻关系。也许这一猜度吻合于那个我们还仅仅对之做了一番模糊的倾听的苛求：语言的本质——本质的语言。

为了揭示那种在语言上取得运思经验的可能性，我们寻找诗与思居于其中的近邻关系。这是一个奇怪的开端——我们对诗与思都鲜有经验。但我们好歹还是知道两者的。在诗歌和哲学的名义下，我们就知道了许多关于诗与思的事情。我们也不是盲目地在我们的道路上寻找诗与思的近邻关系；因为我们已经倾听了《词语》一诗，并且由此把一种有关语言的诗意经验收入眼帘中了。带着所有保留条件，我们不妨把这种诗意经验综括在那种弃绝之道说中：“词语破碎处，无物可存在。”一俟我们考虑到，这里所指说的乃是词与物的关系，从而也即语言与某个当下存在者本身的关系，我们便把诗召唤到一种思的近邻那儿来了。但思并没有从中看到什么生疏的东西。实际上，物与词的关系是通过西方思想而达乎词语的最早的事情之一，而且是以存在与道说（Sein und Sagen）之关系的形态出现的。这一关系如此不可抗拒地侵袭着思，以至于它以一个独一无二的词语道出自身。这个词语就是 λόγος［逻各斯］。这个词语同时作为表示存在的名称和表示道说的名称来说话。

而对我们来说更感错愕的事情乃在于，这里并没有取得任何有关语言的运思经验，也即语言本身并没有按那种关系合乎本己
175 地达乎语言而表达出来。由此可知，格奥尔格的诗意经验命名了某种古老的东西，这种古老的东西早已击中了思想，并且从此以后

就把思想囚锢起来了——尽管是一种对我们来说已经变得既陈腐又难以辨别的方式。无论是有关词语的诗意经验,还是有关道说的运思经验,都没有把在其本质中的语言带向语言而表达出来。

事情就是这样,尽管从早期西方思想直到格奥尔格的后期诗作,思想深入地思了语言,而作诗诗化地表达了语言中令人激动的东西。但何以语言的本质无论在哪里都没有作为本质的语言把自己带向语言而表达出来?我们就只能加以猜度了。有迹象表明,语言之本质断然拒绝达乎语言而表达出来,也即达乎我们在其中对语言作出陈述的那种语言。如果语言无处不隐瞒它在上述意义上的本质,那么,这种隐瞒(Verweigerung)就归属于语言之本质,因此,语言不光是在我们以通常方式说它的时候抑制着自身,而且,语言的这种自行抑制乃取决于这样一回事情:语言随其渊源抑制自身,并且由此对我们通常的观念拒绝给出它的本质。但这样一来,我们也就不能再说,语言的本质是本质的语言,除非第二个词组中的"语言"一词所表示的是不同的东西,根本上是表示语言本质(Sprachwesen)之隐瞒在其中说话的那个东西。因之,语言之本质就以其最本己的方式把自身带向语言而表达出来了。我们不可再回避这个问题了;相反,我们必须进一步加以猜度,何以语言本质之特有"语言"太容易地被忽视了。其原因之一也许在于,道说的两个突出方式——诗与思——没有合乎本己地被寻找出来,也即没有在它们的近邻关系中被寻找出来。但人们往往对诗与思
夸夸其谈。诗与思这个说法早已成了空洞的措辞,被人们叨嚷不 176
休。也许,只要我们牢记在"诗与思"这个短语中的"与"能够表示诗与思的近邻关系,那么,这个"与"就获得了它的全部内涵和规定

性。

不待说，我们立即就要求作出一种说明：这里所谓的近邻关系为何，关于这样一种近邻关系的谈论具有和可能具有何种正当性。这个词本身告诉我们，在他人之邻并与他人一起居住者，就是近邻。这个他人本身也由此成为一个人的邻居。所以，近邻关系之产生乃由于某人定居于另一个人的近处。近邻关系是某人面对另一个人居住这样一回事情的后果和结果。因此，关于诗与思之近邻关系的谈论就意味着，诗与思想互面对而居住，一方面对着另一方而居住，一方定居于另一方的近处。这种关于近邻关系之特性的解说乃是某种形象化的谈法。抑或我们已经对事情有所道说了么？那么何谓"形象化的谈法"？我们迅速地作出这一答复，而没有想到，只要什么是谈论(Rede)，什么是形象(Bild)，语言如何以形象说话，以及语言究竟是否以形象说话等等问题还是悬而未决的，那么，我们就不能以某种可靠的方式来援引这个答案。因此，我们在此还远远没有解决一切问题。让我们守住最迫切的事情，也即去寻找诗与思的近邻关系，现在也就是：诗与思的相互面对(Das Gegen-einander-über)。

幸好我们既不需要去发现这种近邻关系，也不需要去寻找这种近邻关系了。我们已经栖身于这种近邻关系中了。我们就在这种近邻关系中活动。诗人的诗向我们说话。面对这首诗，我们已经有所思索了，尽管还只是粗略大体的思索。

词语破碎处，无物可存在。

诗人之弃绝如是说。对此我们曾说过，这里揭示的是词与物 177
的关系；进一步，物在这里指任何无论以何种方式存在的东西，任何一个当下存在者。至于“词语”，我们也说过，它不光是处于一种与物的关系中，而是：词语才把作为存在着的存在者的当下之物带入这个“存在”（ist）之中，把物保持这个“存在”之中，与物发生关系，可以说供养着物而使物成其为一物。因之，我们曾说，词语不光处于一种与物的关系之中，而且词语本身就“可以是”（sei）那个保持物之为物、并且与物之为物发生关系的东西；作为这样一个发生关系的东西，词语就可以是：关系本身。

对某些人来说，这一番对诗的思索兴许是不必要的，并且显得强求和蛮横。但这里要紧的是，在那种与有关词语的诗意经验的近邻关系中为一种有关语言的运思经验找到一个可能性。这一点现在首先意味着：我们必须学会去留心诗与思居住于其中的那种近邻关系。但奇谲的是，近邻关系本身始终是不显明的。就是在我们的日常生活中，情形亦然。我们生活在近邻关系中；倘若要我们说出这种近邻关系何在，我们便会落入窘境。然而，此种窘境只不过是那种古老的、广大的、我们的思想和道说随时随地都置身于其中的窘境的一个特殊情形而已——尽管也许是一个突出的情形。我们指的是何种窘境呢？是指这样一种窘境：我们不能——如果能，那也只是稀罕的、很勉强的——纯粹从其本身而来经验一种在两个物之间、在两个本质之间起支配作用的关系。我们马上就根据当下处于关系中的东西来设想这种关系。我们很少理解，这种关系如何产生，何以产生，从何而来产生，以及它如何作为这种关系而存在。所以，虽然把近邻关系表象为一种关系是正确的，

这种表象也切合于诗与思的近邻关系;但是,这种表象却根本没有告诉我们,诗是否定居于思之近邻,或者思是否定居于诗之近邻,
178 或者两者是否相互定居于对方的近邻之中了。诗在道说之要素中活动,思亦然。如若我们来对诗作一番沉思,我们立即就会发现自己置身于思活动于其中的同一要素中了。在这里我们不能直截了当地确定:诗是否根本上就是一种思,或者,思是否根本上就是一种诗。诗与思的本真关系由何来决定,这种我们十分随便地称之为本真关系的东西根本上从何而来,这些问题都还是晦暗不明的。然而,不论我们怎样来理解诗与思,总是已经有一个相同的要素接近于我们了——那就是:道说(Sagen),无论我们对此是否有专门的留心。

更有甚者:诗与思不光是在道说之要素中活动,而且它们同时也把它们的道说归功于那些我们几乎还未予关注甚或收集的有关语言的多样经验。在我们尚未关注或收集这些经验之处,所缺乏的恰恰就是对那个东西的充分考察,这个东西在我们眼下的沉思中愈来愈密切地与我们相关涉——那就是:诗与思的近邻关系。也许这种近邻关系根本就不是什么单纯的结果,不是那种唯由于诗与思相互定居于对方之中而导致的结果;因为诗与思在能够开始进入相互面对的状态中之前就已经相互归属了。道说乃是诗与思的同一个要素;而道说之成为诗与思的"要素",其方式全然不同于水之于鱼和空气之于鸟——道说之成为诗与思的要素,其方式就是我们不得不停止谈论这个要素,因为道说不光"承荷"着诗与思,并且提供出诗与思横贯其中的那个领域。

所有这一切无疑说来容易,很容易得到表达,但尤其对于我们

现代人来说，却是难以经验到的。我们试图在诗与思的近邻关系之名下来思索的东西，大相径庭于表象性联系的一种单纯持存物。所谓的近邻关系是无所不在的，贯穿于我们在这大地上的逗留和 179
我们在其中的漫游。可是，由于今天的思想总是愈来愈坚定、愈来愈专一地变成了计算，所以，它投入了所有可用的力量和“兴趣”，来计算人如何能够马上在无世界的宇宙空间中立身。这种思想就要把大地之为大地抛弃掉了。作为计算，这种思想愈来愈迅速和狂热地趋向于对宇宙空间的征服。这种思想本身就是那种或许能把一切都逐入虚空之中的力量的爆发。从这种思想那里产生出来的剩余，毁灭性机械之运转中的技术过程，只不过是把疯狂打发到无意义之极致的最终的阴险过程。早在1917年，格奥尔格就在其第一次世界大战期间创作的伟大颂歌《战争》中写道：“这些是火焰的标志，而不是音信”（《新王国》，第29页）。

我们力图专门考察诗与思之近邻关系。这种尝试已使我们面临一个独特的困难。倘若我们竟想不假思索地放过这个困难，那么，我们这几个演讲的路程和在此路程上的行进就还是模糊不清的。这个困难反映在我们的第一个演讲已略有触及、而在本演讲中与我们直面相逢的事情那里。

当我们倾听于诗人，并且以我们的方式来思索诗人之弃绝所道说的事情，我们就已经逗留于这种近邻关系中了；但我们又没有逗留于这种近邻关系中，也就是说，我们并没有经验到这种近邻关系本身。我们还没有踏上通向这种近邻关系的途中。我们必须先返回到我们真正已经逗留于其中的所在。这种栖留着的返回，向着我们已经存在的地方的返回，比起向我们尚未在和永远不会在的地方的匆忙远游，不知要困难多少倍——除非我们是那种与机械相适应的技术怪兽。

返回到人之本质[①]之处所的步伐所要求的东西，全然不同于那种进入机械世界的进步。

180 返回到我们（真正）已经逗留于其中的地方，这乃是我们在眼下所必需的思想道路上的行进方式。如果我们留心关注这条道路的特性，则最初令人烦恼的一种纠缠不清的假象就烟消云散了。我们谈论语言，但这种谈论始终似乎只是关于语言的；而实际上，我们已经从语言而来，[②]在语言中让语言本身即语言之本质向我们道说。因此，我们不能因为担心思想不再让作诗达乎其词语，而倒是把一切都拉扯到思想道路上来，就过早地中断我们已经开始了的、与我们所倾听的诗意经验的对话。

我们必须大胆冒险，在与这首诗的近邻关系中，在与这首诗的精华之所在的最后一节的近邻关系中，来来回回地行进。我们力图重新去倾听那被诗意地道出的东西。我们要猜度什么可能是对思想的过高期望，并且就从这一点开始。

> 我于是哀伤地学会了弃绝：
> 词语破碎处，无物可存在。

---

① （用-本己）(Brauch-Eignis)。——作者边注

② “关于”(über)语言的谈论是把语言当作一个“对象”来处理，是“对象性”的知识方法；而诗意的或运思的“说”乃是“从语言而来”(aus,von)。参看本书第三篇结尾部分的讨论。——译注

我们再度把最后这行诗改写为：词语破碎处，无物存在。这听来即使不像一个定理，也几乎是一个陈述句了。唯有在并不缺失词语从而**存在着**（*ist*）词语之处，一物才存在。但如果说词语存在，那么词语本身也必定是一物；因为"物"在此指的是无论以何种方式存在的任何东西："遥远的奇迹或梦想"。或者，词语——当它说话时——作为词语根本不是物，不是诸如此类的存在者？词语是一虚无吗？那么词语又何以促成物去存在。赋予存在的难道不是必须格外地和首先地本身就"存在"，从而必须是最具存在者特性的东西——比存在着的物更具存在者特性的东西吗？在此视野中，事情真相必然向我们表现出来，只消我们为某个存在者计算出充足的原因，这个充足的原因把存在者确立为原因之结果和作用，并由此使之满足于我们的表象。所以，如果词语能赋予物以"存在"，那么词语也必须先于任何物而存在——也就是说，词语必然本身就是一物。我们于是看到了事情真相，原来是词语这个物赋予另一个物以存在。可是诗人却说："词语破碎处，无物可存在"。词与物是不同的，甚至是截然分隔的。我们自以为已经在最初聆听中理解了诗人；但是，可以说我们在思索时几乎没有触着这行诗，这行诗所道说的东西沉入一片暗冥之中。本身不是任何物的词语，不是任何"存在着"（ist）的东西的词语，逸离我们而去。这里所发生的事情仿佛就与诗中的宝石那里发生的事情相同。也许诗人以"丰富而细腻的宝石"所指的就是词语本身吗？若然，在诗意地预感到词语本身不可能是任何物之际，格奥尔格就在女神那里为宝石祈求一个词语，也就是为词语本身祈求一个词语了。但命运女神却向诗人昭示："如此，在渊源深处一无所有"。

在命运提供出语言来命名和创建存在者，从而使存在者存在并且作为存在者熠熠生辉之处，是找不到表示词语的词语的。表示词语的词语虽说是一份宝藏，但绝不能为诗人之疆域所赢获。思想能赢获这份宝藏吗？如果思想试图沉思诗意的词语，那就表明，词语、道说是不具有任何存在的。然而，我们通行的观念却抗拒这种对词语和道说的诋毁。说到底我们每个人在文字和声音中看和听的都是词语嘛！词语存在；它们能够像物一样存在，是我们的感官可以把捉的东西。要引用一个最粗浅的例子的话，我们只需要打开一本词典即可。词典中充斥着印刷的物。当然啰！其中全然是词语而没有一个独一的词语。因为一本词典既不能容纳也不能包含这个词语，这个使诸多词语（Wörter）达乎词语而表达出来的词语。这个词语（Wort）何所属？这种道说（Sagen）何所属？

这样，有关词语的诗意经验就给了我们一个意味深长的暗示。
182 词语——不是物，不是任何存在者；相反，当词语可用于表示物时，我们就理解了物。于是物“存在”。但这个“存在”（ist）的情形如何？物存在。这个“存在”本身也还是一个物，一个可以叠加到另一个物上，犹如一顶帽子戴到另一个物上的东西吗？我们哪儿也找不到这个“存在”——作为系于另一个物身上的一个物的“存在”。“存在”之情形犹如词语之情形。与词语一样，“存在”也很少是存在着的物中的一员。

我们突然从仓促立论的昏庸状态中醒来，洞察到另一些东西。

在有关语言的诗意经验所道说的东西中蕴涵着这样一种关系，即本身并不“存在”的“存在”（ist）与同样也不是什么存在者的词语之间的关系。

无论是“存在”(ist)还是“词语”,都没有获得物之本质,即存在;此外,“存在”(ist)与词语——其使命就是每每给出一个“存在”——的关系也没有获得存在。但即便如此,无论是“存在”,还是词语及其道说,都还不能被逐到纯粹虚无的空洞中去。那么,当我们的思想追踪那种有关词语的诗意经验时,这种诗意经验显示出什么呢?它指示出那种值得思的事情,后者自古以来就是思想所指望的东西——尽管是以某种隐蔽的方式。这种诗意经验显示出有(es gibt)而不“存在”(ist)的东西。词语也是一个有的东西——或许不光也是有的东西,而是先于一切地是有的东西,甚至是这样:在词语中,在词语之本质中,给出者遮蔽着自身。按照实情来思索,我们对于词语绝不能说:它存在(es ist);而是要说:它给出(es gibt)——这不是在“它”给出词语的意义上来说的,而是在词语给出自身这一意义上来说的。词语即是给出者。给出什么呢?根据诗意经验和思想的最古老传统来看,词语给出:存在。于是,我们在运思之际必须在那个“它给出”中寻找词语,寻找那个作为给出者而本身绝不是被给出者的词语。[①]

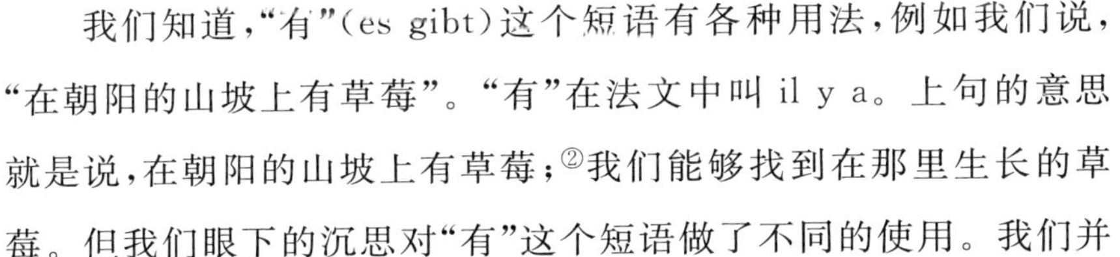

我们知道,“有”(es gibt)这个短语有各种用法,例如我们说,“在朝阳的山坡上有草莓”。“有”在法文中叫 il y a。上句的意思就是说,在朝阳的山坡上有草莓;[②]我们能够找到在那里生长的草莓。但我们眼下的沉思对“有”这个短语做了不同的使用。我们并 183

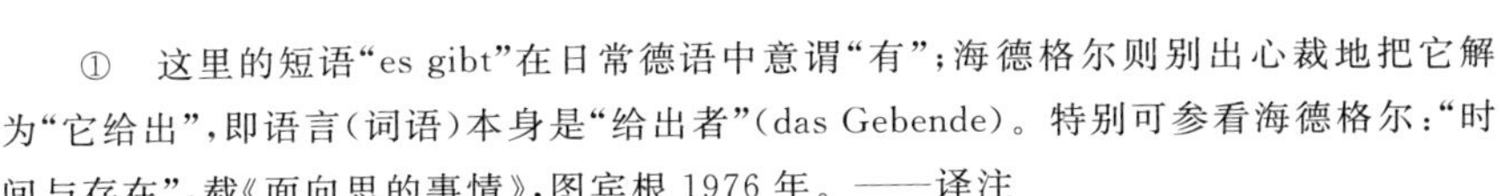

① 这里的短语“es gibt”在日常德语中意谓“有”;海德格尔则别出心裁地把它解为“它给出”,即语言(词语)本身是“给出者”(das Gebende)。特别可参看海德格尔:“时间与存在”,载《面向思的事情》,图宾根 1976 年。——译注

② 此处“有”是“拥有”(haben),而上句中的“有”则是短语“es gibt”。——译注

不是说：有词语；而是说：它，即词语，给出……。[①] 于是，有关这个"它"(es)——许多人有理由对之大感畏惧——的整个幽灵便逃之夭夭了。可是值得思的事情保持着，它实际上才刚刚显露出来。我们用"它，即词语，给出"这个短语来命名这一简单的、不可把捉的实情；这一实情揭示自身为真正值得思的事情，而对此事情的规定还普遍地缺乏尺度。也许诗人知道这种尺度。但诗人的作诗(Dichten)学会了弃绝，却又没有经由弃绝而丢失什么。不过，这当儿宝石却逸离了诗人。确实如此。但宝石之逸离也就是词语之被隐瞒。隐瞒乃是扣留。在此恰恰显现出词语所特有的支配作用是多么令人惊奇。宝石绝没有化为乌有。词语并没有沦于完全无能于道说的地步。诗人没有否弃词语。而宝石确实退隐于神秘的令人惊奇的奇异之中了。因此，正如《歌》的开篇的题词所说的，即使到现在，这位诗人也还要思忖，甚至比以往思忖更多；他也还要适应一种道说，全然不同于以往。这位诗人在唱歌。诗人唱的第一首歌是无标题的，唱的无非是他所预感到的词语的神秘——词语在隐瞒中把它被扣留起来的本质带到了近处。这首歌吟唱了词语的神秘，它令人惊奇地——也即以诗意的追问方式——在三行一节的三节诗中吟唱了词语的神秘：

何种大胆轻松的步伐
漫游在祖母的童话园

① 此处"有词语"原文为：Es gibt das Wort；"它，即词语，给出……"原文为：Es, das Wort, gibt…。——译注

那最独特的王国？

吹奏者银铃般的号角
把何种唤醒的呼声
逐入道说的沉睡丛林？

何种隐秘的气息 184
弥漫在灵魂之中
那刚刚消逝的忧郁的气息？

除了诗句开头的词语外，格奥尔格往往把所有的词语都小写。[1] 引人注目的是，在上面这首诗中却出现了一个唯一的大写词语。这个大写的词语就是位于中间一节末尾的“道说”(Sage)一词。诗人本可以给这首诗加上一个标题，即“道说”。但诗人没有这样做。这首诗吟唱词语所具有的遥遥未至的支配作用的神秘切近。诗以不同的方式道说完全不同的东西；而从中被道说的同一东西，就是我们前面所思的“存在”(ist)与非物的词语的关系。

诗与思的近邻关系的情形又如何呢？我们在两种完全不同的道说方式之间感到束手无策。在诗人的歌中，词语好像是神秘的奇迹。而我们对“存在”与非物的词语之间的关系所作的运思直面于某种值得思的事情，后者的面貌浑然失落于不确定之中。在歌中，是出现在一种完成了的吟唱着的道说中的奇迹；在我们的运思

[1] 日常德语中，所有名词以及句子开头的词语均需大写。——译注

中，则是出现在一种几乎不可确定的、又绝非吟唱的道说中的值得思的事情。这如何可能是那种使诗与思得以在切近中居住的近邻关系呢？看来，诗与思两者倒是尽其可能地背道而驰的。

但我们却要细心领会这样一个猜断，即诗与思的近邻关系在其道说的这一最广大的分离中遮蔽着自身。这种分离乃是诗与思真正的相互面对。

我们必须摈弃以下看法，即认为诗与思的近邻关系无非是对道说的两种方式作一个饶舌的、模糊的混合，在那里一方向另一方索取不可靠的借贷。到处都会有此种假象。但实际上，诗与思从
185 它们的本质而来就由一种微妙而清晰的差异保持着分离，各个保持在它们本己的暗冥之中：那是两条平行线，希腊文叫 παρὰἀλλή-λω，即平行地、相对地、以各自方式超出自身。如果分离意味着切割为无关联的东西，那么，诗与思就并不分离。平行线交汇于无限。在那里平行线交汇于一个并非由平行线本身所作出的断面上。通过这个断面，平行线才被切入也即被绘入它们相邻的本质之剖面图中。这样描绘出来的图画就是图样。[①] 此图样把诗与思带入相互切近之中而绘制出来。诗与思的近邻关系并不是那样一个过程的结果，即并不是由于诗与思首先——人们不知道从何而来——相互吸引到切近之中并由此来确立这种切近。把诗与思带到近处的那个切近（Nähe）本身就是大道（Ereignis），由之而来，诗

① 这里译为“图样”的 der Riß 一词有“裂隙、裂口、平面图、图样”等多种意思，在此语境中几不可译解。与此相关的还有上文的“剖面图”（Aufriß）以及下句的动词“绘制”（aufreißen）等。——译注

与思被指引而入于它们的本质之本己中。

但如果诗与思的切近是这样一种道说，那么，我们的思便得以进入一种猜度：大道（Ereignis）乃作为那种道说（Sage）而运作，而在此种道说中语言向我们允诺它的本质。语言之允诺（Zusage）并非漫无边际，空空如也。这种允诺已经切中其目标。它切中的目标除了人之外还能是谁呢？因为人之为人，只是由于人接受语言之允诺，只是由于人为语言所用[1]而去说语言。

三

这三个演讲都为了一种尝试，意在把我们带向一种可能性，让我们在语言上取得一种经验。第一个演讲倾听了一种有关词语的诗意经验。它在运思中追踪这种诗意经验。如此这般运思之际，它已经逗留在诗与思之近邻关系的范围中了。它在这种近邻关系中来回运动。

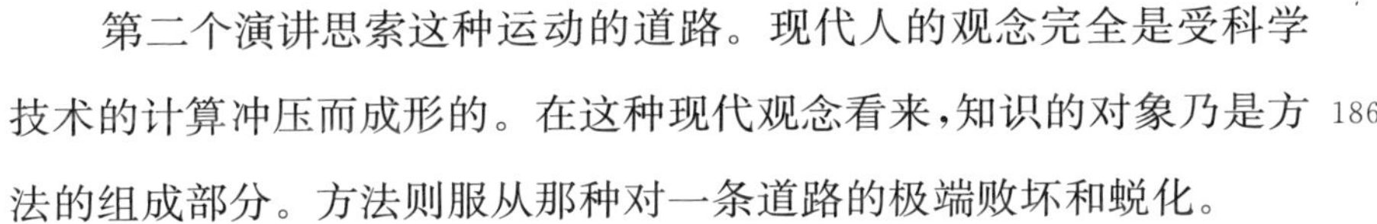

第二个演讲思索这种运动的道路。现代人的观念完全是受科学技术的计算冲压而成形的。在这种现代观念看来，知识的对象乃是方 186
法的组成部分。方法则服从那种对一条道路的极端败坏和蜕化。

相反，对于审慎的运思而言，道路乃属于我们称之为地带的那个东西。约略说来，地带作为地带化的东西乃是有所开放的澄明，[2]

[1] 本己中的用（der Brauch in der Eignis）。——作者边注

[2] 此处“地带”原文为 die Gegend，“地带化的东西”原文为 das Gegnende（或可作“提供地带的东西”）。在海德格尔这里，“地带”是在“澄明”（Lichtung）意义上思考和使用的。——译注

在其中被照明者与自行遮蔽者同时进入敞开的自由之中。地带之开放和庇护是那种开辟道路的运动,[①]这种开辟道路的运动产生出那些归属于地带的道路。

深入充分地来思考,道路就是让我们通达的东西,而且,它让我们通向那个由于与我们相关(be-langen)而伸向我们的东西。我们当然可以仅仅在通常意义上理解这里的动词 belangen,它的意思就是控告、审问。但我们也可以在深层的意义上来思这个 Be-langen,其意即相关(be-langen)、传唤(be-rufen)、照拂(be-hüten)、保存(be-halten)等。而 Be-lang[②] 就是:在伸向我们的本质之际要求它并且因此让它进入它归属之处的那个东西。道路让我们进入与我们相关或传唤我们的东西。在这里,表面看来,当我们在如此这般思索 Be-langen 之际,似乎我们是任意地操纵了语言。如果我们用人们通常的理解来衡量我们现在所列述的 Be-langen 的意义,那么,我们确实可以从中见出一种任意。然而,沉思的语言用法不能受制于人所共有的、通常的意义理解;而毋宁说,它必须受语言为我们备下的隐蔽财富所引导,以便这些财富为语言之道说而关涉或传唤我们。地带作为地带首先产生道路。地带开辟道路。我们是在下述意义上倾听 Be-wëgung 一词的,即:首先产生和创建道路。通常我们理解的"运动"的意思是:施予作

① 此处"开辟道路的运动"原文为 Be-wëgung,是海德格尔从古施瓦本一阿伦玛尼方言的动词 wëgen 中引申出来的一个词,用以表示"大道"(Ereignis)之展开,即"道说"(Sage)。下文我们也把 Be-wëgung 译作"开辟道路"、"开路";相应的动词 be-wëgen 也作"开辟道路"。——译注

② 本己(用)(die Eignis (der Brauch))。——作者边注

用而使某物变换位置，使某物增加或减少，总之是使某物发生变化。而 be-wëgen 却意味着：给地带配备道路。[1] 按照施瓦本一阿伦玛尼地区方言的古代用法，wëgen 可以表示：开辟一条道路，例如，在白雪皑皑的原野上开一条路。

作为“提供道路”的“开辟道路”（Wëgen und Be-wëgen）和作 187
为“让通达”（das Gelangenlassen）的“道路”（Weg），与动词“衡量”（wiegen）、“冒险”（wagen）和“波动”（wogen）有着相同的源流。也许“道路”一词是语言的原始词语，它向沉思的人允诺自身。老子的诗意运思的引导词语叫做“道”（Tao），“根本上”就意味着道路。但由于人们太容易仅仅从表面上把道路设想为连接两个位置的路段，所以，人们就仓促地认为我们的“道路”一词是不适合于命名“道”所道说的东西的。因此，人们把“道”翻译为理性、精神、理由、意义、逻各斯等。[2]

然而，“道”或许就是为一切开辟道路的道路，由之而来，我们才能去思理性、精神、意义、逻各斯等根本上也即凭它们的本质所要道说的东西。也许在“道路”、“道”这个词中隐藏着运思之道说的一切神秘的神秘，[3] 如果我们让这一名称回复到它的未被说出状态之中而且能够之样做的话。也许方法在今天的统治地位的谜

① 日常德语中的动词 bewegen 意为“运动”；而海德格尔在此所思的 be-wëgen 则突出其中的“道路”（Weg）意思，借以思入“大道”的运作和展开。在此似可注意海德格尔对中国的“道”的吸收。——译注

② 海德格尔在此建议以德语的“道路”（Weg）一词来翻译汉语思想中的“道”（Tao），可谓匠心独具。——译注

③ 此处“一切神秘的神秘”（das Geheimnis aller Geheimnisse）颇近乎老子所谓的“玄之又玄”了。——译注

一般的力量也还是、并且恰恰是来自这样一个事实，即：方法尽管有其效力，但其实只不过是一条巨大的暗河的分流，是为一切开辟道路、为一切绘制轨道的那条道路的分流。一切皆道路。[1]

我们的演讲正在通向诗与思之近邻关系范围内的途中，要去展望一种在语言上取得经验的可能性。

同时，我们猜度说，我们所谓的近邻关系是这样一个处所，它许可我们去经验语言的情形。许可和允许我们做某事，也就是给我们一种可能性，一个使……有可能的东西。如此理解的可能性，一种使……有可能的东西，其意不同于单纯的机会，并且多于单纯的机会。

第三个演讲意在特别地把我们带向一种可能性，也就是使我
188 们能够在语言上取得一种经验。为此不光需要我们保持在我们已经踏上的在诗与思之近邻关系范围内的道路上。我们必须在这种近邻关系中四下环顾，看看它是否以及如何显示出某种改变我们与语言的关系的东西。但是，就那条把我们带入使有可能者之中的道路而言，我们已经说过，它仅只把我们引向我们已经在的地方。这里的“仅只”并不表示某种限制，而是指示着这条道路的纯粹质朴性。道路让我们通达与我们相关的东西那里，我们已经逗留于这个与我们相关的东西的范围中了。于是人们会问：为什么还有一条通向那里的道路呢？答曰：因为我们在我们已经在的地方，而这一番在的方式很特别——我们同时也不在那里，原因就在于我们本身还没有适当地获得那与我们的本质相关的东西。让我

① 原文为：Alles ist Weg，或译：一切皆道、道即一切。——译注

们通达我们已经在的地方的那条道路需要一种远远领先的护送，这是不同于任何其他道路的。这种护送包含于我们在第一个演讲快结束时匆匆指出的那个引导词中。我们还没有解说这个引导词的路标作用。我们也根本作不了这种解说。因为第二个演讲想必已经首先特别地向我们指出了一个地带，这个地带包含着那条由先行召唤着的引导词来护送的道路。这个地带显示在诗与思的近邻关系中。近邻关系意味着：居于切近中。诗与思乃是道说的方式。而那个把诗与思共同带入近邻关系中的切近（Nähe），我们称之为道说（Sage）。我们猜度，语言之本质就在道说中。道说（sagen），在古代斯堪的纳维亚语中叫 sagan，意思就是显示（zeigen），即：让显现（erscheinen lassen），既澄明着又遮蔽着之际开放亦即端呈出我们所谓的世界。澄明着和掩蔽着之际把世界端呈出来，这乃是道说的本质存在。那个有关在诗与思之近邻关系范围内的道路的引导词包含着一种指示，我们要听从这种指示而通达诗与思的近邻关系由之得到规定的那个切近之中。

这个引导词就是： 189

语言的本质：

本质的语言。①

这个引导词给出关于语言本质（Sprachwesen）的原始消息。现在，我们要尝试更为清晰地倾听这一原始消息，使之变得更具有暗示作用，从而为我们暗示出那条道路，那条让我们通达那个已经

① 参看本文第一节（即第一个演讲）结尾部分。——译注

与我们相关的东西的道路。

语言的本质:本质的语言。

两个短语被一个冒号分开,一个短语是另一个短语的颠倒。如果整个句子是一个引导词,那么这个冒号必定指示出,冒号前的内容是在冒号后的内容中公开出来的。在整个引导词中发生着一种开启和暗示,这种开启和暗示指向我们根据第一个短语而没有在第二个短语中猜度到的东西;因为第二个短语绝不仅仅是对第一个短语的单纯词序上的变换。如果是这样,那么,不但冒号两边的词语“本质”和“语言”说的不是相同的东西,而且短语的形式也是各不相同的。

一种在语法观念(也即逻辑和形而上学观念)视界内的解说可以使我们稍稍接近事情本身,尽管这种解说绝不能达到那个引导词所命名的事情真相。

在冒号前的短语“语言的本质”中,语言是主词,其存在有待规定。自柏拉图以来,某物之所是,τὸτίἐστιν,即什么存在(Was-sein),就包含着人们通常称之为“本质”(Wesen)即某物的 essentia [本质]的那个东西。如此这般被理解的本质,在人们后来所谓
190 的概念或观念中得到了界定;借助于概念或观念,我们便获得和把捉到某物是什么。大体看来,冒号之前的这个短语意思就是说:一旦我们进入可以说由冒号开启出来的东西之中,我们便把握了语言是什么。而冒号开启出来的即是本质的语言。在“本质的语言”这个短语中,“本质”充当着为语言所具有的主词作用。但“本质”

一词现在不再意指某物是什么了。我们把"本质"解作一个动词，如同"在场着"和"不在场着"的"本质现身"。[①] 动词"本质现身"(wesen)意谓"持续"(währen)、"逗留"(weilen)。但"它本质现身"[②]这个短语的意思要多于单纯的"它持续和延续"。"它本质现身"意味着：它在场，在持续之际关涉我们，并且为我们开辟道路。这样来看，本质所命名的就是持续者，就是在一切事物中关涉我们的东西，因为它为一切开辟道路。因此，引导词中的第二个短语"本质的语言"就表示：语言归属于这一本质现身者，是那个为一切开辟道路的东西所特有的，因为后者乃是一切事物的最本己特性。为一切开辟道路者通过说话来开辟道路。[③] 不过，依然模糊不清的事情是，我们应如何去思这个本质现身者；尤为模糊不清的事情是，这个本质现身者如何说话；最为模糊不清的事情是：什么叫说话(sprechen)。这乃是我们关于语言之本质的沉思的关键所在。但我们的沉思已经行进在一条特定的道路中了，也即说，已经行进在诗与思之近邻关系中了。在这条道路上，上面的引导词给我们一个暗示，但没有给出答案。但这个暗示能向何方暗示？它仅仅暗示出规定着诗与思之近邻关系的那个东西。近邻，亦即在切近中居住，是从切近处获得其规定性的。然而，诗与思乃是道说的方式，而且是道说的突出方式。如果道说的这两种方式由于它们的

① 此处"在场着"(anwesend)、"不在场着"(abwesend)和"本质现身"(wesend)均为分词形式。海德格尔在此把名词 Wesen(本质)解作动词 wesen。我们姑且把 wesen 译为"本质现身"，或也可译为"本现"。——译注

② 原文为：Es west。其中的"它"(Es)为大写。下句出现的"它在场"(Es west an)中的"它"亦然。——译注

③ 此句原文为：Das All-Bewëgende be-wëgt，indem es spricht。——译注

切近而应该是相邻的，那么，切近本身必定以道说的方式运作。这样，切近与道说或许就是同一者。要求思想去思这样一回事情，未免是一种恶劣的苛求。其恶劣之处不可缓免。

倘若我们终于能够成功地达到上面这个引导词所暗示的地
191 方，我们也就到了这样一个地步，即：有可能从我们所熟悉的语言那里取得一种经验了。所以，事关宏旨的是，我们要遵循前面所说明的引导词给我们的暗示的指引。我们现在可以把这个引导词改写为：

作为语言而关涉于我们的东西是从作为为一切开辟道路者的道说那里获得其规定性的。一个暗示离开一方而向另一方来进行暗示。这个引导词离开关于语言的通行观念而向作为道说的语言的经验来进行暗示。

暗示以多种方式进行暗示。一个暗示能够如此简单而又完满地把它所暗示的东西暗示出来，以至于我们可以毫不含糊地纵身于其中。但一个暗示也可能这样来暗示，即：它首先并且久久地把我们引向可疑的东西，它离开那里来暗示，反而仅仅让它所暗示的东西被猜度为值得思的东西——对这个值得思的东西来说还缺乏适恰的思考方式。我们的引导词所给出的暗示就是这种暗示。因为语言之本质是通过如此多样的规定性而为我们所熟悉的，以至于我们很难摆脱这些规定性的纠缠。而另一方面，这种摆脱容不得任何暴力，因为传统始终是富于真理的。因此之故，我们理当首先对我们通常的语言观念有所思索；即便只作一种粗略的思索，但终究也是对两种道说方式即诗与思的近邻关系所暗示出来的那个东西的先行洞察了，亦即对作为切近的道说（die Nähe als die

Sage）的先行洞察了。如若我们径直把语言当作某个在场之物来加以表象，那么，语言就表现为说话活动，语言器官即嘴、唇、舌的活动。在说话活动中，语言显示自身为一个在人那里出现的现象。长期以来，语言就是由此而来被经验、表象和规定的；西方语言给予自身的那些名称——γλῶσσα，lingua，langue，language 等[①]——就证实了这一点。语言是舌头。谈论圣灵降临奇迹的《使徒行传》第二章的第 3—4 行写道：

> καὶ ὤφθησαν αὐτοῖς διαμεριζόμεναι γλῶσσαι ὡς εἰ πυρός … 192
> καὶ ἤρξαντο λαλεῖν ἑτέραις γλώσσαις.[②]

拉丁文《圣经》的译文如下：Et apparuerunt illis dispertitae linguae tamquam ignis … et coeperunt loqui variis linguis。路德的译文如下："又有舌头向他们显现出来，分开来，犹如火焰……他们就开始用别的舌头传道"。但这里并没有把他们的说话当作单纯的舌之能力，而是认为这种说话充满着 πνεῦμα ἅγιον，即神圣的气息。在这里所指出的圣经语言观之前，希腊人早就对语言本质做了描绘，这种描绘在亚里士多德那里获得了决定性的表述。λόγος［逻各斯］，即陈述，是根据有声的说话现象而得到表象的。亚

---

① 依次为希腊文、拉丁文、法文和英文的"语言"。——译注

② 通行中译文作："又有舌头如火焰显现出来，分开落在他们各人头上。他们就……按着圣灵所赐的口才说起别国的话来。"参看《新约·旧约全书》，中译本，南京1994年。——译注

里士多德有一篇文章，后来被冠以 περὶ ἑρμηνείας［论解释］之名，即 de interpretatione，《解释篇》；在这篇文章开头，亚里士多德写道：

> 有声的表达（声音）是心灵的体验的符号，而文字则是声音的符号。而且，正如文字在所有的人那里并不相同，说话的声音对所有人来说也是不同的。但它们（声音和文字）首先是符号，这对所有的人来说都是心灵的相同体验，而且，与这些体验相应的表现的内容，对一切人来说也是相同的。①

亚里士多德这几句话构成了一个经典的段落，它让我们看到了作为有声表达的语言所具有的结构：字母乃是声音的符号，声音乃是心灵的体验的符号，心灵的体验乃是事物的符号。符号关系构成了这个结构的支柱。可是，如果我们不作更准确的规定就泛泛谈论符号，谈论某个标志着另一个事物、并且在某种程度上显示出另一个事物的东西，那么，我们上面所做的概括就未免太粗野
193 了。尽管亚里士多德明确地使用了 σημεῖα 即符号这个词，但同时，他也谈到 σύμβολα［相互保持者］和 ὁμοιώματα［相应者］。

这里事关宏旨的是，我们要从根本上看清符号关系的整个结构，因为这个结构尽管变化多端，但对后世的所有语言研究来说始终是决定性的。

---

① 在本书最后一篇文章"走向语言之途"中，海德格尔对亚里士多德这段话的翻译有所不同，此处译为"符号"（Zeichen）的，在那里均被译作"显示"（Zeigen）。——译注

人们根据有声表达意义上的说话活动来表象语言。但这种表象难道不是没有触及到那种无论何时对任何语言来说都是可证实的和本质性的内涵吗？确实如此。我们也绝不可以为，我们是想把作为一种肉体现象的有声表达贬为语言中的纯粹感性因素，以便把人们所谓的所说之含义内涵和意义内涵抬高为精神因素，即语言的精神。亟待思索的事情是，在上述种种对结构的表象方式中，语言的肉身因素，亦即语言的声音特征和文字特征，是否得到了充分的经验？单单把声音与生理学所表象的肉体挂起钩来，并且把它归入形而上学所说的感性领域，这是否就够了呢？诚然，我们可以在生理学上把表达和声音解释为音响的产生过程。但悬而未决的问题是，说话活动中的声音和音调的本性是否因此就被经验到了，并且被收入我们的眼帘中了。人们倒是指出了语言中的旋律和节奏，从而指出了歌唱与语言的血脉关系。但愿不会有这样一种危险，即：同样也从生理学和物理学的视界出发，也就是以最广义的技术-计算方式，来表象旋律和节奏。这样做固然也能获得许多正确的东西，但大约绝不能获得本质性的东西。发声、鸣响、回音、萦绕和震颤，凡此种种，同样都是语言的固有特性，正如语言之所说是具有某种意义的。但我们对这一特性的经验还是十分笨拙的，因为到处都有形而上学的—技术的说明方式在横行作祟，使得我们不能对事情作出恰当的沉思。就连这样一个简单的事情，即我们把因地而异的说话方式称为方言这样一回事情，也几乎未曾得到过思索。方言的差异并不单单，而且并不首先在于语 194
言器官的运动方式的不同。在方言中各个不同地说话的是地方，

也就是大地。[1] 而口不光是在某个被表象为有机体的身体上的一个器官，倒是身体和口都归属于大地的涌动和生长——我们终有一死的人就成长于这大地的涌动和生长中，我们从大地那里获得了我们的根基的稳靠性。当然，如果我们失去了大地，我们也就失去了根基。

在颂歌《日耳曼尼亚》第五节中，荷尔德林让宙斯的鹰向"神最宁静的女儿"说：

因为你梦想，在中午离别之际，
隐秘地，让我留给你一个信物，
留下口之花朵，任你寂寞地说。
而你，有福的人哪，沿着河流，
也赠送大量金子般的话，它们
不息地流入所有地带之中。

语言是口之花朵。在语言中，大地向着天空之花绽放花蕾。哀歌《乡间行》第一节唱道：

因此我甚至盼望，当我们开始心有所愿，
我们的舌头刚刚启动，
词语已被寻获，心灵已开放，

① 在字面上，德语中"方言"(Mundarten)一词由"口"(Mund)和"方式"(Arten)两词合成，可见"口"(即语言器官)的重要性。但海德格尔认为，方言中起决定作用的是"地方"(Landschaft)和"大地"(Erde)。——译注

从狂醉的额头涌出崇高的沉思，
于是天空的花朵才吐艳，恰如我们的花朵，
闪亮的天空才向我们的眼睛敞开。

参照我在这三个演讲中所作的尝试，亲身去沉思荷尔德林的
这些诗句，以便最终能够洞察到语言之本质如何作为道说，作为那 195
个为一切开辟道路的东西公布自身——凡此种种，必须由在座诸位自己去完成了。只有**一个**词语，即这位诗人关于词语所说的一个词语，是我们不可忽视的；在此我们必须适当地去倾听这一个词语赖以说话的那些诗句的聚集。

那些诗句见于哀歌《面包和美酒》第五节的结尾处：

人就是这样；假如财富就在当前，如同一个神
亲自用礼物照料着他，他却浑然不觉。
他首先必得承受；但现在他命名他的无上珍宝，
现在，为此就必然生成词语，犹如花朵开放。

为了深思这些诗句，我们大有必要思索一下荷尔德林本人在这段诗的另一个稿本中所写的诗句——尽管那是要求我们作一种更为深入沉思的诗句：

关于这种到达的词语却长久而沉重
瞬间是白色的（明亮的）。天国诸神的奴仆们
却精通大地，他们迈向深渊的步履

更有年轻的人性，但在深处却已然苍老。

（参看《全集》，海林格拉特编，第四卷第2册，附录，第322页）

又是词语在地带中显现，这个地带决定大地和天空成其为世界地带（Weltgegenden），因为它使大地和天空，深处的涌动和高远的力量相互遭遇。又是：“词语，犹如花朵”。

倘若我们想把荷尔德林在“词语，犹如花朵”这个短语中所作的命名当作一个比喻，那么，我们就依然置身于形而上学之中。

哥特弗里德·伯恩在其异乎寻常的演讲《抒情诗问题》（1951年，第16页）中说：“这个‘犹如’始终是幻景中的一道裂痕，它引证、比较，但不是一个原初的设定……”，它是“语言张力的松懈，是
196 创造性转换的削弱”。伯恩这一解释固然普遍地适合于大大小小的诗人们，但它并不适合于荷尔德林的道说。伯恩也还只是把荷尔德林的诗——尽管站在他的立场上是正确的——看做一种“植物标本”，一种对枯死植物的收集。

“词语，犹如花朵”——这不是什么“幻景中的一道裂痕”，而是唤醒最开阔的眼光；这里并没有“引证”什么，而是把词语隐藏到它的本质渊源之中。这里并不缺乏“原初的设定”，因为这是词语从其开端而来的产生；这里并非“创造性转换的削弱”，而倒是有一种能听之纯一性（Einfalt des Hörenkönnens）的柔和力量。人造卫星是“一种创造性转换”，但它不是诗歌。伯恩以自己的方式认识到他本身的归属。他承受了这一认识。这使得他的诗作有了分量。

如果把词语称为口之花朵或口之花，那么，我们就倾听到语言

之音的大地一般的涌现。从何处涌现出来？从道说中，从那种在其中发生着让世界显现这样一回事情的道说中。音(das Lauten)从鸣响(das Läuten)中发出，从那种召唤着的聚集中发出，这种对敞开者敞开的聚集让世界在物那里显现出来。这样，声音的发声者就不再单单被归为肉体器官方面的事情了。这就摆脱了对纯粹语言材料作生理学-物理学的说明的视界。语言的发声者，语言的大地因素(Erdige)，被扣留在调音之中，后者使世界构造的诸地带一齐游戏而相互协调。[①] 这样一种对说话(Sprechen)的发声者及其出自道说(Sagen)的渊源的揭示初听起来必然是模糊不清的，是令人诧异的。但它指向简单质朴的事情。一旦我们重新去留心我们如何无处不在通向各种道说方式之近邻关系的途中，我们就能洞察这些简单的事情。作为道说方式，诗与思本身一向是别具一

格的。诗与思的近邻关系绝不是两者从何分得的，仿佛两者在它 197
们的近邻关系之外也能够自为地成其所是似的。因此，我们必须在它们的近邻关系之中，并且根据这种近邻关系，亦即从规定着近邻关系本身的东西而来，去经验诗与思。可以说，近邻关系并不首先产生出切近，倒是切近居有着近邻关系。然则什么叫切近呢？

一旦我们试图沉思这个切近，我们就已经横下心来，要走上一条漫长的思想道路了。我们眼下所能做到的只是几步而已。这几步不是向前推进，而是返回，回到我们已经在的地方。这几步并不构成一个由此及彼的相继的序列——那顶多是一个表面的假象。

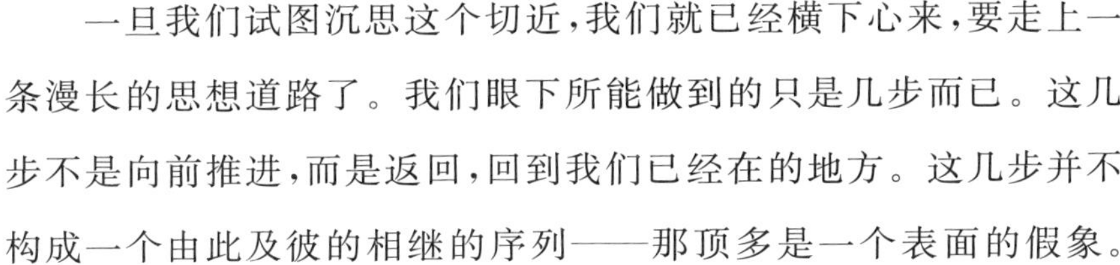

① 此句中的"调音"原文为 das Stimmen，"协调"原文为 einstimmen，两者的词根均为"声音"(Stimme)。——译注

而毋宁说，这几步顺应一种向同一者（das Selbe）的聚集，并且转回到这个同一者中。看起来像是一条节外生枝的弯路，实际上是一种进入，即进入那种规定着近邻关系的本真的开辟道路之中。这就是切近。

如果我们指出切近，那就有遥远显露出来。作为对象之距离的不同大小，切近和遥远处于某种对立之中。通过计算间距的长短，我们便测定出距离的大小。在此被测定的间距的尺度始终取自一种延展；根据这种延展，沿着这种延展，间距大小的测定数值被计算出来。通过把某物从另一物旁边拉过去，从而按照另一物来测量某物，这在希腊语中叫 παραμετρεῖν。我们根据那些延展，沿着那些延展，来测量作为距离的切迫和遥远；这些延展就是“现在”（Jetzt）的前后相继，亦即时间，以及各个位置的上下左右前后的相互并存，亦即空间。对于计算性表象思维来说，时间和空间表现为用于测量作为距离状态的切近和遥远的参数。但时间和空间不仅仅充当参数；在这一参数特性中，它们的本质即刻被耗尽了。这一参数特性的胚胎形式很早就呈现在西方思想中了；继之在现代进程中，这种特性通过西方思想而被固定为决定性的观念了。

198 即便最新的理论，亦即时空测量的最新方法，如相对论、量子理论和核物理学等，也丝毫没有改变时间和空间的参数特性。这些理论也不可能引起这样一种改变。倘若它们能引起这种改变，那么，现代科学的整个结构就一定会分崩离析。今天还谈不上出现这种情形的可能性。一切都与此背道而驰，特别是那种对物理世界的数学理论公式的追逐，表明还不会出现上述情形。可是，推动这种追逐的动力并不就来自研究者的个人热情。研究者的本性本身是现代思想面临的挑战所驱迫的产物。所谓“物理学与责任”——这个提法当然是好的，对今日之困境来说是重要的。但它始终是一本复式簿记，之后隐藏着一个缺口；无论是科学还是伦理都不能弥合这个缺口——如果它毕竟可弥合的话。

然而，这一切与语言的本质又有何干系呢？我们今天对此不能一一予以思量了。当然，眼下我们已经可以猜度少许——着眼于那种把切近和遥远当作时间和空间参数中的间距测量的确定系统。

在此使我们心神不宁的是什么？就是这样一回事情：我们以上述方式不能经验到那种包含着近邻关系的切近。倘若我们可以对切近和近邻状态作参量式的表象，那么，一秒和一毫米的百万分之一这般大小的距离就必定会是一种近邻关系的最近的切近了，比较而言，一米和一分钟的距离就是最大的遥远了。尽管如此，我们还是坚持认为，任何一种近邻关系都包含着某种时空上的相互关联。两座孤立的农家院落——只要还有此种院落——遥遥相隔，人们由此及彼需要在田野上步行一小时之久，却可能是最美好的近邻；相反，城里的两户人家，兴许在同一条
街上相对而立，甚至毗连在一起，却可能根本不识近邻关系为 199
何。由此可见，近邻之切近并不是以时空关系为根据的。也即说，切近之本质在空间和时间之外，是无赖于空间和时间的。然而，得出此种看法恐怕太过匆忙了。我们只能说：在近邻关系中起作用的切近是无赖于那种被视为参数的空间和时间的。但假如空间和时间确实存在，它们是其他某种东西吗？空间和时间的参数特性遮挡了近邻之切近，其原因何在？假如空间和时间

两个参数能够为近邻之切近提供尺度，从而带来切近，那么，它们必定就在自身中包含了标志出近邻状态的东西，即：相互面对(das Gegen-einander-über)。我们往往把“相互面对”单单设想为人与人之间的关系。我们这几个演讲甚至把“相互面对”限制在作为道说方式的诗与思的近邻关系上。我们这里所做的是不是一种限制，抑或是一种释放，眼下暂且不论。但“相互面对”有着深远的渊源，它源起于那种辽远之境，在那里，天、地、神、人得以彼此通达。诗人歌德和莫里克喜欢使用“相互面对”这个短语，而且不光是对人，对于世界之物也如此这般使用。在起支配作用的“相互面对”中，一切东西都是彼此敞开的，都在其自行遮蔽中敞开；[①]于是一方向另一方展开自身，一方把自身托与另一方，从而一切都保持其本身；一方胜过另一方而为后者的照管者、守护者，作为掩蔽者守护另一方。

为了如此这般来经验事物的相互面对，我们必须首先摆脱计算性的表象思维方式。这是毫无疑问的。为四个世界地带之近邻状态开辟道路，让它们相互通达并且把它们保持在它们的辽远之境的切近中的东西，乃是切近本身。切近为“相互面对”开辟道路。
200 着眼于它的这一开辟道路，我们把切近称为“**近**”。[②] 这个词似乎是生造出来的，但在可解悟的运思经验中，它却生发于事情本身；它很可能就像“荒野”一词之出于“野性的”，“比喻”一词之出于“相

① 相互信赖的遥远(die einander zugetrauten Fernen)。——作者边注

② 此处“切近”原文为Nähe，“近”原文为die Nahnis。后者系海德格尔根据形容词nahe(近、靠近、亲密等)改造而得，日常德语中无此词。英译本译之为nighness。——译注

同的”。[1] 切近之本质现身并非距离，而是世界四重整体诸地带的“相互面对”的开辟道路。[2] 这种开辟道路就是作为近的切近（die Nähe als die Nahnis）。它始终是不可接近的，当我们“对于”它有所谈论时，[3]它离我们最远。而作为参数的空间和时间既不能带来切近，也不能测量切近。为何不能呢？在作为参数时间因素的“现在”序列的前后相继中，一个“现在”从未面对另一个“现在”而敞开。实际上，我们甚至不能说，在“现在”之相继序列中，后继的“现在”与先行的“现在”是相互锁闭的。因为就连这种锁闭也还是“相互面对”中的面向或背弃之方式。而这种“相互面对”本身却被排除在时间的参数概念之外了。

空间诸要素的情形亦然；任何种类的数，那些在时空上被计算的过程意义上的运动，也是如此。我们把参数以及根据参数测量出来的东西不间断的和连续的序列表象为连续统一体。这种连续统一体如此明确地排除了它的各个要素的“相互面对”，以至于即便在我们发现间断的地方，那些断片也绝不能进入一种“相互面对”之中。

尽管作为参数的空间和时间在它们的延展范围内不容许它们各个因素的“相互面对”，但恰恰是作为适合于一切表象、生产和订

---

① 德语中与“荒野”（Wildnis）相应的形容词是“野性的”（wild），与“比喻”（Gleichnis）相应的形容词是“相同的”（gleich），均由形容词加后缀-nis构成。上句中的Nahnis之于形容词nahe亦然。——译注

② 此句原文为：die Be-wëgung des Gegen-einander-über der Gegenden des Weltgeviertes。其中“开辟道路”为名词的Be-wëgung。——译注

③ 此处“对于”为介词über。海德格尔认为“对于、关于……的谈论”是一种凌驾于……之上的对象性的谈论方式。——译注

造活动之参数的空间和时间的统治地位，也即作为现代技术世界之参数的空间和时间的统治地位，以一种不可思议的方式侵犯切近之运作，即世界地带的近(Nahnis)。当人们把一切都置入被计算的距离之际，恰恰就有那种无距离的东西由于每个事物无度的
201 可计算性而蔓延开来，而且是以对世界地带的邻近的切近加以拒绝这样一种形态蔓延开来的。在无距离状态中，一切都是均等的，一切都变得无关痛痒，而这是由于某种专注于对大地整体的单一计算性的持存保障的意志。因此之故，围绕对大地的统治地位的斗争现在已经进入决定性阶段了。那种保障着对大地的统治地位的全力促逼(Herausforderung)，只不过是由于它在大地之外占有了一个对大地的总体控制的最终位置。然而，围绕这一位置的斗争却是一种普遍换算，即把一切东西之间的所有关联普遍地换算为可计算的无距离状态。这乃是对四个世界地带之"相互面对"的蹂躏(Ver-Wüstung)，是对切近的拒绝。现在，在这场围绕对大地的统治地位的斗争中，空间和时间却达到了它们作为参数的极端统治地位。然而，它们的权能之所以能够获得释放，仅仅是因为空间和时间已然是、依然是那种不同于久已为人所知的参数的东西。参数特性阻遮着空间和时间的本质。首要地，它遮蔽着时空之本质与切近之本质的关系。这些关系是如此简单质朴，一切计算性思维都无以达到这些关系。但这些关系获得显示之际，我们惯常的表象却总是拒不接受这一洞见。

关于时间可以说：时间时间化。[①]

① "时间时间化"原文为：die Zeit zeitigt，或可译为"时间到时"。——译注

关于空间可以说：空间空间化。[1]

通常的表象思维会对此种说法勃然动怒，这是情有可原的。因为为了理解此种说法，我们需要对所谓的同一性（*Identität*）作一番运思的经验。

时间时间化。"时间化而到时"[2]意味着：让成熟、让涌现。时间化而到时者就是涌现着—涌现者。[3] 时间让什么时间化而到时呢？答曰：相同到时者，[4]亦即以那同一统一的方式在时间时间中涌现出来的东西。而那是什么呢？我们早已知道它，只是没有从时间化而到时方面来思索它。时间的相同到时者乃是：曾在、在场和当前——这个等待着我们去照面的当前，我们通常称之为将来。[5] 时间在时间化而到时之际使我们出神，把我们摄入它三重的相同到时者之中，因为时间为我们带来相同到时者在那里自行开启的东西， 202
即曾在、在场和当前的统一性。有所出神和带来之际（entrückend-zubringend），时间为相同到时者为之设置空间（einräumt）的那个东西开辟道路，那就是：时间-空间（Zeit-Raum）。时间本身[6]在其本

---

① "空间空间化"原文为：der Raum räumt。——译注

② 在日常德语中，zeitigen 意为"产生、导致、成熟"。我们在此勉强把它译为"时间化而到时"。——译注

③ 此句原文为：Das Zeitige ist das Aufgehend-Aufgegangene。——译注

④ 原文为：das Gleich-Zeitige。显然不是日常德语里的"同时"（gleichzeitig）。——译注

⑤ 此处"曾在"（Gewesenheit）、"在场"（Anwesenheit）和"当前"（Gegen-Wart）——即"将来"（Zukunft）——有点怪异，在前期海德格尔哲学中，我们看到的是"曾在"、"当前"和"将来"的时间三维。海德格尔在此把"当前"书作 Gegen-Wart，以突出其中的"等待"（Wart）之义。——译注

⑥ 大道（Ereignis）。——作者边注

质整体中并不运动，而是寂静地宁息着。

同样，对于空间我们也可以说：空间为地方（Ortschaft）和诸位置（Orte）设置空间，把它们开放出来，并且同时使一切事物释放到地方和位置中去，把相同到时者接纳为时间-空间。空间本身在其本质整体中并不运动，而是寂静地宁息着。时间的出神和带来，空间的设置空间、承纳和释放——这一切共同归属于同一者，[①]即寂静之游戏（das Spiel der Stille）。对于这个东西，我们在此不能作更多的思索了。那始终把时间和空间聚集在它们的本质中的同一者，我们可以把它叫做时间-游戏-空间（Zeit-Spiel-Raum）。时间-游戏-空间的同一东西（das Selbige）在时间化而到时和设置空间之际为四个世界地带的“相互面对”开辟道路，这四个世界地带就是：大地与天空、神与人——世界游戏。[②]

为世界四重整体中的“相互面对”开辟道路的过程居有着切近，是（*ist*）作为近的切近。这种开辟道路（Be-wëgung）本身可以被叫做寂静之大道（das Ereignis der Stille）吗？

可是，我们上文所指出的还是对语言之本质的道说吗？当然是的，甚至就是在我们这三个演讲所做的努力的意义上，即：要把我们带到一种可能性面前，以便在语言上取得一种经验，从而使我们与语言的关系在将来成为值得思的东西。

我们已经到达这样一种可能性面前了吗？

在先行的解说中，我们已经规定了道说。道说意谓：显示、让

① 此处“同一者”（das Selbe）不同于前面的“同一性”（Identität）。——译注

② 关于“世界游戏”（das Weltspiel）的思想，特别可参看海德格尔：“筑·居·思”、“物”等文，载《演讲与论文集》，美因法兰克福 2000 年，第 145 页以下。——译注

显现、既澄明着又遮蔽着把世界呈示出来。现在，切近便自行显示为那种使世界诸地带“相互面对”的开辟道路。

一种可能性出现了，我们得以洞明作为语言之本质的道说(Sage)如何回转到切近之本质中。凭着从容的审慎，我们才可能洞识切近与道说作为语言的本质现身如何是同一者。于是，语言 203
就绝不单纯是人的一种能力。语言之本质属于那种使四个世界地带“相互面对”的开辟道路的运动的最本己的东西。

一种可能性出现了，我们得以在语言上取得一种经验，才进入那个冲翻我们的东西之中，也即进入那个改变我们与语言的关系的东西之中。何以如此呢？

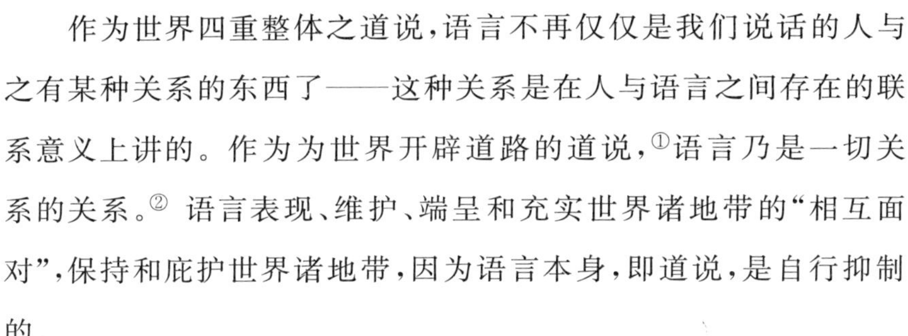

作为世界四重整体之道说，语言不再仅仅是我们说话的人与之有某种关系的东西了——这种关系是在人与语言之间存在的联系意义上讲的。作为为世界开辟道路的道说，[1]语言乃是一切关系的关系。[2] 语言表现、维护、端呈和充实世界诸地带的“相互面对”，保持和庇护世界诸地带，因为语言本身，即道说，是自行抑制的。

如此这般自行抑制之际，作为世界四重整体的道说，语言关涉我们；而我们作为终有一死者就是这个四重整体之一部分，我们之所以能说话，无非是因为我们应合语言。

终有一死者乃是那些能够经验死亡本身的人们。动物做不到这一点。而动物也不能说话。死亡与语言之间的本质关系闪现出

① 有所用的本己之道说(Sage der brauchenden Eignis)。——作者边注

② 语言借助于什么(是)关系(Ver-hältnis)？——作者边注

来，但还是未经思索的。然而，它却能向我们暗示出，语言之本质如何去向自身而关涉我们，并且因此寓于自身而与我们发生关系，如果死亡与那个关涉我们的东西共属一体的话。假定那个把四个世界地带保持在它们的“相互面对”状态的统一切近中的开辟道路者植根于道说，那么，也只有道说才赋予我们用“存在”（ist）这个细微的词语所命名的东西以及如此这般跟随道说而说的东西。道说把“存在”发放到被澄明的自由之境以及它的可思性的庇护之所之中。

作为世界四重整体的开辟道路者，道说把一切聚集入相互面对之切近中，而且是无声无阒地，就像时间时间化、空间空间化那样寂静，就像时间—游戏—空间开展游戏那样寂静。

204 道说作为这种无声地召唤着的聚集而为世界关系开辟道路。这种无声地召唤着的聚集，我们把它命名为寂静之音（das Geläut der Stille）。它就是：本质的语言。

在与斯蒂芬·格奥尔格诗歌的近邻关系中，我们曾听到如下道说：

> 词语破碎处，无物可存在。

我们已经看到，这首诗作中留下某种值得思的东西，那就是：什么叫“一物**存在**”。同样值得我们思的是那种因为并不缺失而宣露出来的词语与“存在”（ist）的关系。

于是，在与诗意词语的近邻关系中有所运思之际，我们就可以猜度说：

词语崩解处，一个“存在”出现。[①]

在这里，“崩解”意味着：宣露出来的词语返回到无声之中，返回到它由之获得允诺的地方中去，也就是返回到寂静之音中去——作为道说，寂静之音为世界四重整体诸地带开辟道路，而让诸地带进入它们的切近之中。

这种词语之崩解乃是返回到思想之道路的真正步伐。

① 原文为：Ein “ist” ergibt sich，wo das Wort zerbricht。在日常德语中，“崩解”(zerbrechen)的含义为“破碎、打碎”，似与原诗作中的“破碎”(gebricht)并无区别。——译注

205

词　　语

207 从我们眼下的位置出发，让我们来思量一下荷尔德林在其哀歌《**面包与美酒**》中提出的问题（第六节）：

为什么连它们也沉默，那古老神圣的戏剧？
为什么现在没有圣洁的舞蹈欢乐陶陶？

词语，那一度是词语的词语，已经对诸神从前的显现位置隐瞒起来了。词语曾经是怎样的呢？在道说本身中发生了神之临近。道说本就是让道说者所洞见到的东西显现出来，因为它先已看到了道说者。这样一种看把道说者和倾听者带入人与神之间的争执的无限亲密性之中了。可是，那依然凌驾于诸神和人类之上的东西完全支配着这种争执，就像安提戈涅所说的那样：

οὐ γάρ τί μοι Ζεὺς ἦν, ὁ κηρύξας τάδε,

（第 450 行）

给我送来音信的并非宙斯，

（而是其他东西，那指引着的风俗。）[1]

οὐ γάρ τι νῦν γε κἀχθές, ἀλλ' ἀεί ποτε

ζῆ ταῦτα, κοὐδεὶς οἶδεν ἐξ ὅτου 'φάνη.

（第 456—457 行）

不只是今朝明日，而是时时不断地，
它（ὁ νόμος，即指引着的风俗）涌现出来，
无人看到它由之而来得以显露的地方。

此种诗意词语始终是一个谜团，它的道说久已归于缄默了。我们胆敢去思索这个谜团吗？如果我们能通过诗作本身让词语的谜 208 215
团向我们道说，我们就已经尽力而为了——眼下且听这样一首诗：

词　语

我把遥远的奇迹或梦想
带到我的疆域边缘

期待着远古女神降临

---

① 此处"风俗"（Brauch，或译"习惯"，也有"使用"、"用法"之义）是海德格尔对希腊文 ὁ νόμος 的翻译。——译注

在她的渊源深处发现名称——
我于是把它掌握，严密而结实
穿越整个边界，万物欣荣生辉……

一度幸运的漫游，我达到她的领地
带着一颗宝石，它丰富而细腻

她久久地掂量，然后向我昭示：
"如此，在渊源深处一无所有"。

那宝石因此逸离我的双手
我的疆域再没有把宝藏赢获……

我于是哀伤地学会了弃绝：
词语破碎处，无物可存在。

这首诗最早发表在《艺术杂志》1919年第11、12期上。后来到1928年，格奥尔格把它收入自己生前出版的最后一部名为《新王国》的诗集中。这是一首两行诗，共七节。最后一节不仅结束了全诗，同时又开启了这首诗。这一点明显表现在，光是该诗的最后一句就特别道说了标题的内涵——"词语"。最后一句诗是：

词语破碎处，无物可存在。

我们曾尝试把这最后一句诗改变为下面这样一个陈述句：词 209
语破碎处，无物存在。[①] 某物破碎处，就有一个裂口，一种损害。对某事物造成损害意味着：从这个事物那里取某个东西，使它缺失某个东西。破碎意味着：缺失。词语缺失处，无物存在。唯有我们能支配的词语才赋予物以存在（Sein）。

能够赋予物以存在的词语是什么呢？

需要词语才能存在的物又是什么呢？

在此什么叫存在？——那就像一种由于词语才被奉献给物的赋赠那样显现出来的存在？

问题加问题。在对这首诗的最初倾听和阅读中，这些问题并没有立即触动我们的沉思。我们更多地为前面六节诗所陶醉，因为这六节诗描绘了这位诗人独特的隐蔽经验。但最后那节诗更令人困惑不解。它把我们驱入不安的思索之中。唯从这最后一节诗中，我们才倾听到按标题来看整首诗的诗意内涵，即：词语。

对诗人来说，还有什么比他与词语的关系更激动人心和更危险的呢？几乎没有了。这种关系首先是由诗人创造的吗？或者，词语从自身而来为自身就需要作诗，以至于只是由于这种需要，诗人才成为他所能是的东西？这一切以及别的一些事情还有待思索，令我们深思。可是，我们还是迟疑于这种深思。因为它眼下仅只依据整首诗中的单独一句诗。再者，我们还把这最后一句诗改

---

① 原文为：Kein Ding ist，wo das Wort gebricht。这里海德格尔把原诗句“词语破碎处，无物可存在”（Kein ding sei wo wort gebricht）中的虚拟式（命令式）“sei”（可存在）改写为直陈式“ist”（存在）了。参看作者在前文“语言的本质”中更详细的讨论。——译注

变为一个陈述句了。当然，我们并不是完全任意地作这种改变的。而毋宁说，一旦我们发觉，最后这节诗的第一行是以冒号结尾的，我们就差不多不得不作这种改变了。这个冒号唤起一种期待，让人以为接着要陈述些什么。第五节的情形亦然。第五节结尾处同样也有一个冒号：

210 她久久地掂量，然后向我昭示：
“如此，在渊源深处一无所有”。

这个冒号开启出某些东西。在语法上看，接着的句子用的是直陈式：“如此，在渊源深处一无所有”。此处，远古女神所讲的话被加上了引号。

最后一节诗有所不同。在这里，这节诗的前一行虽然也以冒号结尾，但冒号后面的句子却没有用直陈式，也没有加引号。那么，第五节诗与最后一节诗的区别何在呢？在第五节诗中，远古女神有所昭示。昭示乃是一种陈述，一种开启。与之相反，最后一节诗的语调则集中在“弃绝”一词上。

“弃绝”不是一种陈述，但也许终究也是一种道说。“弃绝”是从动词“宽宥”派生而来的。“指责”、“责令”与“显示”一词相同一，[①]后者也就是希腊文的 δείκνυμι，拉丁文的 dicere。“指责”、“显

① 海德格尔在此发掘了动词“弃绝”(verzichten)与“宽宥”(verzeihen)的词根联系，以及与此相应的“指责”(zeihen)、“责令”(zichten)与“显示”(zeigen)等词语的同根性，即“道说”之义。——译注

示”意味着：让看、使……显露出来。而这一显示着的让看就是我们古德语中的 sagan，即道说（sagen）的意思。“指责、责令某人”意味着：当面向某人道说某事。因此，在宽宥、弃绝中贯穿着一种道说。何以见得呢？“弃绝”意味着：放弃对某事的要求，拒绝某事。因为弃绝乃道说的一种方式，所以在字面上它可以采用一个冒号。但冒号后面的句子用不着是一个陈述句。“弃绝”一词后的冒号并没有开启出在一个陈述或者论断意义上的什么东西。而毋宁说，冒号把弃绝展开为一种道说，一种对它所参与的东西的道说。它参与什么呢？也许是参与弃绝所弃绝的东西。

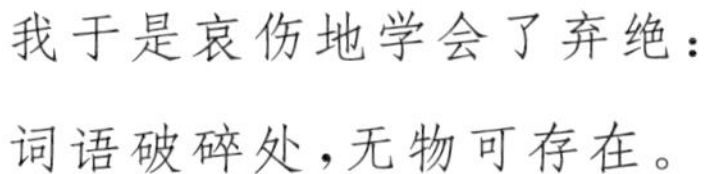

我于是哀伤地学会了弃绝：

词语破碎处，无物可存在。

但这是怎么回事呢？诗人弃绝了“词语破碎处，无物可存在” 211
这回事情吗？绝对不是的。诗人根本没有抛弃这里所说的事情，实际上倒是赞同它的。所以，冒号所开启的弃绝的那个维度不可能道说诗人所弃绝的东西，而必定是道说诗人所参与的那个东西的。但弃绝无疑意味着：拒绝什么东西。因此，最后这行诗必定是道说诗人所拒绝的东西。是，又不是。

我们该如何思这一点？最后一节诗愈来愈令我们深思，并且要求我们在整体上更为清晰地倾听它——整节诗通过结束全诗同时又开启了全诗。

我于是哀伤地学会了弃绝：

词语破碎处，无物可存在。

诗人学会了弃绝。学会意味着：成为知道的。在拉丁语中，知道就是 qui vidit；某人看到了某个东西，洞见了某个东西，某人永远不再忽视他所见的东西，他就有所知道了。学会意味着：获得这样一种洞见。学会也意味着：我们去达到这样一种洞见，也即在途中，在行进中。“上路去经验”意思就是：学会。[①]

诗人在何种行进中达到他的弃绝？行者的行进引导他穿越何种疆域？诗人是怎样经验到弃绝的呢？最后一节诗给出指示：

我于是哀伤地学会了弃绝：

究竟是怎样学会的呢？就像前面六节诗所说的那样。在前面六节诗中，诗人谈到他的疆域，谈到他的漫游：

一度幸运的漫游，我达到她的领地。

212 这里所谓“一度”取其古老意义，意思即“曾经”。在此意义上，它表明突出的一次，一次无与伦比的经历。因此，对这次经历的道说是以“一度”突兀而起的；不待如此，它同时还鲜明地与以往的经历区别开来，因为此前第三节诗的最后一行是以省略号结束的。

① 此处“上路去经验”原文为：sich in das Er-fahren schicken。海德格尔蓄意把其中的“经验”书作 Er-fahren，以突出它与上句的“行进”（Fahrt）的联系。——译注

第六节的最后一行也是这样。所以，向最后第七节诗汇聚的前面六节以清晰的符号划分为两个段落，每个段落为三节。

前三节诗所说的诗人的漫游不同于中间三节诗所说的那次唯一的漫游。为了能够沉思诗人的漫游，特别是那次让诗人经验到弃绝的无与伦比的漫游，我们必须首先思考一下诗人的经验所属的背景。

在第一节的第二行和第六节的第二行中，也就是在两个段落的开始和结尾中，诗人两次说到“我的疆域”。诗人的疆域乃是他的作诗的可靠领域。他的作诗所要求的是名称。什么东西的名称呢？

诗的第一行给出了答案：

我把遥远的奇迹或梦想

是从遥远的地方带给诗人的令人惊奇的东西的名称，或者，是在梦中寻访诗人的那个东西的名称。对诗人来说，这两者绝对都是诗人真正关心的存在者。但诗人并不想为自己保存这种存在者，而是想把它描绘、表现出来。为此就需要名称。名称就是词语，它们使已经存在的东西和被认为是存在者的东西变得如此具体而严密，以至于万物从此欣荣生辉，疆域内到处充溢着美丽。名称乃是具有描绘作用的词语。它们把已经存在的东西传送给表象性思
维。凭着它们的描绘力量，名称证实了自身对于物的决定性的支 213
配地位。诗人本就是根据名称的要求来作诗的。为了获得名称，诗人必须首先通过漫游才抵达他的要求获得应有实现的地方。这发生在诗人的疆域的边缘。边缘形成界限；它阻挡、限制和界定诗

人的可靠逗留。诗人的疆域边缘——抑或这个边缘本身？——是渊源，是远古女神亦即古老的命运女神从中取得名称的源泉。凭着这些名称，远古女神给诗人以那些词语——它们是诗人满怀希望并且充满自信地期待着的，是对诗人所认为的存在者的描绘。诗人对他的道说的支配地位的要求得到实现了。他的诗作的欣荣生辉成为现实。诗人对他的词语是如此确信，仿佛他完全掌握着他的词语。第一个诗段的最后一节是以一个明确的“于是”开始的：

我于是把它掌握，严密而结实
穿越整个边界，万物欣荣生辉……

让我们充分留意一下这节诗的第二行相对于第一行的动词时态变换。[①] 第二行的动词用现在时。诗歌特征的支配地位已经完成。它已经达到其目标而功德圆满了。没有任何缺憾和疑惑来干扰诗人的自我确信。

直到诗人遭受到一次完全不同的经历。诗人在第二个诗段中道出了这番经历。第二个诗段的结构与第一个诗段十分吻合。吻合的标志是两个诗段的最后一节各以“于是”和“因此”开始。[②] 在“于是”之前，第二节结尾有一个破折号。同样地，在“因此”前面也有一个符号，即第五节的引号。

---

① 这两行诗的原文为：Darauf konnt ichs greifen dicht und stark / Nun blüht und glänzt es durch die mark…。第一行用过去时，第二行则用了现在时。——译注

② 此处“于是”(Drauf)与“因此”(Worauf)同义。——译注

在诗人无与伦比的漫游中，他不再把“遥远的奇迹或梦想”带
到他的疆域边缘。在一场名副其实的漫游之后，诗人带着一颗宝 214
石来到命运女神的渊源处。宝石的来源不得而知。诗人径自把它握在手中。放在诗人手中的东西既不是梦想，也不是从遥远的地方带来的东西。但这令人惊讶的贵重宝石是“既丰富又细腻的”。因此，命运女神必须久久地为宝石寻找名称，最后以如下答复打发了诗人：

“如此，在渊源深处一无所有”

隐藏在源泉深处的名称被看做某种沉睡的东西，只是为了描绘物而使用它时，才需要把它唤醒。名称和词语仿佛是一种固定的贮备，它与物配合，事后为了描绘才被提供给物。可是这一源泉却不再赠与什么——而迄今为止，诗人的道说都是从这个源泉中汲取其用来描绘存在者的词语亦即名称的。

诗人获得了何种经验呢？只是获悉他手中的宝石的名称付诸阙如吗？只是获悉尽管现在宝石必定缺乏名称，但好歹还在诗人的掌握中吗？不。这里发生了别的令人诧异的事情。但令人诧异的既不是名称之付诸阙如，也不是宝石之逸离。令人诧异的事情是：**随着**词语的付诸阙如，宝石消失了。也就是说，是词语才首先把宝石保持在其在场中，甚至才首先把宝石取和带到其在场中，并且把它保存在那里。词语突兀而起显示出一种不同的、更高的支配作用。它不再仅仅是具有命名作用的对已经被表象出来的在场者的把捉，不只是用来描绘眼前之物的工具。相反，唯词语才赋予

在场，即存在——在其中，某物才显现为存在者。

诗人突然洞明词语的这一不同凡响的支配作用。而同时，具
215 有这种作用的词语却付诸阙如。因此宝石才逸离了。但在这里，宝石绝对不是化为虚无了。它依然是一个宝藏，尽管诗人再也不能把它握在手中了。

那宝石因此逸离我的双手
我的疆域再没有把宝藏赢获……

我们可以如此这般地发挥，设想诗人向着命运女神之渊源的漫游到此已经结束了吗？也许可以。因为通过这种新的经验，诗人洞见了词语的另一种支配作用，尽管是以隐蔽的方式洞见到的。这种经验把诗人和他以往的作诗活动带向何方？诗人不得不放弃那种要求，即确信他之所需将得到满足，那个表示他所设立的真实存在者的名称将为他提供出来。现在，这种设立和那种要求是诗人所必须拒绝的。诗人必须弃绝这样一回事情，即：把词语当作描绘被设立的存在者的词语而置于他的支配之下。**作为**拒绝，弃绝乃是一种道说。这种道说自行道说：

词语破碎处，无物可存在。

当我们解说前六节诗并且思索何种漫游让诗人经验到他的弃绝之际，弃绝本身也已经向我们有了些许透露。些许而已。因为在这首诗中，有许多东西还是模糊不清的，特别是那块其名称被遮

掩了的宝石。因此，连诗人也不能说这块宝石是什么。我们就愈加不能放胆对此作一种猜度，除非诗本身给我们一个暗示。诗本身是给出了暗示。如果我们能聚神倾听，我们就能察觉到它。为此，我们只需去思考现在必定最令我们陷入沉思的那个东西。

对诗人的词语经验的洞察，也即对诗人所学会的弃绝的洞察，驱使我们提出如下问题：何以诗人在学会了弃绝之后不能弃绝道 216
说？为什么诗人偏要道说这种弃绝？为什么诗人竟至于要作一首题为《**词语**》的诗呢？答曰：因为这种弃绝乃是一种真正的弃绝，并不是对道说的彻底回绝，从而也不是干脆暗哑沉寂了。作为拒绝，弃绝始终是一种道说。弃绝因此保持着与词语的关系。但由于词语已经在另一种更高的支配作用中显示自身，所以，与词语的关系也必须经历一次转变。道说进入另一种音节分划，另一种 μέλος［曲调、音调］，另一种音调中。这首道说弃绝的诗本身就表明，诗人的弃绝是在上述意义上——通过对弃绝的吟唱——被经验到的。因为这首诗乃是一支歌。它是诗人格奥尔格生前出版的最后一部诗集的最后一部分中的一首。这最后一部分的标题就是《歌》，并且篇首有如下题词：

我还要思忖的，我还要适应的，
我还要热爱的，有着同样的面貌。

思忖着、适应着、热爱着，道说就是：一种宁静而充沛的服从，一种喜气洋洋的敬仰，一种赞美，一种颂扬，即：laudare［赞扬、赞美］。Laudes 是歌的拉丁文名称。把歌道说出来就是吟唱（singen)。歌唱(Gesang)就是把道说聚集到歌中。如果我们没有领悟作为道说的歌唱的崇高意义,那么,歌唱就难免成为事后对人们所说所写的东西的谱曲。

凭着《歌》,凭着在《歌》这个标题下汇集起来的后期诗作,这位诗人终于走出了他自己的早期圈子。诗人何往?去往他学会的弃绝。这种学会乃是一种突兀的瞬间经历,那当儿诗人洞明了词语的完全不同的支配作用,动摇了诗人从前的道说的自我确信。诗人洞明了意外的、骇人听闻的事情,那就是:唯有词语才让一物成其为物。

217 从此以后,诗人必须应和于词语的这一神秘——这一几乎没有猜度到的、只有在沉思默想中才可猜度的神秘。唯当诗意的词语以歌的音调发声,诗人的这种应和才能成功。我们可以在诗人的一首歌中特别清晰地听到这种音调。这首歌无标题,最初发表在他最后一部诗集的最后一部分中(《新王国》,第 137 页):

沉思的日子里
在最宁静的平和中
突发一道目光
意外的惊恐
扰动安全的心灵

宛若坚固的树枝
傲然耸立
纹丝不动

而晚来一场风暴
使它彻底弯曲：

宛若大海
以尖利的呼啸
和狂野的撞击
一次次冲刷
那早已被遗弃的贝壳。

这首歌的节奏是多么美妙又多么清晰。稍作解说即可挑明其节奏。节奏，即 ῥυσμός，并不意味着流和流动，而是意味着安排(Fügung)。节奏是安排歌舞活动并因此使之安然自足的那个安宁者。节奏赋予安宁。在上面这首歌中，如果我们留意到有一支赋格曲在三节诗中以三种形态向我们歌唱——安全的心灵和突发的目光，树枝和风暴，大海和贝壳，那么，这首歌的安排就显示出来了。

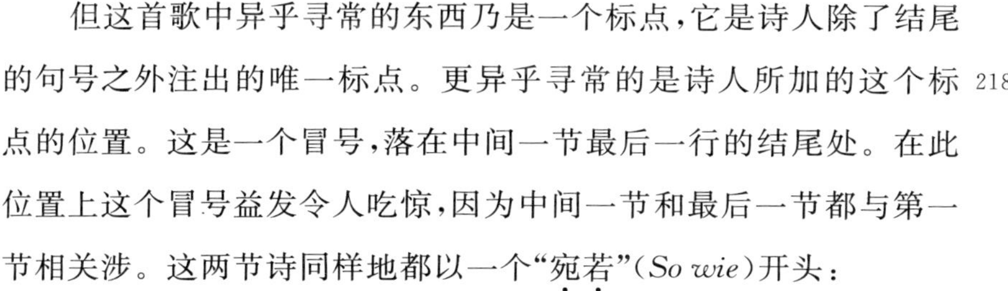

但这首歌中异乎寻常的东西乃是一个标点，它是诗人除了结尾的句号之外注出的唯一标点。更异乎寻常的是诗人所加的这个标 218
点的位置。这是一个冒号，落在中间一节最后一行的结尾处。在此位置上这个冒号益发令人吃惊，因为中间一节和最后一节都与第一节相关涉。这两节诗同样地都以一个“**宛若**”(*So wie*)开头：

宛若坚固的树枝
傲然耸立

以及：

宛若大海
以尖利的呼啸

看起来，这两节诗的前后次序似乎有着相同的排列。但其实并非如此。中间第二节结尾处的冒号使下面最后一节明显地回溯到第一节，因为这个冒号把第二节纳入第一节的提示中。第一节说的是其安全被扰乱的诗人。光是“意外的惊恐”并没有毁灭诗人。但诗人彻底地向这种惊恐屈服了，宛若枝枝之于风暴，诗人从而得以向具有开启作用的冒号之后的第三节诗的咏唱保持敞开。大海一次次地以它的神秘莫测的声音撞击诗人的耳朵——即所谓“那早已被遗弃的贝壳”；因为迄今为止，诗人始终没有完全获得词语之支配作用。倒是为命运女神所要求的名称培育了诗人的专横宣告的自我确信。

诗人所学会的弃绝并非对一种要求的彻底拒绝，而是把道说转换为对那种不可名状的道说的回响[①]——一种几乎隐蔽地鸣响的、歌一般的回响。现在，我们或许能更好地思索《词语》的最后一节诗了，从而让它本身作为整首诗的聚集点来说话。如果我们哪怕只是偶尔成功地做到这一点，我们就能趁机更清晰地倾听这首
219 诗的标题——《**词语**》，并且搞清楚最后一节诗不仅结束了全诗，也

① 此处前一个“道说”为动名词 das Sagen，后一个“道说”为名词 die Sage。——译注

不仅启发了这首诗，而且同时还锁闭了词语的神秘。

我于是哀伤地学会了弃绝：

词语破碎处，无物可存在。

最后这节诗以弃绝的方式道说词语。弃绝本身就是一种道说：自身拒绝……（das Sich-versagen…），亦即向自身拒绝对某物的要求。如此看来，弃绝就含有某种否定特征："无物"就是没有一物；"词语破碎"就是词语是不可支配的。按规则而言，双重否定得出一个肯定。弃绝道出：只有在词语获得允诺之处，一物才存在。弃绝以肯定方式说话。彻底的拒绝非但不能涵盖弃绝的本质，根本上，它甚至并不含有弃绝的本质。虽然弃绝有否定的一面，但同时也有积极的一面。然而，这一面那一面的说法在这里是大伤脑筋的。这种说法把肯定与否定等量齐观，从而掩盖了真正地在弃绝中起作用的道说。这是我们首先要思索的。不待如此，我们还必须思索最后一节诗所指的是何种弃绝。弃绝的方式是独一无二的，因为它并非相关于对无论何物的何种占有。作为自身拒绝，亦即作为一种道说，弃绝关涉于词语本身。弃绝把那种与词语的关系带动起来，带向那个关涉于每一种道说之为道说的东西。我们猜度，在这一自身拒绝中，那种与词语的关系赢获了一种近乎"过度的亲密性"。最后一节诗的神秘特质令我们吃惊。我们也并不想解开这个谜团，而只是想读懂这个谜团，把我们的沉思集中到这个谜团上。

首先让我们来思考作为"自身拒绝某物"（Sich-etwas-versa-

gen)的弃绝。从语法上讲，“自身”(sich)是第三格，指的是诗人。这位诗人所拒绝的东西处于第四格。这乃是对词语的表象性支配地位的要求。这当儿，这种弃绝的另一个特征显露出来了。弃绝
220 把自身允诺给那首先让一物成其为一物的词语的更高支配作用。词语决定物成为物。我们可以把词语的这样一种支配作用命名为造化(Bedingnis)。这个古老的词语已经在我们的语言用法中消失了。歌德还知道这个词。但在我们眼下的语境中，“造化”一词的意思全然不同于人们所说的“条件”——歌德也还是把 Bedingnis 理解为条件的。[①] 条件乃是某个存在者的存在根据。条件设立原因、建立根据。条件满足根据律。可是，词语并不为物设立原因。词语让物作为物而在场。这样一种让(Lassen)就是造化。诗人并没有说明这种造化是什么。但诗人把自己，亦即把他的道说，允诺给词语的这一神秘。在这种自身允诺中，弃绝者自身拒绝了他从前所意图的要求。这种自身拒绝的意思已经改变了。“自身”(sich)不再是第三格而是第四格了，要求不再是第四格而是处于第三格中。“向自身拒绝要求”这个短语转变为“向要求拒绝自身”；[②]在这一语法意义的转变中隐含着诗人本身的转变。诗人已

① 海德格尔在此开发出一个德文古词 Bedingnis，以此传达词与物的关系，即词语“让”物成其为物，“决定”(be-dingt)物成其为物。我们把 Bedingnis 意译为“造化”。正如海德格尔下文接着指出的，在这个意义上的“造化”(Bedingnis)不同于“条件”(Bedingung)，尽管歌德把两者作等同的使用。——译注

② 这两个短语译成中文十分别扭，需要细心领会。第一个短语，即“向自身拒绝要求”(sich den Anspruch versagen)是对“要求”的拒绝，说明诗人拒绝了以前与词语的关系，对词语的“要求”；第二个短语，即“向要求拒绝自身”(sich dem Anspruch versagen)是对自己的拒绝——其实就是对“要求”(不同于前一个“要求”)的不拒绝，即对词语之神秘的不拒绝。——译注

经让自身，也即他以后还有可能的道说，来直面词语的神秘，直面在词语中的物的造化。

然而，即便在这一转变了的自身拒绝中，弃绝的否定特性也还占着上风。但越来越清楚的是，诗人的弃绝绝不是一种否定，而是一种肯定。自身拒绝看起来不过是回绝和取消，其实却是一种自身不拒绝：向词语之神秘自身不拒绝。这种自身不拒绝只能以下述方式说话，即它说："它可存在"。从此以后，词语就可以是：物之造化。这一"可存在"让……存在，让词与物的关系真正地**存在**(*ist*)并且如何存在——无词便无物存在。[①] 在"它可存在"中，弃绝向自身允诺这一"存在"。因此，为了使这一"存在"显露出来，无

需把最后一行诗改变为一个陈述句。"可存在"隐蔽地，从而更纯 221
粹地，把"存在"呈示给我们了。

词语破碎处，无物可存在。

在这种自身不拒绝中，弃绝作为那种完全归功于词语之神秘的道说向其本身道出。在自身不拒绝中，弃绝是一种自身归功。其中有弃绝之居所。弃绝是归功，因而是一种谢恩。[②] 弃绝既不是彻底的回绝，更不是一种损失。

但何以诗人有哀伤的心情呢？

---

① 按照海德格尔之见，这里的"可存在"(sei)为"是"(sein)命令式，是"让存在"，即词语"令"物存在；而其中的"存在"(ist)现在时直陈式。——译注

② 此处"归功"(Verdank)与"谢恩"(Dank)有着词根联系。——译注

我于是哀伤地学会了弃绝：

是弃绝使诗人哀伤吗？或者，唯当诗人学会弃绝之际，哀伤才侵袭了他？就后一情形而言，一旦诗人从事作为归功的弃绝，那种刚刚压在他心头的哀伤又会烟消云散了；因为作为谢恩的自身归功具有欢乐的基调。我们在另一首歌中听到了这种欢乐的基调。这首诗歌也没有标题。但它包含着一个如此异乎寻常的、独一无二的标志，以至于我们必得根据它与《**词语**》一诗的内在亲缘关系来倾听这首歌（《新王国》，第125页）。这首歌如下：

何种大胆轻松的步伐
漫游在祖母的童话园
那最独特的王国？

吹奏者银铃般的号角
把何种唤醒的呼声
逐入道说的沉睡丛林？

何种隐秘的气息
弥漫在灵魂之中
那刚刚消逝的忧郁的气息？

222 除了诗句开头的那些词语，斯蒂芬·格奥尔格习惯于把所有的词都作小写。[①] 可是，在上面这首诗中却有唯一的一个大写词语，它几乎就在这首诗的中心位置，在第二节的结尾处。这个大写的词语就是道说（*Sage*）。诗人本可以把这个词选作标题，以便暗示：作为童话园的传说，道说给出关于词语之渊源的消息。

第一节吟唱那穿越道说领域的漫游的步伐。第二节吟唱那唤醒道说的呼声。第三节吟唱那弥漫在灵魂中的气息。步伐（即道路）、呼声和气息萦绕在词语之支配作用周围。词语之神秘不仅扰动了先前安全可靠的灵魂，同时也褫夺了灵魂的忧郁，那驱使灵魂下降的忧郁。于是，哀伤就从诗人与词语的关系那里消失了。这种哀伤仅只牵涉于诗人对弃绝的学会。倘若哀伤是欢乐的单纯的对立面，倘若忧郁与哀伤是同一回事情，则情形就如上述。

然而，欢乐愈是炽热，潜伏在欢乐中的哀伤也愈是纯粹。哀伤愈深刻，哀伤深处的欢乐也愈具有号召力。哀伤与欢乐交融而游戏。此种游戏本身就是痛苦（*Schmerz*）；它让远趋近而让近趋远，从而使哀伤与欢乐交融协调起来。因此，至高的欢乐与至深的哀伤都是痛苦的，各具自己的方式而已。但痛苦如此这般地触动终有一死者的灵魂，结果，灵魂从痛苦中获得了它的重量。尽管在他们的本质之宁静中有种种动荡，终有一死者却保持着这种重量。应和于痛苦的灵魂，被痛苦所协调并且以痛苦为基调的灵魂，就是忧郁。忧郁能够压倒灵魂，但也能够失去重负，把它的“神秘气息”弥漫在灵魂中，赋予灵魂以装饰的珠宝——它用那种与词语的珍贵关系来装饰灵魂，并在这种装饰中把灵魂保护起来。

① 在标准德语中，所有的名词都以大写字母开头。——译注

223 这也许就是我们刚刚听到的那首诗的第三节所思的事情了。随着那刚刚消逝的忧郁的神秘气息，哀伤渗透了弃绝本身；因为如果我们根据它最本己的重量来思这种弃绝的话，我们就会看到：弃绝包含着哀伤。所谓弃绝的最本己的重量，就是对词语之神秘——即词语乃是物之造化——的自身不拒绝。

作为神秘，词语始终是遥远的。作为被洞悉的神秘，遥远是切近的。此种切近之遥远的分解（Austrag）乃是对词语之神秘的自身不拒绝。对这种神秘来说缺失的是词语，也就是那种能够把语言之本质带向语言的道说。

诗人之疆域从未赢获的那个宝藏乃是表示语言之本质的词语。词语被突然洞见到的支配作用和逗留，词语的本质现身，想要进入其本己的词语之中。可是，表示词语之本质的词语却没有得到允诺。

那么，倘若唯独这一表示语言之本质现身的词语是那块宝石，它由于在诗人手中而十分切近于诗人，尽管逸离了，但作为逸离了的和从未赢获的东西却始终是在最近之切近中的最遥远者，那么，情形又会如何呢？由于这一最近之切近，宝石便神秘地与诗人相亲熟，否则诗人就不能对宝石唱道：“丰富而细腻”。

“**丰富**”（*reich*）意谓：能够允诺、能够提供、能够让获得和让得到。但词语的本质丰富性乃是：它在道说中，亦即在显示中，使物之为物显露出来。

“**细腻**”（*zart*）的意思按古老的动词 zarton 来看就如同：亲熟的、令人高兴、爱护。爱护是一种提供和释放，但它不带意志和暴力，没有欲好和统治。

丰富而细腻的宝石乃是词语的隐蔽本质(此处"本质"作动词用),它不可见地道说着,并且已经在未被说出的东西中把物之为物呈示给我们了。

就弃绝已经向词语之神秘允诺自身而言,诗人通过弃绝而把 224
宝石保持在思念(Andenken)。以此方式,宝石便成为作为一个道说者的诗人所特别偏爱、特别崇敬的东西。宝石便成为诗人真正值得思的东西。因为对道说者来说,还能有什么比词语自行遮掩的本质,即那隐而不露的表示词语的词语,更值得思的呢?

如果我们把这首作为歌的诗与那些相近的歌协调起来加以倾听,那么,我们就能通过诗人并且与诗人一道,让诗歌特征中值得思的东西向我们道说了。

让这个值得思的东西向我们道说,这意味着——思想。

我们通过倾听诗歌来思索作诗。以这样一种方式存在:作诗与思想。[①]

诗与思——这初看起来就像关于某个论题的标题——显示为我们的命运性此在自古以来就被镌刻其上的丰碑。这个丰碑记载着诗与思的相互归属。诗与思的会面渊源深远。当我们回首思入此种渊源,我们就能直面那古老的从未能获得充分思索的值得思的东西。诗人突然洞见的东西,诗人没有对之拒绝自身的东西,就是这同一个值得思的东西。诗人如是道出:

> 词语破碎处,无物可存在。

---

① "作诗与思想"(Dichten und Denken)又译:"诗与思"。——译注

词语之支配作用突现为使物成为物的造化。词语于是作为那种把在场者带入其在场的聚集而熠熠生辉。

表示如此这般思得的词语之支配作用的最古老词语，亦即表示道说(das Sagen)的最古老词语，叫做 Λόγος[逻各斯]，即：显示着让存在者在其“**它存在**”(*es ist*)中显现出来的道说(die Sage)。

另一方面，表示**道说**的同一个词语 Λόγος[逻各斯]，也就是表示**存在**即在场者之在场的词语。道说与存在，词与物，以一种隐蔽的、几乎未曾被思考的、并且终究不可思议的方式相互归属。

225 一切本质性的道说都返回去倾听道说与存在、词与物的这种隐蔽的相互归属关系。诗与思，两者都是一种别具一格的道说，因为它们始终被委诸作为其最值得思的东西的词语之神秘，并且因此一向被嵌入它们的亲缘关系中了。

为了能以恰当的方式来瞻前顾后地思一思这一值得思的东西，如其向诗允诺自身那样，我们就要把这里所说的一切都付诸遗忘。我们要倾听诗歌。以歌的方式咏唱的诗歌愈是简单质朴，我们就可能愈容易在倾听中听错了——有鉴于这样一种可能性，我们现在将变得更加深思熟虑。

走向语言之途[①] 227

首先让我们来听听诺瓦利斯的一句话。这话写在他的《独白》 229
一文中。《独白》这个题目就指点着语言的奥秘：语言独自与自身说。文中有一个句子写道："语言仅仅关切于自身，[②]这正是语言的特性，却无人知晓。"

如若我们把本演讲要讲的内容理解为一系列关于语言的陈述，那么，它就还停留于未经证实的、不能科学地加以证明的各种论断的链条上。与之相反，如若我们从那种与道路相涉的事情出发来经验(Erfahren)[③]通向语言之路，那么，或许就可能唤起一种猜度：从此以后，语言便让我们感到诧异，我们与语言的关系就表明自身为这种关-系(Ver-Hältnis)。[④]

通向语言之路——乍听起来，似乎语言离我们遥远得很，仿佛

---

① 为何不是诸道路中的"一条"呢？这个演讲试图让人体察并且命名语言的固有特性——召唤人们进入不显眼者的可疑问性中（一种隐瞒的不显眼者，它的丰富性）。——作者边注

② 反思(Reflexion)？——作者边注

③ eundo assequi［行驶、行进］行驶、行进、上路、护送、让通达，通过这种东西来经验——在这种东西中行驶——特地通达。——作者边注

④ 关-系（Ver-Hältnis）：用（Brauch）与大道（Ereignis）相互归属的地方（Ortschaft）。——作者边注

我们需得踏上一条道路才能抵达语言。到底是否需要一条通向语言之路呢？有一种陈旧的看法认为，人本身就是会说话的动物，从而是具有语言的动物。而且，说话能力远不是人的其他能力可以与之比肩的一种能力。说话能力标志着人之为人的特性。这个标志包含着人之本质的轮廓。倘若没有语言能力，倘若人不能每时每地就每个事物说话——以各种方式，并且更多的时候是无所道出地以“它是”(*es ist*)的方式说话——，那么，人就不会成其为人
230 了。只要语言有诸如此类的作用，人就基于(beruht)①语言(Sprache)②之中。

这么说来，我们首先就在语言中并且寓于语言了。③ 无需有一条通向语言之路。而且，只要我们已经在这条道路要达到的地方，那么，这条通向语言之路便是不可能的。但我们果真在那里吗？我们在语言中，因而通过倾听和感知语言的本己要素(das Eigene)④来了解语言的本质，思考语言之为语言吗？我们毫不费力地已经盘桓在语言之邻了吗？或者，通向语言之为语言的道路是我们所能设想的最宽广的道路吗？一旦我们尝试直面语言的本己要素来沉思语言，那么，这条道路就不只是最宽广的道路，而是充斥着来自语言本身的障碍的道路——是这样吗？

---

① 内置于自行遮蔽着的庇护之澄明中。——作者边注

② 一切语言的语言：“是”(Ist)(及物的)——道说——不论在何种声音中或者甚至无声地在这样一种惊讶中——究竟人是(及物的)语言抑或语言是人。——作者边注

③ 这里“在……中”和“寓于……”意味着什么呢？——作者边注

④ 语言的本己要素？语言在本己(Eignis)中就是这种关-系(Ver-Hältnis)——作为寂静之音的关-系。——作者边注

在此我们要斗胆一试某种异乎寻常的事情，并用以下方式把它表达出来：**把作为语言的语言带向语言**。[①] 这听来就像一个公式了。它将为我们充当通向语言之路的引线。这个公式三次使用了“语言”一词，每次所说的既是不同的东西但又是同一的东西。后者把那些从包含着语言之特性的统一体而来的分离因素保持在一起。无疑，这个公式首先指示着那个已经把我们本身摄入其中的关系网络。[②] 寻找一条通向语言之路的意图已经被纠缠到一种说话活动中了，这种说话恰恰要呈放出语言，以便把语言作为语言表象出来，并且把被表象的东西表达出来；而这同时也就表明，语 231
言本身已经把我们纠缠到这种说话之中了。

这个由道路公式所显示出来的关系网络标识着一个被先行规定了的领域。不光是我们这个系列演讲，而且整个语言科学，一切语言理论和语言哲学，一切思考语言的努力，都必然逗留在这个领域之中。

一个网络挤逼、限制并遮挡着人们对被交织在网络中的事物的直接透视。但同时，道路公式所标识的网络乃是语言本己的事情。因此我们不可无视于这个网络，虽然表面上看来，它把一切都挤逼得难解难分了。这一公式必然更能趋迫我们的思考，使得我们努力去解开这个网络（诚然不能彻底地把它消除），从而获得对由这个公式标识出来的各种关联（Bezüge）[③]所具有的敞开的共属

① 原文为：Die Sprache als die Sprache zur Sprache bringen。——译注

② “网络”（Geflecht）这个名词是糟糕的，但是：“循环”（Zirkel）就更糟糕了，褶皱（Gefalt）——折叠（falten）——通过弯曲集拢——“合拢双手”——但同时：**澄明着**嵌合起来的光（Gelicht）？——作者边注

③ 关-系（Ver-Hältnisse）。——作者边注

一体性的洞见。也许在网络中就贯穿着一条纽带，后者以某种始终令人诧异的方式把语言释放到它的固有特性中去。现在要紧的是，在语言之网络中经验这一具有释放作用的纽带。

有一个演讲把语言视为信息，同时也必然把信息思考为语言；[①]这个演讲把上述在自身中回复运动的关系称为循环，一个不可避免的、同时又是有意义的循环。循环乃是我们所说的网络[②]的特殊情形。循环具有某种意义，因为语言本身之循环的方向和方式是由语言中的某种运动所决定的。我们要参与到网络中去，从而从语言本身出发去经验这种运动的特性和范围。

232 如何能够做到这一点呢？通过不断地追踪道路公式所显示出来的东西：把作为语言的语言带向语言。

这里，语言本身愈是清晰地在其本己因素中显示自身，通向语言之路对语言本身来说便愈是意味深长，道路公式之意义的变化便愈是确凿显明。于是，这个道路公式就失去其公式特性，不知不觉地成为一种无声的调音，让我们听到语言的一点儿固有奥妙。

一

语言——人们以为它是一种说话，人们把说话看做人的活动，并且相信人有说话的能力。但说话并不是一项固定财产。由于惊

---

① 参见魏茨泽克在这个系列演讲中所作的题为“作为信息的语言”的报告。——原注

② 编织(flechten)——plectere συνπλοκή[编织]，折叠——褶皱(Gefalt)/单一性(Einfalt)。——作者边注

奇或者恐惧，人会突然失语。一个人无比惊奇，深为震动，这时，他便不再说话了——他沉默了。任何人都会由于一场变故而失语，这时，他不再说话，但也没有沉默，而只是喑哑无声。分音节的表达是一种说话，不论我们是在说话中做这种表达，还是在沉默中无所表达，或者在喑哑中无能于做这种表达。分音节的有声表达是一种说话。语言在说话中表现为说话器官的活动，即嘴、唇、口、舌、喉等器官的活动。自古以来，语言就是直接从这些器官现象出发得到表象的。西方语言本身为语言给出的名称就证实了这一点：希腊文的 γλῶσσα，拉丁文的 lingua，法文的 langue，英文的 language。语言是舌，是口之方式。[①]

在一篇后来被冠以 περὶ ἑρμηνείας、de interpretatione［论解释］即《解释篇》之名的文章的开头，亚里士多德说：

Ἔστι μέν οὐν τά ἐν τῆ φενῆ τῶν ἐν τῆ ψυχῆ παθημάτων
σύμβολα，καὶ τὰ γραφόμενα τῶν εν τῆ φωνῆ. καὶ ὥσπερ οὐδε
γράμματα πᾶσι τὰ αὐτά，οὐδὲ φωναὶ αἱ αὐταί. ὧν μέντοι ταῦτα 233
σημεῖα πρώτων，ταὐτὰ πᾶσι παθήματατῆς ψυχῆς，καὶ ὧν ταῦτα
ὁμοιώματα πράγματα ἤδη ταὐτά.

只有通过细心的解释，我们才能充分地翻译这段文字。这里

① 此处“口之方式”原文为 Mund-art。海德格尔把德文中的“方言”（Mundart）分写为 Mund-art，我们把它直译为“口之方式”。——译注

凑合着译出就足矣。亚里士多德说：

> “有声的表达是一种对心灵的体验的显示，而文字则是一种对声音的显示。而且，正如文字在所有的人那里并不相同，说话的声音对所有的人也是不同的。但它们（声音和文字）首先是一种显示，由此显示的是对所有人都相同的心灵的体验，而且，与这些体验相应的表现的内容，对一切人来说也是相同的”。

这个译文一概从显示出发，在让显现——这种让显现本身依据于解蔽（ἀλήθεια）之支配作用——意义上，来理解 σημεῖα（显示者）、σύμβολα（相互保持者）和 ὁμοιώματα（相应者）。但这个译文却忽视了上述显示方式的不同之处。

亚里士多德这段文字包含着一种明智清醒的道说，它揭示了那种始终掩蔽着作为说话的语言的经典结构。文字显示声音。声音显示心灵的体验。心灵的体验显示心灵所关涉的事情。

显示构成这个结构的支柱，支撑着这个结构。显示以多样的方式——或揭示着或掩蔽着——使某物得以闪现，让显现者获得审听、觉知，让被审听者得到审察（处置）。显示与它所显示者的关联，从未纯粹地从其本身及其来源方面得到阐明；这种关联嗣后转
234 变为约定俗成的符号与它所描述者之间的关系。在希腊文化的鼎盛时期，符号（Zeichen）是从显示（Zeigen）方面来经验的，是通过显示并且为显示而被创造出来的。而自泛希腊化（斯多亚派）时代以降，通过某种固定而形成了作为描述工具的符号；由此，对某个对象的表象便被调准和指向另一个对象了。描述（Bezeichnen）就

不再是让显现意义上的显示。符号从显示者到描述者的变化乃依据(beruht)[①]于真理之本质的转变。[②③]

自古希腊以降,存在者便一直都被经验为在场者。只要语言“存在”(ist),那么语言,即时时发生着的说话,就是一种在场者。人们从说话方面,着眼于分音节的声音和含义[④]的载体来表象语言。说话乃是一种人类活动。

尽管有这样那样的变化,这个在此仅作大体勾勒的语言观念,千百年来在欧洲思想中始终是一个基本的指导性观念。而这个发端于古代希腊、以多种途径被争得的语言观,在威廉姆·冯·洪堡的语言沉思中达到了极致,说到底就是在洪堡关于爪哇岛上的卡瓦语的著作的长篇导论中得到了淋漓的发挥。在洪堡去世后一年,他的弟弟亚历山大·冯·洪堡出版了这个导论的单行本,并加上了《**论人类语言结构的差异及其对人类精神发展的影响**》这样一个标题(柏林 1836 年)[⑤]。此后,在一片赞扬和 235 反对声中,该文或显或隐地规定了直到今天为止的整个语言科学和语言哲学。

① 依据于澄明本身以及在澄明中被使用的寓于……的逗留的遮蔽过程(“被遗忘状态”)。——作者边注

② 换种说法:未曾被思的’Αλήθεια(作为澄明)向正确性意义上的真理的**唯一**展开。——作者边注

③ 参看我的《柏拉图的真理学说》1947 年(最初发表在《精神遗产》第二卷,1942 年,第 96—124 页)。——原注

④ 意蕴(Be-deuten)——通过指向某物而关涉某物——切中——涉及指向——显示——指明。——作者边注

⑤ 下文所引根据瓦斯姆特编辑的突版重印本(1936 年)。——原注

本次系列演讲[①]的诸位听众，想必对洪堡的这部论著都作过一番深思。那是一本很难洞察的奇文，它的基本概念模糊得令人眩目，但又处处令人激动。想必大家对之记忆犹新。这似乎可以为我们大家保留一个共同的视界来洞察语言。但实际上并没有这样的共同视界。我们必须安于这种欠缺。只要我们不忘记这种欠缺就足矣。

在洪堡看来，“分音节的声音”乃是“一切说话的基础和本质……”（《论人类语言结构的差异……》，第10节，第65页）。在第8节第41页中，洪堡写下了几个句子，它们虽然常常被引用，但却很少得到思索，人们很少着眼于它们如何规定着洪堡走向语言的道路这一点来思考这些句子。这几个句子如下：

> “就其现实的本质来看，语言是某种持续地每时每刻都消逝着的东西。即使是文字对语言的记录也始终只是一种不完全的木乃伊式的保存，但这种保存却一再需要人们在那里寻求活生生的转化。语言本不是产品（*Ergon*），而是一种活动[②]（*Energeia*）。它的真正定义因此只能是一个发生学的定义。也就是说，语言乃是永远自身复现着的精神活动，它能够使分音节的声音[③]成为思想的表达。直接地和严

① 本文为1959年1月由巴伐利亚艺术协会和柏林艺术协会主办的《语言》系列演讲之一。——译注

② 何谓活动（Tätigkeit）？行为？＝设定（Setzen）；活动与行动。——作者边注

③ 分音节从何而来？——作者边注

格地看来，这是对任何一次说话（*Sprechen*）的定义；但在真
正的和本质性意义上，人们似乎也只能把这种说话的总体 236
当作语言了”。

洪堡在此表示，他是在说话中看到了语言的本质。他也已经道出了如此这般被看待的语言作为语言是什么吗？他是把说话当作语言带向语言吗？我们有意压下这个问题不答，而来关注以下情形：

洪堡把语言表象为某种特殊的“精神活动”。以此为指导，洪堡来追究语言显示为何，即追究语言是什么。这个什么一存在（Was-Sein）被人们称作本质。一旦我们就精神之语言效应方面来追踪和界定精神活动，那么，如此这般被把捉的本质就必然会更清晰地凸现出来。而精神，即便是洪堡意义上的精神，也还存活于其他活动和效应中。但是，如果语言是这些活动和效应中的一种，那么，说话就不是从其本己要素即从语言那里被经验的，而是被搁置到一个它者方面去了。这当儿，这个它者始终太重要了，以至于我们在一种对语言的沉思中是不能将其忽略掉的。当洪堡把语言理解为精神活动时，在他眼中是何种活动呢？第 8 节开头几个句子作了回答：

“我们不能把语言看做一种僵死的生产品，而应当视之为一种生产过程，不能仅仅注意到作为对象之描述和理解之中介的语言的作用，而应当更谨慎地回到语言的与内在精神活

> 动紧密交织在一起的本源和语言与这一本源的相互[1]影响上去”。

在这里，洪堡点出了他在第 11 节中所表达的、以他的概念语言总是难以确定的“内在语言形式”。由下面这个问题，我们就稍稍接近“内在语言形式”了：当我们根据其出于内在精神活动的渊
237 源来思考说话时，这种作为思想之表达的说话到底是什么呢？答案就在下面这个需要作一番特殊的探讨才能获得充分解释的句子中（第 20 节，第 205 页）：

> “如果在心灵中真正产生了这样一个感觉，即语言不只是用于相互理解的交流工具，而是一个真正的**世界**，这个世界必然是**精神**在自身与**对象**之间通过它的力量的内在活动而设定起来的，那么，语言就在真实的道路上，在语言中作愈来愈多的发现，把愈来愈多的东西置入语言中”。

照近代唯心论的学说看来，精神活动就是设定（das Setzen）。由于精神被理解为主体，从而在主体—客体图式中被表象，所以，这种设定（即 Thesis）必然是主体与其客体之间的综合。如此这般被设定的东西就给出一个关于对象整体的观点。主体力量所加工的东西，主体力量通过自身与对象之间的活动而设定起来的东

① 什么是“内在精神活动”与语言活动的“本源”之间“相互”影响的（交织）。——作者边注

西，洪堡称之为“世界”。在这种“世界观”中，人类获得了自身的表达。

然而，洪堡为何把语言当作世界和世界观收入眼帘呢？因为**他的**走向语言的道路与其说是由作为语言的语言规定的，而毋宁说是出于一种愿望，就是要在人类总体性中，同时又要在人类当下的各个个体性中，对人类的整个历史性精神发展作一种历史描绘。在1816年的自传片断中，洪堡写道：“在其个体性和总体性中理解世界，这恰恰就是我的愿望。”

而这样被建立起来的世界理解可以汲取不同的源泉，因为自
我表达的精神力量(Kraft)[①]是以多种方式活动的。洪堡把语言识
别和遴选为主要源泉之一。语言当然不是唯一的由人类主体性构
成的世界观形式，但语言的独特创造力必定赋予人类发展史以一 238
个特殊的尺度。现在，着眼于他走向语言的道路，洪堡那部论著的
标题的意思就更加清楚了。

洪堡论述“人类语言结构的差异”，而且是就“人类精神发展”受“语言影响”这一点来论述语言的。洪堡把语言当作在人类主体性中制定出来的世界观的**一种**方式和形式而带向语言。

带向何种语言呢？带向一系列陈述，它们是以洪堡那个时代的形而上学语言来说话的；而在这种形而上学语言中，莱布尼茨的哲学起着决定性的作用。这一点最明显地表现在，洪堡把语言本质规定为Energeia[活动]，但完全是以非希腊的方式在莱布尼茨

① 莱布尼茨？expressio[表达]＝repraesentatio[表象]。——作者边注

单子论意义上把 *Energeia*[活动]理解为主体的活动。① 洪堡走向语言的道路是以人为指向的，经由语言而导向另一个目标，即：探索和描绘人类精神之发展。

可是，由此角度来理解的语言之本质并没有同时也把语言本质显示出来：②语言作为语言而成其本质的方式，也即持存的方式，也就是在那个允诺语言入于语言之本己要素而成其本身的东西中聚集起来的方式。③

二

如果我们来沉思语言之为语言，我们就放弃了以往通行的语言研究方法。我们不再能寻求那些普遍性观念，诸如活动、行为、作用、精神力量、世界观、表达等；我们不再能在这些观念中把语言
239 处置为那种普遍性的一个特殊情形。通向语言之路要让我们经验作为语言的语言，而不是把语言说明为这个或那个东西，因而与语言失之交臂。在语言之本质中语言虽然被把捉了，但却是通过某个它者而被把捉为语言本身的。相反地，如果我们仅仅留意于作为语言的语言，那么，语言就要求我们首先道出那作为语言的语言所包含的一切。

---

① **力**——vis primitiva activa[原始作用力]。——作者边注

② 这里的“语言本质”(Sprachwesen)与“语言之本质”(das Wesen der Sprache)是两回事，前一个“本质”作动词解，而后一个“本质”是实体性的，是一个“什么”(Was)。海德格尔要思的是“语言本质”，即是语言之为语言如何“成其本质”(wesen)。——译注

③ 语言的固有特性。——作者边注

可是，一方面，我们要清理一下种种在语言本质中显示出来的东西；而另一方面，我们必须把眼光聚集到统一着相关之物的东西上，因为这个统一者允诺语言本质以其本己的统一性。

现在，通向语言之路试图更严格地遵循下列公式所标识的那条引线：把作为语言的语言带向语言。这就是要向语言的固有特性靠近。即使在这当儿，语言首先也显示为我们人的说话。现在我们要关心的只是在说话中起着决定作用的东西，总是已经并且按照同一尺度——不论它是否为人们所看到——起决定作用的东西。

说话者必然包含着说话，但说话者之于说话，并不纯然如原因之于结果。说话者倒是在说话中有其在场。说话者在场于何处呢？在说话者所与之说话的东西那里，在说话者所依寓而栖留的东西即总是已经与说话者相关涉的东西那里。按其方式而言，这就是他人和物，是使物成其为物和规定着他人的一切。所有这一切总是已经这样那样地被招呼，作为被招呼者而得到谈论和讨论了；它之被说，乃说话者彼此说话、共同说话、向自身说话。可是，被说者始终是多样的。它往往只是那种或转瞬即逝或者以某种方式获得保存的被表达出来的东西。被说者有可能消逝，但也可能早就被发出，成为被允诺的东西而授予人了。[①]

被说者以多种方式源自未被说者，无论后者是一个尚未被说 240
者，还是那个在对说话隐瞒起来的东西意义上必然未被说的东西。于是，这一以多重方式被说者就会落入一个假象中，似乎它是与说

① 存在之命运。——作者边注

话和说话者相分离而不属于说话和说话者的，而事实上，它倒是首先为说话和说话者端出它们所对待的东西，尽管它们持留于未被说者的被说出的东西中。[①]

在语言本质中显示出多样的因素和关联。这些因素和关联已经被一一列举出来，但没有被排列在一起。通过审核，也就是通过一种原始的清算——它不只是用数字作运算——，得出了有关某种共属一体性的消息。清算乃是一种描述，[②]它先行洞见共属一体中的统一者，但不能使之显露出来。

在此暴露出思想目光的无能，即无能于经验语言本质的起统一作用的统一体。这种无能源远流长。因此，这个起统一作用的统一体也始终未得命名。传统表示"语言"这个称号所意指的东西的名称，往往仅仅在语言本质所许诺的此一或彼一方面命名语言。

在此寻索的语言本质之统一体可以被叫做剖面。[③] 这个名称令我们更为清晰地去洞察语言本质的本己要素。图样与刻画是同一个词。我们往往只还知道贬义的"裂隙"，譬如墙上的裂隙。[④]但"划开和勾画田地"，这在今天的方言中也还有"开沟"的意思。沟垄开启田地，好让田地保藏种子，促发生长。剖-面（Auf-Riß）

① 此处"未被说者的被说出的东西"原文为：das Gesprochene des Ungesprochenen，或可译为"未被说者的被说者"。——译注

② 注意此处"清算"（Zählen）与"描述"（Erzählen）的词根联系。——译注

③ 原文为Aufriß，也有"正视图"、"剖面图"、"轮廓"等意思。下文的"图样"、"裂隙"（Riß）与Aufriß有直接的意义联系。——译注

④ 德语中Riß的通常意义是"断裂、裂隙、裂缝"，海德格尔在此强调它的"图样"、"平面图"之义，更强调其动词意义，即"刻画"、"划开"之义，如下句中的"划开和勾画田地"（Einen Acker auf-und umreißen）。——译注

是那种图画的整体面貌，此种图画完全嵌合了被开启的东西即语言的敞开领域。剖面是语言本质之图画，是某种显示之构造，在其中，说话者及其说话，被说者及其未被说者从被允诺的东西而来得到了嵌合。

可是，只要我们还没有特别地注意我们已经在何种意义上谈 241
论说话和被说者，那么，甚至连语言本质之剖面的大概图画也将长久地被掩蔽着。

诚然，说话是一种表达。我们也可以把说话理解为人的一种活动。这两者都是关于作为说话的语言的正确观念。两者现在还未受关注。不过我们不会忘记，语言之发声现象已经如此长久地期待着一种恰如其分的规定；因为语音学-声学-生理学对发声过程的说明并没有经验到它的出于寂静之音（Geläut der Stille）的渊源，更没有获致由此而得的对声音的规定。

而在前面对语言本质的简短描述中，说话和被说者是如何思考的呢？它们已然显示为这样一个东西，通过它并且在它之中，某物——**就其已经被道说而言**——达乎语言，亦即获得一种显露。道说（Sagen）与说话（Sprechen）不是一回事。某人能说话，滔滔不绝地说话，但概无道说。与之相反，某人沉默无语，他不说话，但却能在不说中道说许多。

然则何谓**道说**（sagen）呢？为了经验此种道说，我们已经守住了我们的语言本身令我们在这个词语那里要思想的东西。“道说”（sagan）意味着：显示、让显现、让看和听。

当我们指出下面这番话时，我们说的是某种不言自明的、但其内涵几乎尚未得到思虑的东西。“相互说话”意味着：彼此道说什么，相互显示什么，共同相信所显示的东西。“共同说话”意味着：一起道说什么，相互显示在所讨论的事情中那个被招呼者所表明的东西，那个被招呼者从自身而来带向显露的东西。未被说者不光光是某种缺乏表达的东西，而是未被道说、尚未被显示、尚未进入显现的东西。[①] 根本上必然保持未被说状态的东西，乃被抑制
242 在未被道说者中，作为不可显示者而栖留于遮蔽之域——那就是神秘（Geheimnis）。被允诺者作为被指派者意义上的诺言（Spruch）而说话，它的说话甚至是无需表达的。

作为道说，说话归属于语言本质的剖面，这个剖面乃由道说和被道说者之方式勾画出来；而在场者和不在场者即在其中自行呈报、允诺或拒绝，亦即：自行显示或者自行隐匿。在语言本质之剖面中，普遍因素是渊源各不相同的多样的道说。有鉴于道说（Sagen）之关联，我们把语言本质之整体命名为道说（*Sage*）；[②]我们并且承认，即便此刻，诸关联的统一者也还未得洞察。

就像我们德语中其他一些词语一样，今天人们多半也习惯于在一种贬义上来使用“Sage”这个词。Sage 被当作纯然的流言，当作并不真实的、从而不足为信的传闻。但我们这里并不是这样来想“die Sage”的。Sage 也有“诸神传说和英雄传说”的意思，但我们也不是在这个根本意义上来想这个词语的。而特拉克尔所谓的

---

① 此处“未被说者”（das Ungesprochene）与“未被道说者”（das Ungesagte）的区分对应于“说话”（sprechen）与“道说”（sagen）之间的区分。——译注

② 此处“道说”（Sage）是后期海德格尔思想的基本词语之一。海氏以之表示他在非形而上学意义上思考的语言，即“大道”（Ereignis）的显示运作，为无声的“大音”。我们这里的译文无法区分动名词的“道说”（das Sagen）与名词的“道说”（die Sage）。——译注

“蓝色源泉的崇高传说”也许就是这个意思？根据这个词语的最古用法，我们要从作为显示的道说[①]出发来理解 die Sage，并且用一个古老的、足可证实的、但已然消失了的词语 *die Zeige*（**道示**），来命名语言本质居于其中的 die Sage（道说）。拉丁语的 pronomen demonstrativum[指示代词]在我们德语中被译作 Zeigewörtlin。让·保罗把自然的显现命名为“灵性的指示”。[②]

语言之本质现身乃是作为道示的道说。[③] 道说之显示并不建基于无论何种符号，相反地，一切符号皆源出于某种显示；在此种显示的领域中并且为了此种显示之目的，符号才可能是符号。

然而，有鉴于道说的构造，我们既不可一味地、也不可决定性地把显示归因于人类行为。作为显现，自行显示标识着任何方式和层面的在场者之在场和不在场。正是在此种显示通过我们的道 243
说而得以实现之际，一种让自行显示才先行于此种作为指引的显示。

唯当我们从这个方面来思索我们的道说时，才能得出一种对一切说话所具有的本质要素的充分规定。人们把说话视为人借助于说话器官对思想的分音节表达。但说同时也是听。习惯上，人们把说与听相互对立起来：一方说，另一方听。可是，听不光是伴随和围绕着说而已，犹如在对话当中发生的情形。说与听的同时

① 此处“显示”（Zeigen）和“道说”（Sagen）为动名词，有别于下文中出现的名词 die Sage 和 die Zeige。——译注

② 此处 Zeigefinger 由 Zeige 和 Finger 合成，可直译为“显示手指”，在日常德文中意为“食指”。海德格尔以此例证现已消失了的 Zeige 一词。与“道说”（Sage）相应，我们译 Zeige 为“道示”，其动词和动名词形式（Zeigen）则仍译为“显示”。——译注

③ 此句原文为：Das Wesende der Sprache ist die Sage als die Zeige。——译注

性有着更多的意味。作为道说，说从自身而来就是一种听。说乃是顺从我们所说的语言的听。所以，说并非同时是一种听，而是**首先**就是一种听。此种顺从语言的听也先于一切通常以最不起眼的方式发生的听。我们不仅是说**这种**语言，我们从这种语言**而来**说话。只是由于我们一向已经顺从语言而有所听了，我们才能从语言而来说话。在此我们听什么呢？我们听语言之说话。

但竟是语言本身说话吗？语言并不具有说话器官，那么它如何能实现这种说话呢？可是**语言**说话。语言首先而且根本地遵循着说话的本质现身，即：道说。语言说话，因为语言道说，语言显示。语言之道说（Sagen）从曾经被说的和迄今尚未被说的道说（Sage）中涌出，而此种道说勾画出语言本质之剖面。语言说话，因为作为道示的语言在达于在场的一切地带之际每每从这一切地带而来让在场者显现和显露出来。照此看来，我们是通过让语言之道说向我们道说而听从语言。无论我们通常还以何种方式听，无论我们在何处听什么，听都是一种已经把一切觉知和表象都扣留起来的**让自行道说**（*Sichsagenlassen*）。在说话（作为顺从语言的听）中，我们跟随被听的道说来道说。[1] 我们让道说的无声之音到来，在那里我们要求着已然向我们张开的声音，充分地向着这种声
244 音而召唤这种声音。于是乎，在语言本质之剖面中或许至少能较为清晰地表现出某个特性，它使我们一窥作为说话的语言如何被纳入其本己要素之中并且因此作为语言而说话。

如若说话作为顺从语言的听让道说自行道说，那么，这一让只

① 此处前一个“道说”为名词 die Sage，后一个“道说”为动词 sagen。——译注

能是自行出现的，因为我们本身的本质已经进入道说中了。我们听道说，只是因为我们本就归属于道说。唯独道说向归属于道说者允诺那顺从语言的听和说。在道说中持存着这样一种允诺(Gewähren)。它让我们通达说话之能力。语言之本质现身居于如此这般允诺着的道说。

那么，道说本身呢？道说是某种与我们的说话相分离的、而必须架设一座桥梁才能达到的东西吗？或者，道说乃寂静之河流，这河流本身通过构成其河岸而把其河岸——即道说(Sagen)和我们的跟随道说(Nachsagen)——结合起来，是这样吗？[1] 我们惯常的语言观念几乎不及于此。道说——如果我们试图根据道说来思考语言本质，我们难道不是在冒这样一个危险，即：把语言提升为某个虚幻的、自在的本质，而只要我们清晰地沉思语言，我们无论在哪里也找不到这个本质？语言可是无可否认地与人类的说话维系在一起的。当然啰。但那是何种维系呢？它的维系力量从何而来，又如何运作呢？语言需要人类之说话，但是语言并非我们的说话活动的单纯制作品。语言本质居于何处？也即植根于何处？也许我们在寻求根据之际，便没有问及语言本质。

甚或道说本身就是依据，它保证着归属于语言本质之构造的那个东西的一体性的安定——是这样吗？

在思考这一点之前，让我们重新关注那条通向语言之路。在本演讲的引言中我们已经指明：语言愈是清晰地作为其本身显露出来，通向语言之路的自行变化就愈是断然明确。至此，这条道路 245

① 用(Brauch)与大道(Ereignis)。——作者边注

具有某种行进的特性，它在道路公式所标识的异乎寻常的网络范围内把我们的沉思引入那个指向语言的方向中。我们已经与威廉姆·冯·洪堡一起从说话出发，并且试图首先端出语言之本质，进而加以论究。之后，我们还描述了语言本质的剖面所包含的东西。对此作出沉思之际，我们获得了作为道说的语言。

三

随着我们对作为道说的语言本质的描述性解说，通向语言之路便通达作为语言的语言那里，从而就达乎其目标了。我们的沉思已经把通向语言之路抛在后面了。只要我们把这条通向语言之路当作某种沉思语言的思想的行进，那么，看起来情形就是如此，并且也是适恰的。然而，我们的沉思实际上却看到自己才刚刚被带到我们所寻找的通向语言之路面前，几乎还没有进入这条道路的轨道上。因为此间在语言本质本身中已经显示出一个东西，它表明：在作为道说的语言中有一条道路这样的东西成其本质。

一条道路是什么呢？道路让人通达。道说就是让我们通达语言之说话，因为我们顺从道说而听。

通向说话之路在语言本身中成其本质。这条通向说话意义上的语言的道路乃是作为道说（Sage）的语言。因此，语言的固有特性隐蔽在道路中，而道说作为道路让顺从道说的听者通达语言。这个听者只可能是我们人，因为我们人就在道说之中。让通达，亦即通向说话的道路，已然从一种让归属（Gehörenlassen）而来入于道说之中了。这种让归属包藏着那条通向语言之路的真正的本质现身。但道说如何成其本质而能够让归属呢？一旦我们更急切地去关注我们的解说工作的结果，道说之本质现身或许就会特别地 246
表现出来。

道说即显示。在向我们招呼的一切东西中，在同我们照面的被讨论者和被说者中，在向我们说出自身的东西中，在期待着我们的未被说者中，但同样也在**我们**所做的说话中，都有显示在起支配作用——这种显示让在场者显现，让不在场者隐失。[①] 道说绝不是对显现者所做的事后追加的语言表达，而毋宁说，一切闪现和显露都基于显示着的道说。道说把在场者释放到它的当下在场之中，把不在场者禁囿在它当下不在场之中。道说贯通并且嵌合澄明之自由境界（das Freie der Lichtung）；澄明必然要寻找一切闪现，离弃一切隐失，任何在场和不在场都必然入于澄明而自行显示、自行诉说。

道说乃是把一切闪现嵌合起来的显示之聚集，此种自身多样的显示处处让被显示者持留于其本身。

这种显示从何而来？这一问问得过火，问得急促。我们只需留意在显示中活动并且调停其活动的东西即可。在此我们无需作没完没了的寻索。有一道简直是突发的、难忘的、因而常新的目光就够了。这道目光虽然针对我们所熟悉的东西，但我们甚至不知道这种东西，更不用说恰如其分地去认识它了。此种不认识的熟悉之物，道说的一切进入其活泼的激动者中的显示，对任何在场和

① 此处“隐失”（entscheinen）是海德格尔生造的一个词，在字面上恰与“显现”（erscheinen）相对，两者的词根都是动词“闪现”（scheinen）。——译注

不在场来说都是那个早晨的破晓，由此早晨才开始了昼与夜的可能交替。这个早晨之破晓既是最早又是远古。我们仅只还能命名它，因为它不能容忍任何探讨；因为它乃是一切位置（Ort）和时间-游戏-空间（Zeit-Spiel-Raum）的地方（Ortschaft）。我们用一个古老词语来命名它，我们说：

在道说之显示中的活动者乃是居有。[①]

它把在场者和不在场者带入其当下本己之中；由之而来，在场者和不在场者在其本身那里自行显示并且依其方式而栖留。有所
247 带来的居有使作为道示的道说在其显示中活动，此种居有（das Eignen）可谓成道（das Ereignen）。它给出澄明之自由境界。在场者能够入于澄明而持存，不在场者能够出于澄明而逃逸并且在隐匿中保持其存留。成道通过道说给出的东西，绝不是某个原因的作用，绝不是某个根据的结果。有所带来的居有，即成道，比任何作用、制作和建基都更具有允诺作用。成道者乃大道本身——此外无他。[②③] 从道说之显示来看，我们既不可把大道（Ereignis）表象为一个事件，也不可把它表象为一种发生，而只能在道说之显示

① 原文为：Das Regende im Zeigen der Sage ist das Eignen。其中动名词"居有"（das Eignen）与"本己"（Eigenes）相关，也与"大道"（Ereignis）之"成道、居有"（Ereignen）相关。——译注

② 参见我的《同一与差异》1957年，第28页以下。——原注

③ 原文为：Das Ereignende ist das Ereignis selbst——und nicht ausserdem。——译注

中把它经验为允诺者。[1] 我们不可能把大道归结为其他什么东西，不可能根据其他什么东西来说明大道。成道绝不是其他什么东西的成果（即结果），但所予[2]——它有所端呈的给予（Geben）才允诺着诸如某种“有”（Es gibt）之类的东西——也还为“存在”所需要，以便存在作为在场进入其本己之中。[3]

大道聚集道说之剖面，并且把它展开为多样显示的构造。大道是不显眼的东西中最不显眼的，是质朴的东西中最质朴的，是切近的东西中最切近的，是遥远的东西中最遥远的，我们终有一死的人终身栖留于其中。

对这个在道说中运作的大道，我们只能这样来加以命名：它——大道——成其本身。[4] 如若我们这样来说，我们就是以我们自己已经被说的语言来说话了。我们且来听听歌德的几个诗句，这几个诗句尽管并不是着眼于语言本质而写的，但它们所使用的动词“**居有**”（*eignen*, *sich eignen*）却接近于“**自行显示**”（*sich zeigen*）和“**标志**”（*bezeichen*）。歌德诗云：

从早到晚都被迷信缠绕：

① 关于 Ereignis 一词的译解，请参看“译后记”。在本书中，除在少数几处我们根据具体语境把 Ereignis 译为“本有事件”，一般译为“大道”。其动词形式 Ereignen 译为“成道”，亦作“居有、本有”；另一个相关动词 eignen 也译作“居有”，取“成其本身”之意。——译注

② 此处海德格尔把德语的 Ergebnis 一词书作 Er-gebnis。我们把 Er-gebnis 译为“所予”，以区别于前面的“成果”（Ergebnis）。——译注

③ 参见我的《存在与时间》1927 年，第 44 节。——原注

④ 原文为：Es—Ereignis—eignet，或译为：它——大道——居有。——译注

不断居有、显示、警告。[①]

248 在另一处，歌德换了种笔调写道：

不论有多少迹象标志着
我们的担忧和渴望，
只是因为居有感恩，
我们的生活就值得珍视。[②]

大道赋予终有一死者以栖留之所，使终有一死者居于其本质之中而能够成为说话者。如果我们把“法则”理解为对那种让一切在其本己中在场并且归于其范囿的东西的聚集，那么，大道便是一切法则中最质朴和最温柔的法则，比阿达尔贝特·斯蒂夫特所看到的“温柔的法则”还要温柔。但大道不是那种无所不在地凌驾于我们之上的规范意义上的法则，不是什么对某个过程起调控作用的规定。

大道是这个法则(*das* Gesetz)[③]，因为它把终有一死者聚集入成道之中而使之达乎其本质，并把终有一死者保持在其中。

因为道说之显示是居有，所以顺从道说的能听，也即对于道说的归属，也基于大道之中。为了充分洞察此种情形的整体，我们或许就有必要足够完整地来思考终有一死者的本质及其关联，无疑

① 《浮士德》悲剧第二部第五幕，“子夜”。——原注

② 《为卡尔·奥古斯特公爵贺1828年新岁》。——原注

③ 不是作为论题的设定(Setzen)，而是：让通达、带来。——作者边注

就更要思大道本身了。[①] 这里我们不得不满足于作一提示。

大道在其对人之本质的照亮[②]中居有终有一死者，因为它使 249
终有一死者归本于那种从各处而来、向遮蔽者而去允诺给在道说中的人的东西。作为听者的人归本于道说，这种归本（Vereignung）有其别具一格之处，因为它把人之本质释放到其本己之中，却只是为了让作为说话者（即道说者）的人对道说作出应答，而且是从人的本己要素而来作出应答。这个本己要素乃是：词语的发声（Lauten）[③]。终有一死者有所应答的道说乃是回答。任何一个被说的词语都已经是回答，即：应对的道说，面对面的、倾听着的道说。[④] 使终有一死者进入道说的归本把人之本质释放到那种用之

---

① 参见拙著《演讲与论文集》（1954 年）中的几篇文章："物"，第 163 页以下；"筑·居·思"，第 145 页以下；"技术的追问"，第 13 页以下。

在今天，几乎不假思索的东西也已经即刻被逐入某种形式的出版物中了；许多人也许不会相信，作者在二十五年前就已经在其手稿中用大道（Ereignis）这个词来表示这里所思的事情了。这个事情虽然在本身是简单的，但眼下却始终是难于思的，因为思想事先必须戒除一个陋习，免于落入那种看法中，即认为我们在此是把"存在"思为大道（Ereignis）了。大道本质上却不同于任何可能的形而上学的存在规定，从而也比这种存在规定更为丰富。相反，就其本质渊源来看，存在倒是要从大道* 出发才能得到思考。** ——原注

* 还有这个呢？在基于对集置（Gestellnis）中的用（Brauch）的经验向澄明的苏醒（Entwachen）中。——作者边注

** 显示之：从澄明着的……居有而来——就澄明['Αλήθεια]允诺在场状态本身而言。近（Nahnis）。——作者边注

② 此处"照亮"原文为 Er-äugen，此词联系于一个更早的动词 eräugnen（把……置于眼前）。在德语读音中，äu 类似于 ei，故可以把 eräugnen 读作 ereignen。海德格尔由此发掘出 Ereignis 的一层意思："照亮"、"映射"，因而与"澄明"（Lichtung）相关。——译注

③ 发声与身体——身体与文字。——作者边注

④ 此处"应答"（entgegnen）、"回答"（Antwort）都是"终有一死的人"对"大道—道说"的响应，即"应对的道说，面对面的、倾听着的道说"（Gegensage，entgegenkommendes，hörendes Sagen）。——译注

中，由此用而来人才被使用，去把无声的道说带入语言的有声表达之中。[①]

大道在需用着的归本中让道说达乎说话。通向语言之路归属于那出自大道而获得规定的道说。在这条归属于语言本质的道路中隐蔽着语言的固有特性。道路乃是成道着的。[②]

在阿伦玛尼—斯瓦本方言中，今天还管开辟一条道路，譬如穿过积雪的原野，叫做 *wëgen*。这个作及物动词使用的动词意味着：形成一条道路，准备去形成一条道路。这样看来，Be-wëgen（Be-wëgung）就不再意味着仅仅在一条已经现成的道路上来回搬运什么，而是意味着：首先产生通向……的道路，并且因而就“是”道路。

大道居有人，使人进入为大道本身的用之中。如此这般居有着作为成其本身的显示之际，大道乃是使道说达乎语言的开辟道路。[③]

250 这种开辟道路把作为语言（即道说）的语言（即语言本质）带向语言（即有声表达的词语）。有关通向语言之路的说法现在不再仅只、并且不再首要地意指我们沉思语言的思想的行进。通向语言之路已然在途中转换了。它已经从我们的行为转移到被居有的语言本质中。可是，这种通向语言之路的转换不仅是为我们而顾及我们，才看来犹如一种现在才作出的转移。实际上，通向语言之路

---

① 无声的“大道之道说”“用”人而说出，是为 Brauch，我们译之为“用”、“需用”。可参看本书第三篇文章结尾部分。——译注

② “成道着的”原文为 ereignend，或译为“居有着的”。——译注

③ 此句原文为：Also das Zeigen als das Eignen ereignend, ist das Ereignis die Bewëgung der Sage zur Sprache。——译注

总是已经在语言本质本身中有其唯一的处所。但这同时也意味着，我们最初所说的通向语言之路并没有失效，而是唯有通过根本性的道路，通过居有着—需用着的开辟道路，才成为可能的和必要的。也就是说，因为作为显示着的道说的语言本质居于大道中，而大道赋予我们人以一种泰然任之（Gelassenheit）于虚怀倾听的态度，所以，使道说达乎说话的开辟道路的运动才向我们开启了那些小径——我们藉以沉思根本性的通向语言之路的小径。

把作为语言的语言带向语言——这个道路公式不再仅仅是为思考语言的我们提供一种指引，而且也道出一个样态（forma），即一个构造形态，那居于大道中的语言本质就在其中自行开辟道路。

如果我们不假思索地仅仅按照单纯的字句来听，那么，这个公式所表达的就是语言纠缠于其中的关系网络。看起来，似乎任何一种表象语言的尝试都需要辩证法的窍门，以便掌握这种纠缠关系。然而，这样一种由公式死板地引发出来的方法却耽搁了如下可能性，即：冥思着（sinnend），[①]也就是在专心入于开辟道路之际，去洞察语言本质的质朴性，而不是谋求对语言作一种表象。

从开辟道路的运动（Be-wëgung）来看，貌似纷乱的网络便消解于那个由在道说中被居有的开辟道路所带来的释放者之中。开 251
辟道路的运动开释道说而使道说达乎说。它使说向着道路敞开，在此道路上，作为倾听的说话从道说那里接受总是要道说的东西，并把所接受的东西提升到有声词语之中。使道说达乎说话的开辟道路是一条具有开释作用的纽带，这条纽带通过居有而有所维系。

---

① 探究方向。——作者边注

如此这般被开释到其本己的自由之境之中，语言才可能独与自身相关。这话听来像是某种自私的唯我论的论调。但语言之固执于自身，并不是那种纯然自私的、忘乎所以的自我吹嘘意义上的固执。作为道说，语言本质乃是居有着的显示，它恰恰要撇开自身，才得以把被显示者释放到其显现的本己中去。

语言说话，乃由于语言道说；语言所关切的是这样一回事情，即我们人的说话在听从未被说者之际应和于语言之被道说者。所以，就连沉默也已然是一种应和(Entsprechen)。[1] 人们往往把沉默当作说话的本源而置之于说话下面。沉默应和于那居有着—显示着的道说的无声的寂静之音(Geläut der Stille)。作为显示，居于大道之中的道说乃是成道或居有的最本己方式。大道是道说着的。因此，语言如何说话，也就是大道本身如何自行揭示或者自行隐匿。还有一种思想能够追思**大道**，只能够猜度大道，而且反倒能在现代技术之**本质**中经验大道。我已经用“**集**-**置**”[2]这个总还令人诧异的名称命名了现代技术的本质。[3] 集-置摆置人，亦即促逼人去把一切在场者当作技术的持存物(Bestand)来订置，[4]就此而言，集-置就是以大道之方式**成其本质**的，而且集-置同时也伪置大道，因为一切订置看来都被引入计算性思维之中了，从而说着集-置的语言。说话受到
252 促逼，去响应任何一个方面的在场者的可订置性。

---

① 参见我的《存在与时间》，1927年，第34节。——原注

② **集**-**置**(*Ge-Stell*)犹如山脉(Ge-Birge)。——作者边注

③ 参见我的《演讲与论文集》，1954年，第31页以下。——原注

④ 此处“订置”(bestellen，或译“订造”)以及下句中的“伪置”(verstellen，或译“伪造”)都与“集-置”(Ge-Stell)相关，都是“集-置”的“摆置”(Stellen)方式。——译注

如此这般被摆置的说话便成了信息。[①] 信息探查自身，以便用信息理论来确证它本身的行动。集-置乃无往而不在的现代技术之本质，它为自身订置了形式化语言；后者就是那种通报方式，据此方式，人便被构形，也即被设置于计算性技术的本质中，并且逐步牺牲掉“自然语言”。尽管信息理论不得不承认，为了用没有被形式化的语言来讨论技术性持存的道说，形式化语言总是又要求助于“自然语言”，但对于信息理论的通行的自我解释来说，此种情形也只不过是一个暂时的阶段而已。因为在此不得不谈到的“自然语言”，事先被人们设定为尚未形式化，但已经被订置到形式化过程中的语言。目标和标准乃是形式化，即道说的在计算上的可订置性。在要求形式化的意志中，人们似乎迫不得已暂且还承认语言的“自然因素”(Natürliche)；但人们并不是着眼于语言的原初自然来经验此种“自然因素”的。原初的自然乃是 φύσις，[②]它本身基于大道之中，而道说正是从大道而来才涌现运作。信息理论则把语言的自然因素理解为缺乏形式化了。

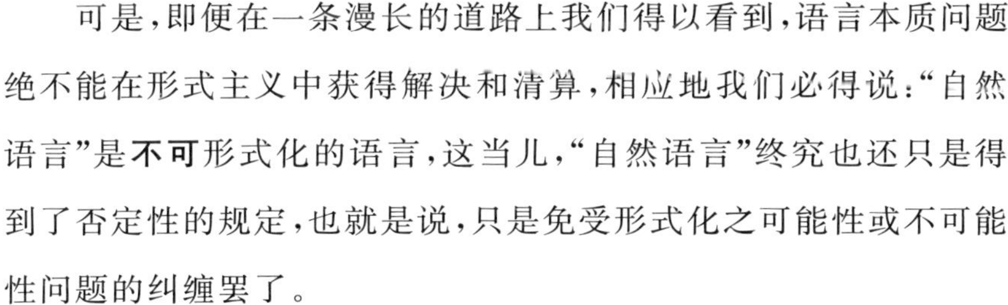

可是，即便在一条漫长的道路上我们得以看到，语言本质问题绝不能在形式主义中获得解决和清算，相应地我们必得说：“自然语言”是**不可**形式化的语言，这当儿，“自然语言”终究也还只是得到了否定性的规定，也就是说，只是免受形式化之可能性或不可能性问题的纠缠罢了。

① 参见我的《黑贝尔——家之友》，1951 年，第 34 页以下。——原注

② 希腊思想中的 φύσις，后世译之为物理意义上的“自然”(Natur)，海德格尔则建议译之为“涌现”(Aufgehen)，是为“原初的自然”。——译注

253 然而，倘若对信息理论来说只不过是一种干扰性的剩余物的“自然语言”，竟是从道说那里获得其自然，也即获得语言本质的本质现身，那么，情形又会怎样[①]呢？倘若道说并不仅仅扰乱信息的解体过程，而是从大道的不可订置因素而来已经超越了信息，那么，情形又会怎样呢？倘若不知何时以何种方式，大道竟成为**一道光亮**(*Ein-Blick*)[②]，其有所澄明的闪光进入存在者和被看做是存在者的东西中，则情形又会怎样呢？倘若大道由于其进入(Einkehr)而取消了一切在场者的单纯可订置性，并且把在场者带回到其本己之中，则情形又会怎样呢？

人的任何语言都在道说中被居有，并且作为这种严格词义上的语言——尽管是按不同尺度切近于大道——才是本真的语言。任何一种本真的语言都是命运性的，因为它是通过道说之开辟道路才被指派、发送给人的。[③]

绝没有一种自然语言是那种无命运的、现成自在的人类自然的语言。一切语言都是历史性的，即便在人并不知道现代欧洲意义上的历史学之际，语言也是历史性的。就连作为信息的语言也不是**这种**自在的语言，相反，按照当今时代的意义和限度来看，它也是历史性的。当今这个时代是无所创新的时代。它只是把现代的老旧的东西，早就先行决定了的东西，完成到极致而已。[④]

① 我们逗留于其中的扣留(Vorenthalt)。——作者边注

② 居有(Er-eignen)——照亮(Er-äugen)，洞见(Er-Blicken)，闪光(Er-Blitzen)。——作者边注

③ 注意此处“命运性的”(geschicklich)与“发送”(schicken)之间的基于词根的关联。——译注

④ 现代——把老中最老者伪装起来。——作者边注

语言的固有特性乃基于词语[①]的大道式渊源，也即基于那出自道说的人之说话的大道式渊源。

最后，让我们像开篇时那样回忆一下诺瓦利斯的话："语言仅仅关切于自身，这正是语言的特性，却无人知晓。"诺瓦利斯所理解的特性就是语言的特殊之处。通过把语言本质经验为其显示居于大 254
道之中的道说，我们理解的特性便近乎居有和成道了。[②] 特性由此获得其凿凿可凭的规定性；关于后者，我们在此不拟予以深思了。

从大道方面得到规定的语言之特性，比语言的特殊之处更少能够为人所知道——如果知道(wissen)意味着：在寻视某物之际看到了某物的本质整体。我们无能于寻视语言本质，因为我们只能通过跟随道说才有所道说。我们本就归属于道说。语言本质的独白特征在道说的剖面中有其构造，它与诺瓦利斯所思的"**独白**"并不吻合，也不可能吻合，因为诺瓦利斯是在绝对唯心论视界内从主体性出发辩证地表象语言的。

然而，语言是(*ist*)独白。这话现在有双重意思：语言单一地(*allein*)是本真地说话的语言；语言孤独地(*einsam*)说话。但唯有不单一者才可能是孤独的；不单一也即不是分离的和个别的，不是没有任何关联的。相反，孤独本质上恰恰是共性的缺失，而这种共性的缺失乃是与共性的最有约束力的关联。"Sam"在哥特语中即sama，在希腊语中即ἅμα[一起、共同]。"孤独的"(einsam)意思就

① 词语——宣露出来的道说。——作者边注

② 此处"特性"(das Eigentümliche)、"居有"(Eignen)和"成道"(Ereignen)乃着眼于三者的共同词根，即"本己"(eigen)。——译注

是:在相互归属之物的统一者中的同一者(das Selbe)。显示着的道说为语言开辟道路而使语言成为人之说话。道说需要发声为词。但人之能够说话,只是由于人归属于道说,听从于道说,从而能跟随着去道说一个词语。前一种需要(Brauchen)和后一种跟随着道说(Nachsagen)都基于那种缺失,这种缺失既不是某种纯粹的匮乏也不是某种否定。

为了成为我们人之所是,我们人始终被嵌入语言本质中了,从而绝不能出离于语言本质而从别处来寻视语言本质。因此,我们始终只是就我们为语言本身所注视、归本于语言本质这样一种意
255 义上来洞察语言本质。我们不能知道语言本质——这里所谓"知道"是一个传统的由表象性的认识所决定的概念。我们不能知道语言本质,而这无疑不是什么缺陷,倒是一个优点;由于这个优点,我们便突入一个别具一格的领域之中,突入我们——被用于语言之说话的我们——作为**终有一死者**的栖居之所中了。

凭任何陈述都不能捕捉道说、道说的特性。道说要求我们,对在语言本质中成道着的开辟道路(die ereignende Be-wëgung)这回事情保持沉默,同时又不谈论这种沉默。

作为显示,基于大道的道说乃是最本己的成道或居有方式。这话听起来宛若一个陈述句。如若我们一味地审听之,那么,它就并不道说那有待思的事情。道说乃是大道说话的方式。此所谓方式(Weise)与其说是模式(modus)和样式(Art),而不如说是 μέλος[歌、曲调],即吟唱着进行道说的歌。因为成道着或居有着的道说使在场者尽其所有地显露出来,颂扬它,亦即允许它进入其本己的本质之中。荷尔德林在其《和平庆典》一诗的第八节开头唱道:

从清晨起，
自从我们是一种对话，而且彼此倾听，
人已体验许多；而(我们)即是歌唱。

我曾经把语言命名为“存在之家”。[①] 语言乃是在场之庇护(Hut des Anwesens)，因为在场之显露已然委诸道说之成道着或居有着的显示了。语言是存在之家，因为作为道说的语言乃是大道之方式。[②]

为了追思语言本质，为了跟随语言本质而道说之，便需要有一种语言转换(Wandel der Sprache)。我们既不能强行也不能发
明这种语言转换。这种转换并不是由创造新型的词语和词序来 256
实现的。转换触乃我们与语言的关系。此种关系取决于命运，即我们是否以及如何被作为大道之原始消息(Ur-Kunde)[③]的语言本质扣留到大道中。因为大道，即居有着—保持着—抑制着的大道，乃是一切关系的关系。因此之故，**我们的**道说作为回答始终在具有关系性质的东西中。在这里，关系(Ver-hältnis)一概是从大道方面被思考的，而且不再在单纯联系(Beziehung)的形式中被表象。我们与语言的关系取决于我们作为被使用者如何归属于大道。

也许我们多少能够对我们与语言的关联之转换作些许准备。

---

① 参见《关于人道主义的书信》，1947 年。——原注

② 归属于大道；因此**语言**既不是第一性的也不是最终的东西。——作者边注

③ **道示**(*die Zeige*)。——作者边注

或许能唤起这样一种经验：一切凝神之思都是诗，而一切诗都是思。两者从那种道说而来相互归属，这种道说已经把自身允诺给被道说者，因为道说乃是作为谢恩[①]的思想。[②]

一种萌发的语言转换的可能性已经进入了威廉姆·冯·洪堡的思想范围之内。洪堡的论著《论人类语言结构的差异……》的一些话证实了这一点。正如他弟弟在前言中所说的，为了这部论著，洪堡"孤独地，在一座坟墓的边缘"思殚力竭，直至去世。

我们不得不敬佩威廉姆·冯·洪堡对语言之本质的探幽入微的洞见。洪堡说：

> "把已经现成的语音形式应用到语言的内在目的……这在语言形成的中间阶段被认为是可能的。通过对外部环境的内心领悟和改善，一个民族也许能够赋予它所传承的语言以
> 257 一个如此不同的形式，[③]以致语言因此就会成为一种完全不同的新语言"。（第 10 节，第 84 页）

在稍后的一段文字中（第 11 节，第 100 页），洪堡写道：

---

① 即为了大道而在大道中被使用，自行归因的应言（Entsagen）：进入权限（Befugnis）的大道。——作者边注

② 此处"作为谢恩的思想"原文为：der Gedanke als der Dank。海德格尔在此提出了"不可说-可说"即"道说-人言"的生成转换的观点。"思"与"诗"就在转换界面上，作为人的道说的方式，两者应和于"大道"之"道说"，是一种"谢恩"（Dank）。就此而言，思、诗合一。——译注

③ 亦即"内在的语言形式"，构成语言的思想，"原始的综合"；也就是说，并不是"语音形式"以及新词语的构成。——作者边注

“并没有改变语言的语音，更没有改变语言的形式和规则，时代通过不断增长的观念发展了，增强了思维力和不断深化的感受能力，往往把它以前所不具有的东西引入语言中。进而把某个不同的意义置入相同的外壳中，把某种不同的事物置于同一标志之下，根据相同的连结法则来说明不同层次上的观念过程。这乃是一个民族的文学的永恒成果，而在文学中，首要的乃是诗歌和哲学”。

259

说　　明

语言

该演讲第一稿于 1950 年 10 月 7 日在布勒霍(Bühlerhöhe)为纪念马克斯·科默雷尔(Marx Kommerell)而作;第二稿于 1951 年 2 月 14 日在斯图加特的符腾堡图书协会重作。印刷稿依据第二稿,有些地方做了重要修订。

诗歌中的语言

本文系作者于 1952 年 10 月 4 日在布勒霍做的演讲,当时的标题为《格奥尔格·特拉克尔——对其诗歌的一个探讨》。作为文章,本又以同样的标题首次发表于《水星》杂志,1953 年,第 61 期,第 226—258 页。印刷稿是对演讲稿做了少许修订。

从一次关于语言的对话而来

本文迄今未曾付印,作于 1953 年至 1954 年间,系因东京帝国大学的手冢富雄(Tezuka)教授的一次来访而作。

为反驳世面上一再扩散的不正确的断言,任此要作一个明确的说明:这个对话文本提到的《存在与时间》的献辞(见本书第 91

页),在该书的第四版(1935 年)中也还是保留在卷首的。1941 年出第五版时,出版者看到了印刷此书的危险,也即看到了对此书的禁令,于是,最后应尼迈耶出版社的建议和愿望,约定在这一版中删去那个献辞;但我提出的条件是,即使现在仍得保留原书第 38 页上的注释,而该注释根本上是对那个献辞的确证,其内容如下:"如果下面的探索能在'事情本身'的开展方面前进几步,那么笔者首先应当感谢的是埃德蒙特·胡塞尔。笔者就学于弗莱堡时期,胡塞尔曾给予笔者以深入的亲自指导,并允许笔者极其自由地阅读他尚未发表的手稿,从而使笔者得以熟悉极为多样化的现象学研究领域。"

关于在对话中指出的"二重性"(Zwiefalt),同样地,关于在演 260 讲"语言"中所探讨的"区-分"(Untcr-Schied),可参看《什么叫思想?》(尼迈耶出版社,图宾根 1954 年)以及《同一与差异》(纳斯克出版社,弗林根 1957 年)。

语言的本质

这三个演讲是 1957 年 12 月 4 日、18 日和 1958 年 2 月 7 日在弗莱堡大学的普通研究班上做的。

词语

眼下这个文本最初作于 1958 年 3 月 11 日,是在维也纳城堡剧院黎明庆祝日上做的演讲,题为《诗与思——关于斯蒂芬·格奥尔格的〈词语〉一诗》。此外,本演讲还于 1959 年 6 月 12 日在康斯坦茨、1959 年 6 月 15 日在阿姆利斯维(Amriswil)做过。

走向语言之途

本文系作者于1959年1月25日在慕尼黑大学礼堂以及同年1月28日在柏林恩斯特-罗伊特之家做的演讲;为1959年1月由巴伐利亚艺术协会和柏林艺术协会举办的题为《语言》的系列演讲之一。本文付印时,作者重新审阅了原稿,某些地方做了扩充。最初发表在《形态和思想》1959年第6期上,由克莱门斯·格拉夫·珀德维尔斯(Clemens Graf Podewils)编辑。

编者后记 261

这里印行的是马丁·海德格尔生前编定的《全集》第十二卷，也即1959年在冈特·纳斯克出版社（弗林根）出版的单行本《在通向语言的途中》。

遵照海德格尔对《全集》第一部分诸卷①的编辑工作所下的指示，编者在编辑本卷时从作者样书中采纳了若干处细微的文字修正，作者在样书中用修订符号加以标识。与这些修正相关的页码如下列：第42页、第148页、第149页、第165页、第192页、第199页、第229页、第232页、第234页、第238页、第239页、第240页、第242页、第246页、第246页、第247页、第248页、第251页、第252页、第254页。有关的样书是1959年《在通向语言的途中》第一版，以及由巴伐利亚艺术协会编辑的论文集《语言——慕尼黑、柏林1959年系列演讲》，慕尼黑1959年。

本卷也收录了从作者样书中采集下来的若干作者边注。按照海德格尔的指示，这些作者边注被处理为脚注，用小写字母标记。② 由于所有这些边注均采自1959年单行本第一版样书，故编

---

① 《全集》第1—16卷，即海德格尔生前发表过的作品。——译注

② 中译本统一作当页注，标为“作者边注”。——译注

者在编辑时省去了边注前的来源说明（而在《全集》第一部分其他诸卷中都有此说明）。这些边注与文中词句的对应关系是根据海德格尔在其样书中使用的指引符号来处理的。此外，在其单行本样书中，在“走向语言之途”这个演讲的开头，海德格尔亲笔记下了格奥尔格·克里斯托夫·利希腾贝格（Georg Christoph Lichtenberg）的一段文字，在此照录如下：“如果我们深入反省，即可发现
262 在语言中蕴涵着丰富的智慧。也许并非人自己承荷一切，而是在语言以及在俗语中，实际就有丰富的智慧。”（《文集》，两卷本，W. 格伦茨曼编，美因法兰克福 1949 年，第一卷，第 408 页）

为消除印刷错误，编者审读了本卷的全部文字。为避免误解或者为了显明意思，编者偶尔对标点符号做了适当的改动，使之合乎通行的规则。此外对于一些基本词语，诸如“区-分”（Unter-Schied）或“开辟道路”（Be-wëgung），编者注意了它们的书写的统一性。

对于书中所有引文，编者均根据海德格尔使用的版本做了审查。在多数情形下，编者可以动用海德格尔本人的藏书。凡与原书有少许出入的引文和书目说明，编者都根据原书做了补充和订正。

本卷中给出的边码为单行本所有七个版次的页码。①

对于海德格尔为单行本第一版所编制的书后“说明”，编者也根据作者为本卷原稿所作的亲笔提示做了补充。

感谢作者遗著保管人海尔曼·海德格尔博士（Hermann Hei-

① 中译本未予标出。——译注

degger),他协助编者完成本卷的编辑工作,特别是与编者一起核对了作者边注。路易斯·米夏埃尔森女士(Luise Michaelsen)为本书做了细心的校对工作。博士候选人汉斯-赫尔穆特·甘德尔先生(Hans-Helmuth Gander)认真读了校样,并在准备稿样和排印过程中提供了不少帮助。在此一并致以衷心的感谢。

F. W. 冯·海尔曼

1985 年 7 月于弗莱堡

人名对照表

Antigone　安提戈涅
Aristoteles　亚里士多德
Benl　本和
Benn, Gottfried　哥特弗里德·伯恩
Brentano, Frenz　弗兰茨·布伦塔诺
Demosthenes　德莫斯提尼斯
Dilthey, Wihlelm　威廉姆·狄尔泰
Ficker, L. v.　费克尔
George, Stefan　斯蒂芬·格奥尔格
Goethe　歌德
Groebel, Conrad　康拉特·格勒倍尔
Hamann　哈曼
Hebel　黑贝尔
Hegel　黑格尔
Heidegger, Martin　马丁·海德格尔
Hellingrath, Norbert v.　诺伯特·冯·海林格拉特
Herder　赫尔德尔
Hölderlin　荷尔德林
Honen　本江
Horwitz, Kurt　奥维茨
Humboldt, Alexander von　亚历山大·冯·洪堡
Humboldt, Wilhelm von　威廉姆·冯·洪堡
Husserl　胡塞尔
Kant　康德
Kleist　克莱斯特
Kraus, Karl　卡尔·克劳斯
Laotze　老子
Mallarmé　马拉美
Mörike　莫里克
Nietzsche　尼采
Nishida　西田几多郎
Novalis　诺瓦利斯
Paul, Jean　让·保罗
Platon　柏拉图
Pinda　品达
Roeck, Karl　卡尔·娄克
Schiller　席勒
Schleiermacher　施莱尔马赫
Scotus, Dun　邓·司各特
Shuzo Kuki　九鬼周造
Sokrates　苏格拉底
Sophokles　索福克勒斯
Stifter, Adalbert　阿达尔贝特·斯蒂夫特
Tanabe　田边元
Tezuka　手冢富雄
Trakl, Georg　格奥尔格·特拉克尔
Wasmuth, E.　瓦斯姆特
Weizsacker, G. Fr. v.　魏茨泽克

译　后　记

马丁·海德格尔(Martin Heidegger,1889—1976)是20世纪德国最具魅力的思想家。他一生运思逾半个世纪,著作等身,其全集已被辑成102卷(根据全集编委会2000年计划书)。这里译出的《在通向语言的途中》系海德格尔全集之第十二卷,是海氏后期的一部重头著作。其中所收共六篇文章,都是作者在20世纪50年代做的演讲报告,集中地呈现了他后期的语言思想。

本书的基本思想主要围绕着Ereignis和Sage两个核心词语展开。译者在这里须得对这两个词语的汉语翻译作一交代。

Ereignis一词是后期海德格尔思想的基本词语。海德格尔努力超出形而上学传统,一直十分谨慎地想摈弃"存在"(Sein)这个形而上学范畴,而终于思得Ereignis一词。这个词几不可译。据了解,日本的学者们已提供出七种以上的译法。笔者所见的有关英译本译之为"事件"(event)、"居有"(appropriation)或"居有之解蔽"(the disclosure of appropriation)等等。此类译法中,有的本着义理,有的是解释性的翻译,听来未免别扭。如"事件"一译,就是海德格尔自己所反对的。在翻译过程中,我一方面总感觉到语言本身的限度,同时也觉得汉语的弹性实在要比英语之类的语言来得强大。

基于下面要讲到一些理由,我将Ereignis译作"大道"。此译有拿老子来比附海德格尔的嫌疑，或有把海德格尔的 Ereignis 弄成一个形而上学的“范畴”的危险。但关键恐怕在于，我们是否必得从形而上学上来观解汉语思想的“道”（“大道”）呢？譬如，海德格尔所释的“道”就不是（西方）形而上学上的。在本书的“语言的本质”一文中，海德格尔建议把老子的“道”译为“道路”（Weg），而反对以往的德文译法（译之为理性、精神、理由、意义和逻辑等）。“道”在我们今天的中国人看来也已经是一个至高的形而上的“范畴”了，而今被海德格尔以日常的“道路”译之，反倒令我们诧异了。

诚然，要为 Ereignis 找到一个适恰的中译，是很困难的。在稍后的《面向思的事情》一书中，海德格尔讲到 Ereignis 是“有存在”（Es gibt Sein）中的“给出者”，因此我们本来亦可把它译为“本有”，把动词 ereignen 译为“居有”。正是由于 Ereignis 含有“居而有之”和“相互照亮、揭示”（指天、地、神、人的世界“四重整体”的运作）的意思，所以英译者才把它译作“居有之解蔽”。不过，“本有”和“居有”的译法较难以适合于《在通向语言的途中》一书的相关语境。因为在这里，海德格尔所着力阐发的 Ereignis 的主要意思是“道路”、“道说”等。

海德格尔主张以德文的“道路”来译老子的“道”，显然很好地领悟了汉语思想中的“道”与“道路”的意义联系。“道”就是“道路”。“道”这种“道路”高于理性、精神、意义等形而上学的规定性。“道”产生出一切道路。海德格尔专门讨论了“大道”的“开路”或“铺设道路”（Be-wëgen，Be-wëgung）。“大道”实即给予一切以道路的那个东西，或干脆就可以说是“开路者”（das Be-wëgende）。“大道”开启一切道路。在这一开启道路的过程中，世界诸因素（海德格尔归纳为天、地、神、人“四方”）得以进入光亮之中，得以敞开出来；同时也即“居有”自身了，各个获得“成就”了。此即“大道”的“成道、居有”（ereignen），相类于老子所谓“道”的“成功遂事”了。

“大道”的“开辟道路”就是“大道”的运作和展开，也就是“大道”的语言——亦即“大道”自行“道说”出来了。海德格尔用Sage一词来命名“大道”的语言。海氏明言，“Sage乃是大道说话的方式”。因此我们可以把Sage译为“道说”，亦可作“大道之说”。对动词性的Sagen，我们也以“道说”译之。海德格尔认为，西方中的“语言”（Sprache）一词也在形而上学上被用滥了，需以“大道之说”意义上的Sage取而代之。

翻译上的理由简说如上。这里需补充一点：对于Ereignis一词，我们要细细地体会它的丰富的乃至日常的含义，而且要在具体语境中加以具体对待。海德格尔明显不想把它当作一个“范畴”来使用，故其意义便不可固定。我们在本书中一般把Ereignis译为“大道”，把其动词ereignen译为“成道”、“居有”；但在有些语境中，我们也把Ereignis译为“本有事件”。

不待说，我们这种译法也只能是一种“强译”，不能是定译。此外，我们恐怕也应承认Ereignis一词的不可译品质。海德格尔自己说：这个词“就像希腊的逻各斯（λόγος）和中国的道（Tao）一样不可译”（《同一与差异》，德文版第29页）。而反过来讲，凭海德格尔这句话，我们也许更加有理由把他的Ereignis译为“大道”了，因为λόγος是往往被中译为“道”的。

海德格尔这本著作出奇的难解。在貌似短小精悍的语句里，有的是晦涩曲折的义理。海德格尔喜欢做的词语游戏固然颇多机智，时时体现“思”的严格和“说”的庄重，但译者如我，却往往要徒唤奈何的了。许多时候，译者被逼到了“不可说”的边界上。

海德格尔的著作一般是少见有注释的。本书最后一篇文章有较多的“原注”，多半也是注明可参考的书目而已。而且据说海德格尔是反对人们对他的著作加注的。尽管如此，译者还是笨拙地加了一些注释，多数也还是为了说明翻译上的困难和理由。书后的“人名对照表”也是译者做的。

我所采的版本是纳斯克出版社 1986 年出版的第 8 版。翻译时参考了 D. 海尔茨（Peter D. Hertz）的英译本（On the Way to Language, Harper & Row Publishers，1971）。

书中第二篇文章“诗歌中的语言”曾由倪梁康学兄译成中文，我译时亦参照了他的译文，且多有掠美。第三篇文章初稿译出后，台湾时报出版公司的廖立文先生十分认真地审读了前面一部分译文，并且提出了宝贵的修改意见，他对于学术的虔诚态度令我感动。文中一些希腊文请教了陈村富教授。谨向以上诸位先生表示我的衷心的谢意。

值此机会，我要特别向已故的北京大学的熊伟教授表达我的感激和纪念的心情。熊伟先生生前给予我的不断鞭策，乃是我进学的基本动力之一。

事隔两年以后，又承张庆熊博士相助，对拙译做了认真的审校工作。商务印书馆的武维琴先生和陈小文先生给予许多支持。在此一并致谢。

孙 周 兴

1993 年 2 月 10 日凌晨 1 时记于西子湖畔

1995 年 6 月 26 日晚补记

修订译本后记

本书中译本先在台湾时报出版有限公司出繁体版(1993年),后在北京商务印书馆出简体版(1997年)。原来的翻译是根据德文单行本(1986年版)进行的。近几年来,译者断断续续地在电脑里根据全集版(1985年版)对译文进行修订加工。这次得以集中一段时间,对译本做了全面的整理,不少地方几近重译。

之所以要修订原译本,盖有以下几个原因:

其一,旧译本为译者最早的一部译作,现在看来译文并不特别成熟,其中也存在着不少错讹或者失当之处,因此需要加以修订。此外,译者这些年来对一些基本译名有了新的考虑,如Ge-stell,原从熊伟先生译之为"座架",现把它改译为"集置"或"集-置";又如Austrag,原译为"实现",现改译为"分解";如此等等。

其二,海德格尔在自己保留的本书单行本样书上做了一些"文字修正"和"作者边注",现由编者冯·海尔曼教授辑入全集版中。译者以为,特别是全集版中新增的数量不小的"作者边注",对于我们理解海德格尔思想的进展是很有意义的,理应在中译本中完整地呈现出来。

其三,旧译本中一些希腊词语和句子的中译存在着不当之处,甚至在打印时也犯了一些可笑的错误,因为当时译者丝毫不识希腊文，以至于连希腊字母 φ 与 ψ 都分不清。此次修订，可以改正这些基于无知而出现的错误。

因为是通盘修订，故连译文文气也有了变化。这就是说，我在许多地方对并没有明显差错，但传达不到位或者表达不够通过的原译文也做了加工处理。因此，译者自忖，眼下这个修订译本的译文质量应该是有所提高了。

在修订过程中，译者也新增了不少译注，希望对读者的理解有所帮助。此外，原译本正文中有过多的译名附文，如："大道"（Ereignis）、"道说"（Sage）等，此次校译时本着节约原则做了处理，或部分删除，或部分纳入译注中，为的是让读者在阅读时不至于遇到太多的磕磕碰碰。但有必要的附文仍予以保留，少数地方甚至做了增加。凡此种种，同样也是为有助于读者的理解。

书中出现的海德格尔思想的基本同语 Ereignis，我原译之为"大道"，在其他几个译本中现已统一改译为"本有"（如译者所译的海德格尔的《路标》、《尼采》等书）。此次修订时译者犹豫再三，最后仍旧无法割舍，保留了原来的"大道"译名。关于这个译名的基本理由可参看中译本第一版"译后记"；另外也可参看译者在香港中文大学哲学系发表的"大道与本有"一文，其中道出了我对 Ereignis 的中文翻译的最新考虑。

正如译者在原译本"译后记"里申言的，本书第二篇文章"诗歌中的语言"的译文参考了友人倪梁康教授的译作。虽然译者这次同样对译文做了统一修订，但基础工作仍旧是梁康教授提供的。在此再次感谢梁康教授的劳动。

友人张祥龙教授对拙译提供了很好的批评意见。商务印书馆的陈小文先生一如既往地支持我的工作，使我有机会实现这次修订计划。谨向两位表示我衷心的感谢。

译无止境。译者在修订时虽然对全部译文做了逐字逐句的审查和校对，但一是惯性厉害，二是这些年学问未长，三是译事艰难，所以仍旧会留下遗憾。希望得到读者的批评。我的愿望只有一个：使译文变得更稳靠些。而众所周知，稳靠的东西是难得的。

孙 周 兴

2003 年 11 月 16 日晚记于沪上康桥

图书在版编目(CIP)数据

在通向语言的途中/(德)海德格尔著;孙周兴译.—北京:商务印书馆,2017
(汉译世界学术名著丛书:120 年纪念版:珍藏本)
ISBN 978 - 7 - 100 - 14806 - 1

Ⅰ.①在… Ⅱ.①海… ②孙… Ⅲ.①现代哲学—德国 Ⅳ.①B516.54

中国版本图书馆 CIP 数据核字(2017)第 158616 号

汉译世界学术名著丛书
(120 年纪念版·珍藏本)
在通向语言的途中
〔德〕海德格尔 著
孙周兴 译

商 务 印 书 馆 出 版
(北京王府井大街 36 号 邮政编码 100710)
商 务 印 书 馆 发 行
北京市松源印刷有限公司印刷
ISBN 978 - 7 - 100 - 14806 - 1

2017 年 12 月第 1 版 开本 710×1000 1/16
2017 年 12 月北京第 1 次印刷 印张 18¼
定价:92.00 元